AF555932

MISIÓN INTEGRAL

Ensayos sobre
el Reino de Dios y la Iglesia

MISIÓN INTEGRAL

Ensayos sobre
el Reino de Dios y la Iglesia

C. René Padilla

EDICIONES
KAIROS

Caseros 1275 - B1602ALW Florida
Buenos Aires, Argentina
www.kairos.org.ar

Ediciones Kairós es un departamento de la Fundación Kairós,
una organización no gubernamental sin fines de lucro
dedicada a promover el discipulado cristiano y la misión integral
desde una perspectiva evangélica y ecuménica
con un enfoque contextual e interdisciplinario.

Diseño de la portada: Adriana Vázquez
Diagramación: Iván Balarezo Pérez

Las citas bíblicas son tomadas de la *Nueva Versión Internacional*,
excepto en los casos en que van acompañadas por la abreviatura
de alguna otra versión de la Biblia.

Queda hecho el depósito que marca la ley 11.723

Padilla, C. René
Misión integral : ensayos sobre el Reino de Dios y la Iglesia / C. René Padilla ; editado por C. René Padilla. - 3a edición especial - Florida : Kairós, 2019.
298 p. ; 21 x 15 cm.

ISBN 978-987-1355-90-7

1. Teología. I. Padilla, C. René , ed. II. Título.
CDD 230

En memoria de
CATALINA RUTH FESER (1932-2009)
mi amada esposa, dilecta amiga
y eficiente y generosa colaboradora
por cerca de cincuenta años.

Contenido

Prefacio

El primer ensayo de este libro, "De Lausana I a Lausana III: La Fraternidad Teológica Latinoamericana y la misión integral", se redactó en vísperas del Tercer Congreso Internacional de Evangelización Mundial (Lausana III). Apareció originalmente en ingles, en la segunda edición de *Mission Between the Times*, que se lanzó durante ese Congreso realizado en Ciudad del Cabo, Sudáfrica, en octubre de 2010. Se incluye aquí por primera vez en castellano, con pequeños cambios editoriales que reflejan un momento posterior a dicho Congreso. Su lectura provee el trasfondo enriquecido de varios de los ensayos que le siguen y que se relacionan de una u otra manera con el Movimiento de Lausana,

A excepción del ensayo del primer capítulo, todos los ensayos incluidos en este volumen se escribieron a lo largo de la década de los años setenta y reflejan mi participación en varios encuentros, comenzando con el Congreso Internacional de Evangelización Mundial realizado en Lausana, Suiza, del 16 al 25 de julio de 1974 (Lausana I). Todos ellos han aparecido en diferentes publicaciones en inglés y/o castellano. Toda la colección como tal fue publicada recientemente en inglés por la William B. Eerdmans Publishing Company. Tres de los ensayos formaron parte de *El Evangelio hoy*: "El evangelio y la evangelización," "¿Qué es el evangelio?" y "La contextualización del evangelio".

La revista *Time* describió al Congreso de Lausana de 1974 como "un foro formidable, posiblemente la reunión más global jamás realizada por los cristianos." Lo que el periodista que escribió estas líneas probablemente tenía en mente fue que el Congreso había reunido a 2473 "participantes" y cerca de 1000 observadores de 150 países y 135 denominaciones protestantes.

Más importante que eso, sin embargo, fue el impacto del Congreso en todo el mundo. En palabras del evangelista Leighton Ford, "si ha habido un momento de la historia en que los evangélicos se pusieran a tono con la época, de seguro ese momento debe haber sido en julio de 1974. Lausana estalló como una bomba. Fue un despertar para todos los que asistieron y para miles de cristianos que leyeron al respecto en muchos países".

La primera parte del primer ensayo de esta colección, "El evangelio y la evangelización", fue una de las ponencias circuladas en castellano, inglés, francés, alemán e indonesio entre los delegados que estaban por asistir al Congreso. La segunda parte fue una de las principales presentaciones en el Congreso y tuvo como propósito responder a las preguntas y observaciones que me habían llegado desde muchos lugares en diferentes países del mundo. Las dos partes aparecieron originalmente en inglés en el volumen oficial del Congreso, *Let the Earth Hear His Voice*, editado por J. D. Douglas (World Wide Publications, Minneapolis, 1975). La primera parte se publicó en castellano después del inolvidable encuentro en la revista *Pensamiento cristiano* Nº 82.

Uno de los resultados más valiosos del Congreso fue el *Pacto de Lausana*, un documento de 2700 palabras, en quince secciones, redactado bajo la dirección de John Stott. Con dicho *Pacto* los evangélicos tomaron posición contra un evangelio mutilado y un concepto estrecho de la misión cristiana.

En línea con el deseo de hacer del Congreso un proceso más que un evento, varios de los que habíamos participado en el encuentro aceptamos la tarea de continuar el debate que se había iniciado en Lausana. Para este propósito organizamos un simposio sobre las quince secciones del *Pacto*, cuyos resultados se publicaron bajo el título *The New Face of Evangelicalism* (Hodder & Stoughton, Londres; InterVarsity Press, Downers Grove, Illinois, 1976). El segundo ensayo de este volumen, "Conflicto espiritual", fue mi aporte a ese simposio. Una sección se publicó en la revista *Certeza* Nº 61, pero la versión castellana completa del ensayo apareció por primera vez en la primera edición de este libro.

El cuarto trabajo, "¿Qué es el Evangelio?", fue presentado originalmente en agosto de 1975, en la IX Asamblea General de la Comunidad Internacional de Estudiantes Evangélicos, el movimiento estudiantil en el cual por dos décadas fui articulando, poco a poco, mi posición respecto a la misión cristiana como misión integegral. Se publicó anticipadamente en *The Gospel Today* (IFES, Londres, 1975).

A ese mismo año corresponde "La contextualización del Evangelio", una ponencia leída originalmente en una consulta internacional sobre literatura evangélica para América Latina, realizada en Stroudsburg, Pennsylvania. Se incluyó posteriormente en la colección *Reading in Dynamic Indigeneity*, editada por Charles H. Kraft y Tom N. Wisley (William Carey Library, Pasadena, 1979). Una sección de este trabajo forma parte del ensayo "Hacia una hermenéutica contextual", presentado en la Consulta sobre Evangelio y Cultura (otro resultado del Congreso de Lausana), en Willowbank, Bermuda, en enero de 1978. Esta Consulta se realizó con el auspicio del Grupo de Teología y Educación y del Grupo de Trabajo sobre Estrategia del Comité de Lausana para la Evangelización Mundial. Sus resultados aparecieron en *Gospel and Culture,* editado por John Stott y Robert T. Coote (William Carey Library, Pasadena, 1979).

En noviembre de 1979 la Fraternidad Teológica Latinoamericana realizó CLADE II (el segundo Congreso Latinoamericano de Evangelización) en Lima, Perú. En contraste con CLADE I, reunido en Bogotá, Colombia, en noviembre de 1969, en este Congreso se vio la evangelización como algo inseparable de la responsabilidad social y política. Su lema fue "Que América Latina escuche su voz" (la voz del Señor). Tomó como marco de referencia el *Pacto de Lausana* y trató de relacionarlo con la realidad concreta de pobreza y opresión, corrupción moral y abuso de poder en esta región del mundo. "Cristo y Anticristo en la proclamación del evangelio" (el sexto ensayo en este libro) es la ponencia que leí en esa oportunidad. Se publicó originalmente en castellano en la revista *Pastoralia* (Vol. 2, Nº 4-5, noviembre de 1980) y en *América Latina y la evangelización en los años 80* (FTL, México, 1980). La traducción inglesa apareció en el *Theological Fraternity Bulletin* (enero-marzo de 1981).

El ensayo "Misión integral" circuló en la IV Conferencia de la Asociación Internacional de Estudios Misionales realizada en Maryknoll, Nueva York, en agosto de 1978. Fue una suerte de tarjeta de presentación con la cual ingresé como miembro en esta asociación que me ha brindado muchas satisfacciones desde entonces. Se publicó posteriormente en el *Occasional Bulletin of Missionary Research* (enero de 1979). Apareció por primera vez en castellano en la primera edición de este libro.

El *Pacto de Lausana* critica la mundanalidad que se detecta en la adulteración del mensaje, la manipulación de los oyentes por medio de técnicas de presión, y la preocupación exagerada por las estadísticas en la evangelización (sección 12). Esa crítica refleja la objeción hecha en mi ponencia de Lausana contra el uso del "principio de unidades homogéneas" como base para el crecimiento de la iglesia. A fin de debatir este asunto abiertamente, el Grupo de Teología y Educación del Comité de Lausana para la Evangelización Mundial organizó una consulta que se llevó a cabo en la Fuller School of World Mission, en Pasadena, California, en junio de 1977. En esa Consulta presenté la ponencia sobre "La unidad de la Iglesia y el principio de unidades homogéneas". Posteriormente ésta se publicó en forma revisada, en inglés, en el *International Bulletin of Missionary Research* (enero de 1982) y en *Exploring Church Growth*, editado por Wilbert R. Shenk (William B. Eerdmans, Grand Rapids, 1983), y en castellano, en la revista *Misión* Nº 6. Es el octavo ensayo de este volumen.

Otra preocupación expresada en el *Pacto de Lausana* fue el tema de estudio para otra consulta a nivel mundial auspiciada por el Grupo de Teología y Educación del Comité de Lausana para la Evangelización Mundial y por la Unidad de Etica y Sociedad de la Comisión Teológica de la Alianza Evangélica Mundial. Los signatarios del *Pacto* que viven en situaciones de afluencia económica habían aceptado "el deber de desarrollar un estilo de vida simple a fin de contribuir más generosamente tanto a la ayuda material como a la evangelización" (sección 9). En la Consulta sobre Estilo de Vida Sencillo, realizada en Inglaterra, en marzo de 1980, se exploró el significado de este compromiso. En esa Consulta presenté la ponencia sobre "Perspectivas neotestamentarias para un estilo de vida sencillo" (el noveno ensayo de esta colección). Se publicó posteriormente en *Lifestyle in the Eighties: An Evangelical Commitment on Simple Lifestyle,* editado por Ronald J. Sider (Paternoster Press, Exeter, 1981; Westminster Press, Filadelfia, 1982). Una parte de este trabajo apareció en la revista *Certeza* N° 78, pero el ensayo completo se publicó en castellano originalmente en la primera edición de este libro..

El noveno ensayo de esta colección, "La misión de la Iglesia a la luz del Reino de Dios," salió en inglés en la revista *Transformation,* en el número correspondiente a abril-junio de 1984. Una versión levemente modificada de este trabajo se presentó en la Consulta sobre la Relación entre la Evangelización y la Responsabilidad Social (Grand Rapids, Michigan, junio de 1982), otra conferencia a cargo del grupo que había auspiciado la de estilo de vida. El propósito de la conferencia era generar un diálogo personal entre los defensores de dos afirmaciones del *Pacto de Lausana*: que "la evangelización y la acción social y política son parte de nuestro deber cristiano" (sección 5) y que "en la misión de la iglesia, que es misión de servicio sacrificado, la evangelización ocupa el primer lugar" (sección 6). Mi tarea era responder a una de las ponencias principales, a saber, la de Arthur P. Johnston sobre "El Reino en relación a la Iglesia y el mundo." Este ensayo se publicó por primera vez en castellanoi en la primea edición de este libro.

En base a todo lo dicho hasta aquí, el lector habrá captado que casi todos los ensayos incluidos en este volumen reflejan el diálogo teológico que ha estado llevándose a cabo en círculos evangélicos a nivel internacional desde el Congreso de Lausana de 1974. En efecto, dudo mucho que se habrían escrito si no hubiese sido porque los promotores de ese diálogo, y especialmente John Stott y Ronald Sider, amablemente me incluyeron en el mismo. Tengo una deuda de gratitud con ellos y con todos los que han participado en este diálogo tan provechoso. Estoy agradecido igualmente a mi esposa y colega, Catalina Feser de Padilla, a cuya memoria dedico este libro, por todo su aliento y su ayuda a lo largo de muchos años.

En su prólogo a *The New Face of Evangelicalism*, John Stott dice que en su opinión el rostro del movimiento evangélico presentado en Lausana era el mismo rostro que antes, pero con una expresión diferente. "El viejo rostro —concluye— ahora tiene una nueva sobriedad, pero está iluminado por una gozosa confianza en Dios y está vuelto de manera nueva hacia la agonía y la necesidad del mundo contemporáneo". Desde el Congreso de Lausana de 1974 me he considerado un testigo altamente privilegiado de lo que el Espíritu de Dios ha estado haciendo para dar a su pueblo un renovado sentido de misión integral. Si estos ensayos han contribuido de una manera muy modesta a lograr que el movimiento evangélico vuelva su rostro hacia un mundo sufriente, ¡alabado sea Dios!

C. R. P.

1

De Lausana I a Lausana III

La Fraternidad Teológica Latinoamericana y la misión integral

Lausana I, el Primer Congreso Internacional de Evangelización Mundial, que se llevó a cabo en Lausana, Suiza, del 16 al 24 de julio de 1974, pasará a la historia como uno de los eventos eclesiales más significativos del siglo XX. En el mundo evangélico, este encuentro, que contó con cerca de 2.500 participantes y unos 1.000 observadores de 250 países y 135 denominaciones protestantes, resultó ser un paso definitivo en la afirmación de que la responsabilidad social y política es un aspecto esencial de la misión de la Iglesia. La afirmación básica sobre este tema aparece en el párrafo 5 del *Pacto de Lausana*, que reza como sigue:

> Afirmamos que Dios es tanto el Creador como el Juez de todos los hombres. Por lo tanto, debemos compartir su preocupación por la justicia y la reconciliación en toda la sociedad humana y por la liberación de los hombres de toda clase de opresión. La humanidad fue hecha a la imagen de Dios; consecuentemente, toda persona, sea cual sea su raza, religión, color, cultura, clase, sexo o edad, tiene una dignidad intrínseca a causa de la cual debe ser respetada y servida, no explotada. Expresamos además nuestro arrepentimiento tanto por nuestra negligencia como por haber concebido a veces la evangelización y la preocupación social como cosas que se excluyen mutuamente. Aunque la reconciliación con el hombre no es lo mismo que la reconciliación con Dios, ni el compromiso social es lo mismo que

> la evangelización, ni la liberación política es lo mismo que la salvación, no obstante afirmamos que la evangelización y la acción social y política son parte de nuestro deber cristiano. Una y otra son expresiones necesarias de nuestra doctrina de Dios y del hombre, nuestro amor al prójimo y nuestra obediencia a Jesucristo. El mensaje de la salvación encierra también el mensaje de juicio de toda forma de alienación, opresión y discriminación, y no debemos temer el denunciar el mal y la injusticia dondequiera que éstos existan. Cuando la gente recibe a Cristo, nace de nuevo en su Reino y debe tratar no sólo de manifestar sino a la vez de difundir la justicia del mismo en medio de un mundo injusto. Si la salvación que decimos tener no nos transforma en la totalidad de nuestras responsabilidades personales y sociales, no es la salvación de Dios. La fe sin obras es muerta.[1]

En ese párrafo quedó plasmado el pensamiento que, en torno a una cuestión de capital importancia para la vida y misión de la Iglesia, había venido forjándose en círculos evangélicos desde comienzos de la década del año sesenta. El presente capítulo es sólo un modesto intento de bosquejar el aporte de la Fraternidad Teológica Latinoamericana (FTL) al desarrollo de ese pensamiento.

El despertar de la conciencia social evangélica

Una de las señales de los tiempos que caracterizan las cuatro últimas décadas es el despertar de la conciencia social evangélica a nivel mundial. Una pequeña evidencia de ese despertar es la inclusión de este asunto en el temario de congresos y asambleas, seminarios y consultas de una amplia gama de iglesias y denominaciones evangélicas.[2] Por lo menos en el mundo de las

---

[1] Ver el Pacto de Lausana en C. René Padilla, *El Evangelio hoy*, Certeza, Buenos Aires, 1975, pp. 169-181.

[2] Ver mi artículo "Evangelización y responsabilidad social: de Wheaton '66 a Wheaton '83", *Misión*, 4:3 (septiembre de 1985): 82-90, y "La trayectoria histórica de la misión integral", en *Justicia, misericordia y Humildad: La*

grandes mayorías, hoy ya casi no se discute si la iglesia tiene o no una tarea cultural, social e incluso política que está llamada a cumplir como parte esencial de su misión. La pregunta es, más bien, *cómo* debe cumplir esa tarea para ser fiel al Señor que la comisionó como su testigo en palabra y en acción.

Perspectiva histórica

En realidad, este tipo de compromiso por parte de las iglesias evangélicas no es tan novedoso como a veces pensamos.[3] No es este el lugar para hacer un recuento de la contribución de los evangélicos a la vida sociocultural y política de las naciones. Basta mencionar, a manera de ejemplo, el caso de Inglaterra: según varios historiadores, los avivamientos del siglo XVIII bajo Wesley y Whitefield en ese país causaron tanto impacto en las estructuras sociales que bien puede afirmarse que fueron el principal factor de cambio que hizo innecesaria una revolución sangrienta como la que se produjo en Francia hacia fines de ese mismo siglo. Asimismo, la marcada influencia que el cristianismo evangélico ejerció en la vida social de los Estados Unidos durante los siglos XVIII y XIX ha llamado la atención de los estudiosos. Muchos logros sociales, de los que hoy disfrutamos en la sociedad moderna sin ni siquiera darnos cuenta de su origen, tales como la abolición de la esclavitud, reformas laborales

misión integral y los pobres, ed. Tim Chester, Ediciones Kairós, Buenos Aires, 2002, pp. 55-80.

[3] En inglés abunda la bibliografía que corrobora esta afirmación. Ver, por ejemplo, Ernest Marshall Howse, *Saints in Politics*, George Allen & Unwin Ltd., Londres, 1952. Para breves resúmenes de los efectos sociales de la "evangelización revolucionaria" de John Wesley ver Gonzalo Báez-Camargo, *Genio y espíritu del metodismo wesleyano*, Casa Unida de Publicaciones, México, 2ª ed., 1981, pp. 57-74; Dorothy F. Quijada, "John Wesley y su ministerio integral", *Boletín Teológico* 46 (junio de 1992):107-145.

y obras filantrópicas de todo tipo, son parte del legado que nos dejaron esos grandes avivamientos.[4]

Lamentablemente, la mayor expansión del Evangelio a nivel internacional, la más amplia en la historia de la iglesia, se dio justamente en un periodo marcado por lo que el historiador estadounidense David Moberg ha denominado "el gran retroceso de la conciencia social"[5], que fue el abandono del compromiso social por parte del movimiento evangélico, primordialmente en los Estados Unidos, en las primeras décadas del siglo XX y especialmente en la década que siguió a la II Guerra Mundial. Como resultado, muchas de las iglesias formadas por el movimiento misionero moderno con base en Occidente alrededor del mundo nacieron con una visión muy limitada de la misión cristiana en el mundo.

La Fraternidad Teológica Latinoamericana (FTL)

Por la gracia de Dios, las últimas décadas han visto un notable despertar de la conciencia social evangélica. De ese despertar dan testimonio varias conferencias internacionales e interdenominacionales realizadas en diferentes lugares del mundo desde mediados de la década de 1960. En este rubro, una significativa

---

[4] Timothy L. Smith escribió la obra clásica sobre este tema: *Revivalism and Social Reform: American Protestantism on the Eve of the Civil War*, Abingdon Press, Nueva York, 1957. Con referencia a la conciencia social de los evangélicos en el siglo XIX Smith mantiene que "un amplio espectro de norteamericanos protestantes, que representaba cada clase social y cada sección del país e incluían tanto a luteranos, bautistas, metodistas y discípulos como a presbiterianos y congregacionalistas, apoyaba la cruzada misionera, la educacional y la moral. La gente común sentía tan profundamente como sus supuestos superiores la necesidad que la nación tenía de fortaleza moral para resistir el barbarismo, restringir la expansión de la esclavitud, educar a las masas analfabetas e implantar la ley del Señor tanto en el corazón del pueblo como en los estatutos de la república (p. 252, mi traducción).

[5] *The Great Reversal: Evangelism versus Social Concern*, Lipincott, Filadelfia, 1972.

señal de este despertar se dio en el Primer Congreso Latinoamericano de Evangelización (CLADE I)[6], que se realizó en Bogotá, Colombia, en noviembre de 1969.

Cuando Samuel Escobar, miembro del equipo de obreros de la Comunidad Internacional de Estudiantes Evangélicos (CIEE) en ese entonces, habló sobre "La responsabilidad social de la Iglesia"[7], su discurso fue recibido con una ovación de varios minutos. Su presentación fue una magistral síntesis del pensamiento social evangélico que a lo largo de la década de los años sesenta había estado fraguándose en el contexto de la CIEE al calor de inquietudes estudiantiles relativas a la pertinencia del Evangelio a la realidad de nuestros pueblos. En vista del impacto que esa ponencia causó en el Congreso, no es de sorprenderse que la preocupación por la dimensión social de la misión cristiana hallara eco en la *Declaración Evangélica de Bogotá* en los siguientes términos:

Ha llegado la hora de que los evangélicos tomemos conciencia de nuestras responsabilidades sociales. Para cumplir con ellas el fundamento bíblico es la doctrina evangélica y el ejemplo de Jesucristo llevado hasta sus últimas consecuencias. Ese ejemplo debe encarnarse en la crítica realidad lati-

---

[6] CLADE I fue una de las conferencias regionales sobre evangelización planificadas para dar continuidad al Congreso Mundial de Evangelización que se realizó en Berlín en 1966 con el auspicio de la revista evangélica estadounidense *Christianity Today*. Conferencias similares a CLADE I se llevaron a cabo en Singapur (1968), Minneapolis (1969) y Australia ((1971). Ver la recopilación de las ponencias, conferencias y estudios bíblicos de CLADE I en *Acción en Cristo para un continente en crisis*, Editorial Caribe, San José de Costa Rica y Miami, Florida, 1970.

[7] Samuel Escobar, "La responsabilidad social de la iglesia", *ibíd.*, pp. 32-39. El discurso se reprodujo posteriormente en su libro *Evangelio y realidad social: ensayos desde una perspectiva evangélica*, Presencia, Lima, 1986, pp. 9-39, y en *Iglesia y Misión* 74 (octubre-diciembre de 2000): 20-24 y 29-37.

noamericana de subdesarrollo, injusticia, hambre, violencia y desesperación[8].

CLADE I había sido planeado por la Asociación Billy Graham con el propósito de que sirviera como plataforma de lanzamiento de una gran estrategia de evangelización de todo el continente latinoamericano. Tal estrategia, sin embargo, no fue asumida por las iglesias y, consecuentemente, pasó a la historia sin pena ni gloria. El único resultado concreto de CLADE I fue algo que no constaba en los planes de los organizadores pero que guardaba estrecha relación con varias de las preocupaciones expresadas por Escobar en ese cónclave: la formación de la FTL, apenas un año después, en noviembre de 1970, en Cochabamba, Bolivia. Desde su nacimiento, la FTL se constituiría en un lugar de encuentro de personas que reconocían la importancia de la reflexión teológica, no como un fin en sí, sino en función de la misión integral de la Iglesia.[9]

Dos años después, en diciembre de 1972, se llevó a cabo la segunda consulta de la FTL en Lima, Perú, que tuvo como tema "El Reino de Dios y América Latina".[10] A partir de ese encuentro, mucha de la rica producción teológica de la FTL en los años

---

[8] *Acción en Cristo*, p. 135. Por influencia de los representantes del mundo de las grades mayoría en el Congreso sobre la Misión Mundial de la Iglesia que se llevó a cabo en Wheaton, Illinois, en 1966, la Declaración de Wheaton emitida por esa conferencia ya había expresado la misma preocupación. Ver el *Evangelical Missions Quarterly* 2 (Summer 1960).

[9] Sobre los diez primeros años de la FTL, ver la tesis doctoral de Daniel Salinas: *Latin American Evangelical Theology in the 1970's: The Golden Age*, Brill, Leiden/Boston, 2009. Samuel Escobar ofrece una apretada síntesis de la misma historia en "Doing Theology on Christ's Road", *Global Theology in Evangelical Perspective: Exploring The Contextual Nature o Theology and Mission*, eds. Jeffrey P. Greenman and Gene Green, InterVarsity Press, Downers Grove, Ill., 2012, pp. 67-85.

[10] Las ponencias de esta Consulta se publicaron en C. René Padilla, ed., *El Reino de Dios y América Latina*, Casa Bautista de Publicaciones, El Paso, Texas, 1975.

siguientes sería un aporte a la articulación de una misionología que considera el Reino de Dios que se hizo presente en Jesucristo y está aún por venir en su plenitud como la base de la misión cristiana.

Lausana I

La centralidad del Reino de Dios para una comprensión correcta tanto de la misión como del lugar de las iglesias en la sinfonía del propósito universal de Dios resonó con fuerza como una de las notas dominantes en el Primer Congreso Internacional de Evangelización Mundial que se llevó a cabo en Lausana, Suiza, en 1974, con el lema: "Que la tierra escuche su voz". Se hizo escuchar especialmente en sesiones plenarias por medio de las ponencias de Howard A. Snyder (un orador con experiencia misionera en el Brasil)[11] y de oradores vinculados a la FTL que fueron invitados a este memorable encuentro[12]. Gracias a sus presentaciones y a otros factores que se conjugaron en el Congreso, el tema de la responsabilidad social fue debatido abiertamente en sesiones plenarias y halló lugar prominente en el *Pacto de Lausana*, junto con temas tan importantes para los evangélicos como son la autoridad de la Biblia, la singularidad de Jesucristo y la evangelización. La misma nota se hizo

---

[11] Snyder expandió su ponencia de Lausana I, intitulada "The Church as Gods's Agent in Evangelism", en su excelente obra de eclesiología *The Community of the King* (InterVarsity Press, Downers Grove, 1977), cuya primera edición en castellano fue publicada por Editorial Caribe en 1985. Años después, a pedido de Ediciones Kairós, el autor revisó su obra valiéndose de bibliografía en su mayoría de autores vinculados a la FTL, lo que dio como resultado la segunda edición de *La comunidad del Rey*, Ediciones Kairós, Buenos Aires, 2004.

[12] Samuel Escobar, "Evangelism and Man's Search for Freedom, Justice, and Fulfillment", y C. René Padilla, "Evangelism and the World" (segundo capítulo de este libro) en *Let the Earth Hear His Voice*, ed. J. D. Douglas, World Wide Publications, Minneapolis, 1975, pp. 303-320 y 116-146, respectivamente.

escuchar también por medio del documento intitulado "Una respuesta a Lausana: Implicaciones teológicas del discipulado radical",[13] redactado por un grupo *ad hoc* que se formó espontáneamente después de la apertura del Congreso y firmado por aproximadamente cuatrocientos de los participantes, incluyendo a John Stott.[14] En este documento se afirma que

> El Evangelio es buenas nuevas de Dios en Cristo Jesús. Es buenas nuevas del Reno que él proclama y encarna; de la misión de amor de Dios que trae salud al mundo exclusivamente por medio de la Cruz de Cristo; de su victoria sobre los poderes de destrucción y muerte; de su señorío sobre todo el universo. Es buenas nuevas de una nueva creación, una nueva humanidad, un nuevo nacimiento por medio del Espíritu que da vida. Es buenas nuevas de los dones del Reino mesiánico contenidos en Jesús y mediados por su Espíritu; de la comunidad carismática que por su poder encarna su Reino de *shalom* aquí y ahora, antes que toda la creación, y hace visible y da a conocer sus buenas nuevas. Es buenas nuevas de liberación, de restauración, de salud y de salvación personal, social, global y cósmica. ¡Jesús es Señor! ¡Aleluya! ¡Que el mundo entero oiga su voz![15]

---

[13] Este documento se incluye en castellano como Apéndice II en C. René Padilla, *El Evangelio hoy*, Ediciones Certeza, Buenos Aires, pp. 183-188.

[14] Según Rodger C. Bassham (*Mission Theology*, p. 233), la aprobación que John Stott hizo púbicamente de este documento ayudó a que los organizadores del Congreso aceptaran las preocupaciones allí expresadas.

[15] Padilla, *El Evangelio hoy*, p. 184. Entre los redactores de este importante documento estaban incluidos varios reconocidos promotores de la responsabilidad social cristina en los Estados Unidos, tales como John Yoder, Ron Sider y Jim Wallis, quienes habían participado en la Consulta del Día de Acción de Gracias de 1973 sobre "Los evangélicos y la responsabilidad social" que se llevó a cabo en Chicago. Ese encuentro marcó la iniciación del movimiento *Evangelicals for Social Action* (Evangélicos por la acción social) en los Estados Unidos. En esa consulta América Latina estuvo representada por Samuel Escobar.

El aporte latinoamericano, el documento de discipulado radical, las discusiones informales sobre la misión cristiana durante el Congreso y el papel de John Stott como moderador de la comisión de redacción dieron como resultado la inclusión en el *Pacto de Lausana* de varios temas importantes relacionados con la responsabilidad social, la radicalidad del discipulado cristiano y la renovación y unidad de la iglesia.[16]

Por cierto, el Pacto afirmaba que "en la misión de la Iglesia, que es misión de servicio sacrificado, la evangelización ocupa el primer lugar" (párrafo 6). Por otra parte, también reconocía que los cristianos deben compartir la preocupación de Dios "por la justicia y la reconciliación en toda la sociedad humana y por la liberación de los hombres de toda clase de opresión"; que "la evangelización y la acción social y política son parte de nuestro deber cristiano", y que "el mensaje de salvación encierra también el mensaje de juicio de toda forma de alienación, opresión y discriminación" (párrafo 5). Este reconocimiento fue un golpe certero a todo intento de reducir la misión de la Iglesia

[16] Ver *Documentos periódicos de Lausana: El Pacto de Lausana, Exposición y comentario por John Stott*, Visión Mundial Internacional, Costa Rica, sin fecha. "El Pacto es la más madura y abarcadora afirmación producida por los evangélicos. La atención que se da a la base teológica de la misión, y el análisis de la evangelización, la responsabilidad social cristiana y la iglesia y su unidad, así como la seria consideración del contexto político y cultural de la misión, hacen que este documento sea de mucha importancia no sólo para los evangélicos sino para toda la iglesia" (Rodger C. Bassham, *Mission Theology: 1948-1975, Years of Worldwide Creative Tension, Ecumenical, Evangelical, and Roman Catholic*, Wm. Carey Library, Pasadena, CA., 1979, p. 243, mi traducción). Orlando E. Costas coloca el Pacto junto al informe de la V Asamblea General del Consejo Mundial de Iglesias sobre *La confesión de Cristo* (1975) y la "Exhortación Apostólica sobre la Evangelización en el Mundo Moderno", *Evangelii Nuntiandi* (1975), y afirma que los tres documentos son evidencias de "un movimiento hacia un acercamiento más integral a la misión y a la evangelización" (*Christ Outside the Gate: Mission Beyond Christendom*, Orbis, Maryknol, N.Y., 1982, p. 162, mi traducción).

a la multiplicación de cristianos y de iglesias por medio de la evangelización.

De Lausana I a Lausana II

Para el Movimiento de Lausana, los años que siguieron a Lausana I se caracterizaron por un esfuerzo concertado por elaborar detenidamente varios de los temas más controversiales del *Pacto de Lausana*. Para este fin el Comité de Continuación del Congreso se dividió en cuatro subcomisiones: intercesión, teología, estrategia y comunicación.

Al Grupo de Teología y Educación, denominado posteriormente Grupo de Trabajo Teológico, se le asignó la tarea de "promover la reflexión teológica sobre temas relacionados con la evangelización y, en particular, explorar las implicaciones del Pacto de Lausana."[17]

Coordinado por John Stott, este grupo organizó cuatro consultas teológicas[18] entre 1977 y 1982. Quien esto escribe considera un privilegio concedido por Dios el haber sido invitado a todas estas consultas, a tres de ellas como uno de los oradores plenarios y a la cuarta como la persona encargada de responder a una de las ponencias principales. Las tres consultas en que presenté ponencias en el plenario fueron las siguientes:

- La Consulta sobre el principio de las unidades homogéneas, en junio de 1977, en la Fuller School of World Mission, en el Seminario Teológico Fuller, en Pasadena, California. Ponencia: "El principio de unidades homogéneas y la unidad de la Iglesia" (capítulo 8 de este libro).

---

[17] Ver John Stott, ed., *Making Christ Known: Historic Mission Documents from the Lausanne Movement 1974-1989*, Paternoster Press, Carlisle, Cumbria, 1996, p. xvi.

[18] Para una breve síntesis de estas consultas, ver *ibíd.*, pp. xvii-xviii.

- La Consulta sobre Evangelio y cultura, en enero de 1978, en Willowbank, Bermudas. Ponencia: "La contextualización del Evangelio" (capítulo 5 de este libro).
- Consulta sobre el estilo de vida sencillo, en marzo de 1980, en Hoddesdon, Inglaterra. Ponencia: "Perspectivas neotestamentarias para un estilo de vida sencillo" (capítulo 9 de este libro).

El presupuesto básico de todas estas consultas era que, como el párrafo 5 del *Pacto de Lausana* afirmaba, "la evangelización y la acción social y política son parte de nuestro deber cristiano". La siguiente cita tomada del documento que surgió de la Consulta sobre el estilo de vida sencillo ilustra la manera en que estos encuentros ratificaron aquella valiente afirmación del Pacto:

> La iglesia cristiana, como el resto de la sociedad, inevitablemente está involucrada en política, que es el "arte de vivir en comunidad". Los siervos de Jesucristo deben expresar el señorío que él ejerce en sus compromisos políticos, sociales y económicos, y deben expresar su amor al prójimo participando en el proceso político.[19]

De ninguna manera, sin embargo, esa manera de concebir la misión cristiana era compartida por la mayoría de las personas vinculadas al Movimiento de Lausana. Esto se puso en evidencia apenas unos pocos después en la Consulta sobre Evangelización Mundial (Pattaya, Tailandia, junio de 1980) organizada por la Comisión de Lausana para la Evangelización Mundial (LCWE, su sigla en inglés) con el lema "¿Cómo oirán?" Planificada como "una consulta de trabajo con el objetivo principal de desarrollar estrategias realistas de evangelización para llevar

[19] "Compromiso evangélico con un estilo de vida sencillo", revista *Misión*, Año 1, No 1 (Marzo-junio de 1982): 45. La misma preocupación se expresó en carta pastoral emitida por el Segundo Congreso Latinoamericano de Evangelización (CLADE II). Ver *América Latina y la evangelización en los años 80*, FTL, México, pp. xix-xx.

a Cristo a los grupos de gente alrededor del mundo que todavía no han sido alcanzados", se concentró casi exclusivamente en los "grupos de gente", "las unidades homogéneas" y la comunicación oral del Evangelio.[20] Sin embargo, a pesar de todo el control ejercido durante la conferencia por parte del liderazgo para asegurarse de que la dimensión social de la misión no desviara la atención exclusiva a la evangelización concebida en los términos propuestos oficialmente, la reflexión creativa que tuvo lugar en los grupos de participantes que se reunieron durante la Consulta rompió el orden establecido y proveyó la base para una "Afirmación de preocupación respecto al futuro de la Comisión de Lausana para la Evangelización Mundial".[21] Era una invitación al Movimiento de Lausana a que "identifique no sólo a grupos de gente, sino también a instituciones sociales, económicas y políticas que determinan su vida y las estructuras que están por detrás de tales instituciones y obstaculizan la evangelización" y a que provea dirección sobre cómo los evangélicos que apoyan regímenes represivos o políticas económicas injustas "pueden ser alcanzados con un evangelio bíblico integral y desafiados a arrepentirse y trabajar por la justicia".

Este documento dirigido al LCWE fue presentado como un serio intento de construir puentes entre cristianos que no estaban de acuerdo respecto a cómo se relaciona la evangelización con la acción social, el liderazgo no le dio la menor importancia y no permitió que se discutiera abiertamente. El documento oficial aprobado al final de esa Consulta ratificó formalmente el compromiso tanto con la evangelización como con la respon-

---

[20] Ver el documento final emitido por la Consulta de Pattaya en John Stott, *Making Christ Known*, pp. 154-164. Para una incisiva crítica de esta Consulta, ver Orlando Costas, *Christ Outside the Gate: Mission Beyond Christendom*, Orbis Books, Maryknoll, N. Y., pp. 135-161.

[21] Este documento fue incluido por Andrew Kirk en su obra *A New World is Coming: A Fresh Look at the Gospel for Today*, Marshall, Morgen & Scott, Basingstoke, U.K., 1983, pp. 148-151.

sabilidad social, pero a la vez reafirmó "la prioridad d la evangelización". Además afirmaba que "nada de lo que contiene el *Pacto de Lausana* está más allá de nuestra preocupación, *siempre y cuando esté relacionado claramente con la evangelización del mundo*" (mi énfasis). Bien observa David Bosch refiriéndose a esta afirmación:

> El significado de esta frase está en lo que *no* dice. No dice [simultáneamente] que "nada contenido en el PL [Pacto de Lausana] sale fuera del marco de nuestra preocupación, *siempre y cuando apoye claramente el involucramiento cristiano en la sociedad.* Al permanecer en silencio sobre este aspecto, la Declaración de Tailandia está optando por una posición dualista. En el momento que se concibe la misión como la suma de dos componentes separados o separables "evangelismo y acción social", en principio se ha admitido que cada uno de ellos tiene vida propia.[22]

Evidentemente, la Consulta de Pattaya estuvo muy lejos de saldar la deuda que el Pacto dejó pendiente: resolver la tensión entre la afirmación que "la evangelización y la acción social y política son parte de nuestro deber cristiano (párrafo5) y la aseveración que "en la misión de la iglesia, que es misión de servicio sacrificado, la evangelización ocupa el primer lugar" (párrafo 6). Pese a sus diferencias en el campo teológico, todos los que firmaron el memorable Pacto reconocían que no se puede evangelizar fielmente sin preocuparse por los evangelizados como personas con necesidades básicas que afectan todas las dimensiones de su vida. Sin embargo, los debates posteriores al Congreso de Lausana pusieron en claro que no todos interpretaban de la misma manera la prioridad de la evangelización a la que el párrafo 6 del Pacto hacía referencia. Consecuentemente, los años después de

[22] David J. Bosch, *Transforming Mission: Paradigm Shifts in the Theology of Mission*, Orbis Books, Maryknoll, N. Y., p. 406, mi traducción. Hay traducción castellana de la obra de Bosch: *Misión en transformación: Cambios de paradigma en la teología de la misión*, Libros Desafío, Grand Rapids, 2000.

Lausana I fueron años de acalorada controversia entre quienes seguían identificando la misión con la evangelización de manera exclusiva, y quienes insistían en afirmar que la misión también incluye el servicio y la acción social y política. A pesar de toda la oposición, mayormente por parte del *establishment* misionero de los Estados Unidos, el acercamiento integral a la misión continuó ganando terreno especialmente en el mundo mayoritario.

Por otra parte, abunda la evidencia que demuestra el papel clave que en esos años la FTL desempeñó en la difusión, por lo menos en círculos evangélicos en América Latina, del "espíritu de Lausana" y de las perspectivas incorporadas en el Pacto. CLADE II, que se realizó en Lima en noviembre de 1979 convocado por la FTL bajo el lema "Que América Latina escuche la voz de Dios" (un eco del lema del Congreso de Lausana: "Que el mundo escuche la voz de Dios") fue sólo una de las muchas señales de esa preocupación por difundir, a la vez que profundizar, la reflexión a la cual la misma FTL había contribuido a la comunidad evangélica globalmente en el cónclave internacional de 1974.

Con miras a examinar en profundidad la relación entre la evangelización y la responsabilidad social, a comienzos de la década de 1980 el Grupo de Trabajo Teológico del Comité de Continuación de Lausana liderado por John Stott, en colaboración con la Comisión de Teología de la Alianza (actualmente Asociación) Evangélica Mundial, convocó a una consulta sobre este tema, la cual se llevó a cabo en Grand Rapids, Michigan, Estados Unidos, en junio de 1982. Una vez más allí se haría sentir la influencia de la FTL respecto a la manera de concebir la misión cristiana, aunque no se lograría que ese cónclave internacional la concibiera en términos de misión integral.

En una de las sesiones del plenario de este encuentro Arthur P. Johnston, un orador acreditado por el *establishment* misionero, presentó una ponencia sobre "El Reino de Dios en relación con la iglesia y el mundo".[23] En ella destacó el razonamiento que provee la base para el acercamiento tradicional a la misión cristiana, prevalente especialmente en el mundo occidental, con su énfasis en la salvación de almas y la tarea de plantar iglesias por medio de la evangelización entendida en términos del "testimonio verbal de la iglesia".[24] Además, aclaró que este concepto de la misión está relacionado íntimamente con un concepto del Reino de Dios como una realidad espiritual que los cristianos experimentan subjetivamente. En palabras del propio Johnston, "el reino de Dios es el actual gobierno de Dios en las disposiciones morales y espirituales del alma con base en el corazón. Dios gobierna como Rey en la vida de aquellos que han nacido de nuevo".[25] Desde esta perspectiva, "la evangelización ['el testimonio verbal de la iglesia'] como la misión de la iglesia significa

[23] Arthur P. Johnston, "The Kingdom in Relation to the Church and the World", *I Word and Deed: Evangelism and Social Responsibility*, ed. Bruce Nichols, Paternoster Press, Exeter, Devon, Paternoster Press, 1985, pp. 109-133.

[24] Esa fue la definición que Johnston ofreció de la evangelización, *ibíd.*, p. 110.

[25] *Ibíd.*, 128, mi traducción. El comentario sobre Lucas 17:21 en la *Biblia de Estudio* de la *New International Version* de la Biblia (en inglés) muestra la amplia difusión de este concepto del Reino en círculos evangélicos: "*the kingdom of God is within you.* Probably indicating that the kingdom is spiritual and internal... rather than physical and external" (*el reino de Dios está dentro de ustedes.* Indicando probablemente que el reino es espiritual e interno... en vez de físico y externo). Aunque la traducción *dentro* o (como en Reina-Valera) *en* es posible gramaticalmente, debe ser descartada por dos razones: (a) No tiene sentido si se toma en cuenta que Jesús hace esa afirmación dirigiéndose a los fariseos. ¿Cómo podría haber afirmado que el reino de Dios estaba *dentro* de ellos? (b) No hay evidencia que apoye la idea del Reino de Dios como un reino "espiritual e interno". Como Joachim Jeremias ha observado, ni en el judaísmo ni en el Nuevo Testamento en ningún lugar encontramos el reino de Dios como una realidad que habita en los seres humanos, que puede encontrarse, por ejemplo, en el corazón. Tal interpretación espiritualista no tiene lugar ni para Jesús ni para la tradición cristiana del primer siglo" (*New Testament Theology: The Proclamation of Jesus*, SCM, Londres, 1971, p. 101, mi traducción).

la más elevada vindicación de la obra reconciliadora de la cruz, y el mayor beneficio para los pobres y los oprimidos fluye de múltiples vidas renovadas en Cristo".[26]

Desde esta perspectiva el Reino de Dios que Jesús anunció como un nuevo orden sociopolítico inaugurad y hecho presente en su propia persona y obra se torna irrelevante. Desaparece la tensión escatológica entre el *ya* y el *todavía no* —una tensión que se presupone a largo de todo el Nuevo Testamento— y se elimina la posibilidad de entender el Reino de Dios —el reinado presente de Dios en la historia— como la base para la misión de la iglesia.

En mi respuesta a Johnston (incluida en el capítulo 10 de este libro, intitulado "La misión de la iglesia a la luz del Reino de Dios") apoyo el concepto del Reino de Dios que da el peso debido a la enseñanza de Jesús acerca de su papel en el cumplimiento de las profecías del Antiguo Testamento. Sostengo que, en efecto, este es el énfasis central del Nuevo Testamento: que en la persona y obra de Jesucristo el Reino de Dios se ha hecho una realidad presente y provee la base para la misión de la iglesia. Entre los tiempos de Cristo, la iglesia mira lo que *ya* se ha cumplido por medio de la primera venida de Jesús en el pasado, y mira también el cumplimiento pleno del propósito redentor de Dios en la segunda venida de Jesús en el futuro. A la luz del Reino de Dios, por lo tanto, la evangelización y la responsabilidad social están unidas inextricablemente.[27]

El documento emitido por la Consulta de Grand Rapids refleja el ingente esfuerzo de John Stott por armonizar los párrafos 5 y 6 del *Pacto de Lausana.* Con ese fin definió la relación entre la evangelización y la acción social desde tres ángulos. En primer lugar, la acción social cristiana es una *consecuencia* de la evangelización, ya que los que la realizan son los cristianos. En

---

[26] Johnston, *ibíd.*, p. 111.

[27] Ver las conclusiones hacia el final del capítulo 10.

efecto, deben realizarla tomando en cuenta que somos salvos "para buenas obras", lo cual hace de la acción social no sólo una consecuencia sino uno de los objetivos de la evangelización. En segundo lugar, la acción social es un *puente* para la evangelización, puesto que expresa el amor de Dios y así elimina los prejuicios y abre puertas para la proclamación del Evangelio. En tercer lugar, la acción social es un *compañero* de la evangelización y se vincula con ella en la misión como un cónyuge con el otro en el matrimonio, como una hoja con la otra en la tijera, como un ala con la otra en un avión o en un pájaro.[28]

A partir de esta última imagen, el documento de Grand Rapids enfoca el tema de la "prioridad de la evangelización" y aclara que sólo se puede afirmar ésta en un sentido limitado, no absoluto. Considera que la prioridad es, en primer lugar *lógica*, puesto que "el hecho mismo de una responsabilidad social *cristiana* presupone que hay cristianos responsables socialmente, y sólo es posible que los haya mediante la evangelización y el discipulado. Si la responsabilidad social es una consecuencia y un propósito de la evangelización... entonces la evangelización debe precederla".[29] Añade, en segundo lugar, que la prioridad es *teológica*, puesto que "la evangelización se relaciona con el destino eterno de las personas y al traerles a éstas las buenas nuevas de salvación los cristianos están haciendo lo que nadie más puede hacer".[30]

A primera vista, esta manera de entender la prioridad de la evangelización parece reflejar simplemente la convicción cristiana de que la necesidad humana más amplia y más profunda es una vida plena por medio del Evangelio de Jesucristo. En conformidad con el *Pacto de Lausana*, el documento de Gran Rapids

[28] "La relación entre la evangelización y la responsabilidad social", revista *Misión*, Vol 1, No. 3 (octubre-diciembre de 1983): 37-38.

[29] *Ibíd.*, p. 38.

[30] *Ibíd.*

1982 señala esa prioridad, pero a la vez admite que la alternativa entre evangelización y responsabilidad social es "en gran medida conceptual"; que, en la práctica, cada situación determina la prioridad y la dos son en realidad inseparables y "lejos de competir entre sí, se apoyan y fortalecen mutuamente en un espiral de creciente preocupación por los demás".[31] Si, como afirma el informe de la Consulta, la evangelización y la responsabilidad social están tan unidas entre sí que son "en realidad un matrimonio", es obvio que la prioridad de la evangelización mencionada en el Pacto no significa que la evangelización ha de ser considerada más importante que su compañera en todo momento y en todo lugar. Si así fuese, ¡algo andaría mal con el matrimonio! El documento de Grand Rapids parecería admitir esto al afirmar que "la evangelización, aunque no tenga una intención social, tiene sin embargo una dimensión social, mientras que la responsabilidad social, aunque no tenga una intención evangelizadora, tiene una dimensión evangelizadora".[32]

Un análisis más cuidadoso del informe, sin embargo, muestra que con la posición adoptada sobre el tema que la convocara, la Consulta de Grand Rapids no logró del todo su objetivo de superar el dualismo entre la evangelización y la responsabilidad social. Como algunos de sus críticos han señalado, al dar por sentado que la evangelización puede reducirse al *anuncio verbal* del Evangelio y puede, consecuentemente, hacerse sin el ejercicio de la responsabilidad social, dio base a un concepto de la misión como un matrimonio en que los cónyuges, la palabra y la acción, son "iguales pero separables".[33] Un concepto más bíblico de la misión sugiere que la evangelización genuina es inseparable de la responsabilidad y que la acción social *cristiana* es inseparable de la evangelización. Y a esto alude la expresión

---

[31] *Ibíd.*, p. 41.

[32] *Ibíd.*

[33] Andrew Kirk, *op cit.*, pp. 91-92.

misión integral, de modo que se diría que el matrimonio que la FTL ha propugnado y sigue propugnando, en contraste con el consumado en la Consulta de Grand Rapids, es el que une la palabra y la acción, la fe y las obras, la justificación y la lucha por la justicia como cónyuges en "una sola carne". Desde ese punto de vista, ¡no tiene ningún sentido hablar de "prioridad de la evangelización"! La misión es cristiana en la medida en que se orienta a la plena satisfacción de las necesidades humanas básicas, tanto espirituales como psicológicas, físicas y materiales, tanto personales como sociales, tanto privadas como públicas. En palabras de David J. Bosch, La evangelización es

> aquella dimensión y actividad de la misión de la Iglesia que, por medio de palabra y acción, y a la luz de unas condiciones particulares, y un contexto específico, ofrece a cada persona y comunidad, dondequiera que sea, una oportunidad válida de ser desafiada directamente a una reorientación radical de su vida. Esta reorientación implica aspectos tales como se r liberada de la esclavitud y sus poderes, abrazar a Cristo como Salvador y Señor, llegar a ser un miembro vivo de su comunidad, la Iglesia, alistarse en su servicio de reconciliación, paz y justicia en la tierra y estar comprometida con el propósito de Dios de colocar todas las cosas bajo el dominio de Cristo.[34]

A nivel mundial, con la memorable reunión de Grand Rapids concluyó todo un ciclo de consultas dedicadas a explorar varios asuntos que habían surgido del Congreso de Lausana en 1974. Sin embargo, yerra quien piensa que la cuestión del lugar del compromiso social en la misión de la Iglesia quedó allí resuelto para todos de una vez para siempre. Lejos de ello: seguiría siendo motivo de debate en círculos evangélicos a nivel local, nacional e internacional. En el caso de América Latina, mucho del debate giraría en torno al tema de las múltiples dimensiones de la misión de la iglesia visualizada en su relación con la totalidad de la vida y la creación de Dios —la misión integral.

---

[34] *Op. cit.*, pp. 513-514.

Este acercamiento a la misión estaba por detrás de una consulta auspiciada por la FTL en mayo de 1983, un año después de la Consulta de Grand Rapids, en Jarabacoa, República Dominicana. El propósito era considerar un tema que había quedado pendiente en el encuentro sobre la relación entre la evangelización y la responsabilidad social: la participación de los evangélicos en la política. Ya en 1974 Lausana I había reconocido que "la evangelización y *la acción social y política* [énfasis mío] son parte de nuestro deber cristiano". Como ya hemos mencionado, el reconocimiento de la política como campo de misión había sido objeto de reflexión en la Consulta sobre estilo de vida sencillo que se llevó a cabo en marzo de 1980 Para varios miembros de la FTL que ya estaban participando en procesos políticos en sus respectivos países y estaban en búsqueda de coherencia entre su fe y su vida práctica la Consulta de Jarabacoa sería un importante momento de reflexión en un camino que los evangélicos latinoamericanos empezaban a transitar. A pesar de sus deficiencias la *Declaración de Jarabacoa sobre los cristianos y la acción política* se constituiría, en los años subsiguientes, en un documento básico para evangélicos con vocación política.[35]

Poco después de la Consulta de Jarabacoa, la afirmación de la integralidad de la misión se repitió con mucha fuerza en el documento intitulado "Transformación: La Iglesia en respuesta a las necesidades humanas"[36], que surgió de la Consulta que se realizó en Wheaton, Illinois, del 20 de junio al 1 de julio del

[35] "Los cristianos y la acción política: la Declaración de Jarabacoa", revista *Misión*, Vol. 2, No. 4 (diciembre de 1983): 38-43). Para las ponencias de esta Consulta, ver Pablo Alberto Deirós, ed., *Los evangélicos y el poder político en América Latina*, Nueva Creación, Buenos Aires, Grand Rapids, 1986.

[36] La ponencias de esta Consulta se publicaron en Vinay Samuel y Chris Sugeden, eds., *The Church in Response to Human Need*, Regnum Books, Oxford, 1987.

mismo año con el auspicio de la Alianza Evangélica Mundial.[37] Tomando como base la visión bíblica del Reino de Dios como "la meta de la transformación", este documento, que puede considerarse como la afirmación evangélica más sólida del compromiso con la misión integral de las últimas décadas del siglo XX, sin vueltas ni rodeos afirma que "la maldad no está únicamente en el corazón humana sino también en las estructuras sociales... La misión de la iglesia incluye la proclamación del evangelio y su demostración. Debemos por tanto evangelizar, responder a necesidades humanas inmediatas y presionar en pro de la transformación".[38]

Después de reconocer que "sólo difundiendo el evangelio se puede satisfacer la necesidad más básica de los seres humanos: la comunión con Dios"[39], el documento enfoca una serie impresionante de temas que pueden considerarse como los más esenciales para la ética social cristiana y para el involucramiento práctico en la sociedad. El documento se divide en ocho secciones:

1. El involucramiento social cristiano
2. No sólo desarrollo sino transformación
3. La mayordomía de la creación
4. La cultura y la transformación
5. La justicia social y la misericordia
6. La iglesia local y la transformación
7. Las agencias cristianas de ayuda y la transformación
8. La venida del Reino y la misión de la iglesia

[37] Wheaton '83 fue una conferencia mundial. Asistieron 300 personas de unos sesenta países. La Consulta sobre la Iglesia en respuesta a la necesidad humana fue una de tres conferencias paralelas y contó con la asistencia de 100 personas.

[38] *Ibíd.*, p. 260, mi traducción.

[39] *Ibíd.*, p. 254, mi traducción.

El documento critica a los cristianos que "tienen la tendencia a ver la tarea de la iglesia como la de rescatar a los sobrevivientes de un naufragio en un mar hostil".[40] A la vez, no da espacio a ningún tipo de contemporización frente al mal social: "o desafiamos a las malas estructuras de la sociedad o las sustentamos".[41] Condena abiertamente el uso indiscriminado de los recursos naturales y la producción y el comercio de armas, y critica a las "muchas iglesias, sociedades misioneras y agencias cristianas de ayuda y desarrollo [que] apoyan el statu quo socioeconómico y con su silencio proveen ese apoyo tácitamente".[42] Afirma que la maldad no está solo en el corazón humano sino también en las malas estructuras sociales "y destaca el ejemplo de Jesús, quien "con sus actos de misericordia, enseñanza y estilo de vida... delató la injusticia en la sociedad y condenó la santurronería de sus líderes". Y añade:

> Era una compasión profética... y resultó en la formación de una comunidad que aceptó los valores del reino de Dios y se contrastó con el *establishment* romano y judío. Somos desafiados a seguir las pisadas de Jesús, recordando que su compasión lo condujo a la muerte... Sabemos que el identificarse con los pobres... siempre cuesta y puede resultar en persecución e incluso muerte. Por lo tanto, humildemente pedimos a Dios que nos dé la voluntad de arriesgar nuestra comodidad y aun la vida por el evangelio.[43]

En la sección dedicada a la iglesia local el documento de Wheaton 1983 propone que las iglesias locales no deben limitarse a los ministerios tradicionales, sino que "deben tomar en serio los males y las injusticias sociales en la comunidad local y

---

[40] *Ibíd.*, p. 255.

[41] *Ibíd.*, 256, mi traducción.

[42] *Ibíd.*, p. 259, mi traducción.

[43] *Ibíd.*, p. 260, mi traducción.

en la sociedad en general".[44] Además, desafía a las agencias de servicio a "ver su papel como facilitadoras de las iglesias en el cumplimiento de su misión", les advierte respecto al peligro de explotar la situación de los pobres para "satisfacer las necesidades y expectativas de los donantes" y les exhorta a "reducir significativamente sus gastos administrativos con el fin de maximizar los recursos para el ministerio".[45]

La sección final del documento es una fuerte afirmación del *ya* y del *todavía no* del Reino de Dios en Jesucristo como la base de la misión integral. "Afirmamos —dice— que el Reino de Dios es tanto presente como futuro, tanto social como personal, tanto físico como espiritual... Crece como un grano de mostaza, y juzga y a la vez transforma la era presente". Desde esta perspectiva, la escatología no es un incentivo para escaparse a un futuro distante, sino para "infundir esperanza en el mundo tanto para la era presente como para la era futura".[46] "Como la comunidad del final de los tiempos que anticipa el Fin, nos preparamos para lo último involucrándonos en lo penúltimo".[47]

La Afirmación de Wheaton 1983 es todo un logro como síntesis de la base de la misión integral y de las preguntas más significativas que pueden plantearse en relación con la iglesia como agente de Dios para la transformación integral. En efecto, sería difícil encontrar en círculos evangélicos alrededor del mundo otro documento posterior a 1983 que supere a este en la recuperación de la visión de la iglesia y su misión. En términos inequívocos, la Afirmación sobre la iglesia en respuesta a las necesidades humanas definió de manera integral la participación social y política como un aspecto esencial de la misión cristiana. Como bien dice Bosch, "por primera vez una declaración oficial

[44] *Ibíd.*, p. 262, mi traducción.

[45] *Ibíd.*, p. 263, mi traducción.

[46] *Ibíd.*, p. 264, mi traducción.

[47] *Ibíd.*, p 265, mi traducción.

emitida por una conferencia evangélica superó el eterno problema de la dicotomía... [S]in otorgar prioridad ni a la evangelización ni al compromiso social".[48]

Los sucesos posteriores a la Consulta de Wheaton, sin embargo, demuestran que el camino marcado por ese encuentro no era, en general, el elegido por los líderes del Movimiento de Lausana. En 1984 el Comité de Lausana, reunido en Stuttgart, tomó la decisión de "lanzar un programa de cinco años de oración y planeamiento que culminara en un segundo Congreso Internacional de Evangelización Mundial en 1989". La promoción de Lausana II se inició a corto plazo. Aunque la invitación a este Congreso era a "dar forma a una nueva visión de la misión de la Iglesia en el mundo", desde el comienzo era posible detectar que la preocupación central de los organizadores era más bien reeditar la visión tradicional que aísla la evangelización del resto de la misión cristiana. Al parecer, la reunión sería poco más que un esfuerzo por remozar la idea de lograr "Que todo el mundo escuche la voz de Dios", sin dar mayor atención a otras dimensiones de la misión.

En el periodo entre 1984 y 1988 el Movimiento de Lausana auspició cuatro consultas regionales: la Asamblea Internacional de Oración por la Evangelización Mundial (Seúl, 1984), la Consulta sobre la Obra del Espíritu Santo y la Evangelización (Oslo, 1985), una conferencia para líderes jóvenes (Singapur, 1987) y la Consulta sobre la Conversión y la Evangelización Mundial (Hong Kong, 1988).[49] En todo esto ciclo de conferencias se hizo obvio que se daba por sentado que la misión de la

[48] Bosch, *Misión en transformación*, p. 497.

[49] Basta la lectura de los informes de las consultas realizadas entre 1977 y 1982 en John Stott, *Making Christ Known*, capítulos 2 y 3 (pp. 51-113), 5 (pp. 139-152) y 7 (pp. 165-210) para detectar la enorme diferencia en la calidad de la reflexión en comparación con las realizadas entre 1984 y 1988 (*ibíd.*, capítulo 8, pp. 217-224).

iglesia puede reducirse a la evangelización en aislamiento de la responsabilidad social.

Que esa era la intención de los organizadores, en efecto, se puso en evidencia al realizarse el Segundo Congreso Internacional sobre la Evangelización Mundial (Lausana II) en Manila, Islas Filipinas, en julio de 1989, y se refleja claramente en el "Manifiesto de Manila: Una elaboración del Pacto de Lausana 15 años después".[50] Según éste, "la evangelización ocupa el primer lugar porque nuestro mayor interés es el evangelio, que todas las personas tengan la oportunidad de aceptar a Jesucristo como Señor y Salvador".[51] Por cierto, el Manifiesto de Manila también incluía unas pocas afirmaciones que en términos generales ratificaban el compromiso sociopolítico como un aspecto esencial de la misión de la iglesia[52] —el compromiso expresado en el párrafo 5 del *Pacto de Lausana*. Sin embargo, Valdir Steuernagel del Brasil, miembro activo del FTL, estuvo en lo correcto al señalar (en un discurso de diez minutos que se le permitió dar en el plenario hacia el final del Congreso) la falta de atención adecuada al tema de la justicia durante Lausana II. Sin embargo, si algo muestran los informes sobre Lausana II es que, para sorpresa de los organizadores de la magna reunión, el énfasis en la misión integral se hizo presente nuevamente en Manila con fuerza inusitada sin que ellos lo planearan. Como señalara el periodista inglés John Capon en un informe, la preocupación social se hizo sentir a lo largo de todo el Congreso. Al fin de cuentas, lo que esto logró fue confirmar que la estrecha relación entre misión y conciencia social, tan elocuentemente expresada en el *Pacto de Lausana*, ya era parte y parcela del movimiento evangélico especialmente en el mundo de las grandes mayorías.

---

50 John Stott, *ibíd.*, pp. 225-248.

51 *Ibíd.*, p. 236.

52 Ver especialmente las Afirmaciones 8, 9 y 16, y los párrafos 2, 4 y 7.

En efecto, durante los años siguientes la visión de la misión integral ganó terreno de manera sorprendente en ese mundo. Al sur del Río Bravo, la FTL desempeñó un papel clave como difusora de esa visión que considera que el ser, el hacer y el decir de la iglesia son dimensiones inseparables del testimonio acerca de Jesucristo como Señor y Salvador. Evidencia de esto son las largas listas de títulos de las exposiciones bíblicas, las ponencias plenarias, los seminarios y los talleres de los congresos latinoamericanos de evangelización (los CLADE: CLADE II, 1979; CLADE III, 1992, y CLADE III, 2000), como también los documentos finales emitidos por estas conferencias y la literatura publicada posteriormente.[53]

Durante la década de 1990, la visión de la misión integral que ha echado raíces en América Latina principalmente por medio de la FTL creció admirablemente en otras regionales del mundo. El resultado fue la formación de la *Red Miqueas* en 1999, un movimiento global comprometido con la proclamación y la demostración práctica del Evangelio, con la convicción que "en la misión integral nuestra proclamación tiene consecuencias sociales, puesto que implica un llamado al amor y al arrepentimiento en todas las áreas de la vida, y nuestro compromiso social tiene consecuencias evangelizadoras, puesto que es un testimonio de la gracia transformadora de Jesucristo".[54]

En cierto sentido la Red Miqueas es la culminación del largo proceso de renovación de la conciencia social evangélica que se remonta a la década de 1960, un proceso en el cual los cristianos del mundo de las grandes mayorías, especialmente de América Latina, desempeñó y continúa desempeñando un papel clave. Nuestro panorama histórico de las conferencias evangélicas in-

---

[53] Entre estos documentos sobresale la *Declaración de Quito*, que forma parte de *CLADE III: Tercer Congreso Latinoamericano de Evangelización*, Quito, 1992, un libro de 867 páginas publicado por la FTL, México, 1993.

[54] "Declaración Miqueas sobre misión integral", *Justicia, misericordia y humildad*, ed. Tim Chester, Ediciones Kairós, Buenos Aires, 2002, p. 29.

ternacionales sobre la misión de la iglesia realizadas desde los años 1960 muestra que, a pesar de los retrocesos debidos en gran medida por presupuestos derivados de la modernidad en Occidente[55], el acercamiento de la misión integral ha estado ganando terreno alrededor del mundo. Al unir la convocatoria del Nuevo Testamento a "hacer discípulos" (Mt 28:19) con el llamado del Antiguo Testamento a "practicar la justicia, amar la misericordia y andar humildemente delante de Dios" (Mi 6:8), la Red Miqueas es una señal esperanzadora del paradigma misionero que está emergiendo en el mundo actual especialmente entre las grandes mayorías de la población.

Lausana III y la recuperación de la misión integral hoy

La FTL, la Red Miqueas y la misión integral

Desde sus comienzos en 1970, la FTL tuvo como propósito principal promover la reflexión sobre la misión cristiana y su práctica por parte de las iglesias locales. Como miembro de este movimiento desde su formación, doy fe de los varios intentos que a lo largo de su historia se han hecho, desde adentro y desde afuera, para cambiar las prioridades de este movimiento. Casi todas las propuestas han sido comprensibles, especialmente a la luz de una idea por demás generalizada respecto al lugar de la reflexión teológica en la vida de la Iglesia. Si el pensar la fe no tiene consecuencias prácticas, ¿qué sentido tiene una "fraternidad teológica" dedicada a dicha reflexión? Sobran las "alternativas concretas": instituciones de formación teológica, concilios de iglesias, organizaciones para la defensa de los derechos humanos, grupos de acción social, partidos políticos, etc. Obstinadamente, durante las varias décadas de su historia la FTL

[55] Para una muy buena explicación de estos presupuestos y de la manera en que han influenciado tanto la teoría como la práctica de la misión cristiana, ver Bosch, *op. cit.*, capítulo 10.

se ha mantenido fiel al objetivo que se trazó al principio: en pocas palabras, una articulación de la fe cristiana, a la luz de las Escrituras, en diálogo con las ciencias humanas y enraizada en el contexto latinoamericano, como una contribución a la vida y misión de las iglesias evangélicas en América Latina. Sin renunciar a su vocación de "fermento" teológico, asumida conscientemente a lo largo de su historia, la FTL ha dejado su marca en el pueblo evangélico en nuestro continente y más allá de éste. Y no sólo, ni principalmente, por medio de sus publicaciones, sino por la *praxis* de sus miembros en las más variadas circunstancias y situaciones en la sociedad latinoamericana.

Con esta vocación, por la gracia de Dios, la FTL ha sido usada por el Espíritu para empoderar a muchos cristianos y a muchas iglesias, no sólo en América Latina sino también en otros continentes, especialmente en el Sur, a vivir una vida de servicio a Dios y al prójimo con una clara convicción de la inseparabilidad del Reino de Dios y la historia, el amor y la justicia, lo material y lo espiritual, la fe y las obras, lo personal y lo social, la evangelización y el compromiso social. Con esta perspectiva de *misión integral*, la FTL ha ejercido una profunda influencia en el pueblo de Dios en América Latina y más allá, ahora en colaboración con la Red Miqueas.[56]

Por los menos en el mundo de las grandes mayorías, este acercamiento a la misión cristiana se está difundiendo no sólo por internet y publicaciones impresas, sino también por medio de miembros de la FTL y la Red Miqueas en una amplia variedad de circunstancias y situaciones. Motivados por esta visión,

---

[56] Desde su formación en 1999, la Red Miqueas ha crecido de tal manera alrededor del mundo que hoy abarca más de 500 organizaciones e iglesias dedicadas al servicio el desarrollo y la justicia. Tiene más de 300 miembros activos y alrededor de 250 miembros asociados en unos 80 países. Su propósito principal es fomentar la práctica de la misión integral sobre la base de un texto bíblico que define lo que Dios espera de su pueblo: "Practicar la justicia, amar la misericordia y humillarte ante tu Dios" (Mi 6:8).

muchos cristianos evangélicos alrededor del mundo están tomando en serio su vocación misionera. En un creciente número de países ahora existe una gama de ministerios que responden a múltiples necesidades humanas: ministerios de recuperación de drogadictos, trabajo con niños de la calle, ancianos, prostitutas, minusválidos, lisiados, madres solteras, prisioneros, ciegos, huérfanos, refugiados, desempleados, portadores del VIH o pacientes de sida... ¡La lista es interminable! Claramente, más y más cristianos e iglesias entienden que Dios ama la justicia y demanda justicia, y que están llamados a ser seguidores de Aquel que fue "ungido para anunciar buenas nuevas a los pobres... proclamar libertad a los cautivos y dar vista a los ciegos... poner en libertad a los oprimidos... pregonar el año de favor del Señor" (Lc 4:18-19). Por cierto, todavía queda mucho por hacer. Muchas iglesias son clubes de folklor religioso, divorciadas de las necesidades humanas reales de la gente que las rodea. El hecho es que, sin embargo, los últimos años han visto el surgimiento de muchos modelos nuevos de misión. ¡Es el amanecer de un nuevo día!

Esta experiencia de vida ha sido la forja de la misión integral, de un concepto de misión que entiende la evangelización no como un medio para lograr que la gente sea feliz o tenga éxito de acuerdo con estándares mundanos, sino como un medio para insertar a las personas en la comunidad de seguidores de Jesucristo comprometidos con la misión de transformar el mundo de acuerdo con el propósito de Dios para la vida humana. No como un medio para imponer un estilo de vida definido en términos de categorías moralistas y religiosas, sino una manera de habilitar a las personas para que coloquen cada dimensión de la vida bajo el señorío de Jesucristo.

Cuando la iglesia entiende su misión a la luz del Reino de Dios, sus miembros son liberados para servir. Perciben en cada necesidad humana una oportunidad para el servicio. y en cada situación un desafío para usar los dones que el Espíritu de Dios les ha otorgado para la edificación del cuerpo de Cristo. Comprenden que, en virtud de su relación con Jesucristo, son sacerdotes al servicio del Rey y que, como tales, son llamados a testificar acerca de las obras maravillosas de Dios por medio de los que son, hacen y dicen.

Desde esta perspectiva de la evangelización, lo que busca la teología no puede ser otra cosa que la integridad cristiana en la misión, y la integridad demanda que el amor de Dios que se afirma con palabras también se manifieste en acciones orientadas a satisfacer genuinas necesidades humanas, sean cuales fueren. Así, pues, no hay lugar para la dicotomía entre evangelización y responsabilidad social. Por un lado, se evangeliza con conciencia social porque se proclama el mensaje del Reino de Dios que afecta todo aspecto de la vida humana a nivel personal y social, y se invita a los evangelizados a colaborar con otros cristianos en la transformación de toda la creación según el propósito de Dios.

Por otro lado, se actúa responsablemente en la sociedad porque se vive en conformidad con las promesas y las demandas de ese Reino de Dios que se anuncia cuando se evangeliza. En otros términos, se anuncia y se vive el mensaje del Reino de Dios; se da la buena noticia acerca de Jesucristo y se muestran los efectos concretos de su vida y ministerio. Algo anda mal cuando se sirve al prójimo pero no se le da razón de la esperanza que tenemos en Cristo y que nos mueve a la acción; algo anda mal, igualmente, cuando se comparte la fe verbalmente pero esta fe no obra por el amor. En efecto, hay base para que, con John Wesley, dudemos de la autenticidad de la vida cristiana que no comienza con la conversión, y de la conversión que no culmina en el compromiso social. La evangelización y la responsabilidad social pueden y probablemente deben distinguirse teóricamente, pero no deben separarse en la práctica, ya que la palabra y la acción son inseparables en la vida cristiana e igualmente esenciales en el testimonio cristiano.

No es exagerado afirmar que la reflexión teológica de la FTL durante las cuatro últimas décadas ha sido usada por Dios de manera singular como fermento del movimiento evangélico a nivel global. Una importante señal de este hecho fue el Tercer Congreso Internacional de Evangelización Mundial (Lausana III), que se realizó en Ciudad del Cabo África del Sur, del 16 al 25 de octubre de 2010. A esta magna reunión asistieron 4200 líderes evangélicos de 198 países y en ella participaron cientos de miles de personas alrededor del mundo por medio de internet. Tal vez más importante que el número de participantes, sin embargo, llegue a ser la agenda que surgió del Congreso y que quedó plasmada en el *Compromiso de Ciudad del Cabo*[57] con la intención de marcar el derrotero para el movimiento evangélico mundial para los próximos años. Indudablemente, es un derrotero que refleja, por primera vez como resultado de un congreso internacional organizado por el Movimiento de Lausana, la intención de que la iglesia alrededor del mundo coloque en el centro de su vida y su misión tanto la teología como la práctica de la misión integral. Si las iglesias siguen ese derrotero, su prioridad no será una evangelización que se reduce a salvar almas y plantar iglesias mediante la comunicación oral del Evangelio, sino una evangelización encarnada en la realidad que buscará manera de responder a los grandes desafíos misioneros contemporáneos.

Tres desafíos misioneros actuales

Los mayores desafíos que el movimiento evangélico encara hoy guardan estrecha relación con el llamado a evangelizar sin dejar de lado su compromiso social. De los muchos que se podrían mencionar, destacamos tres: el desafío del discipulado radical, el desafío de la globalización y la pobreza y el desafío de la destrucción del ecosistema.

---

[57] Este documento está disponible en internet: www.lausanne.org/es/es/1582-el-compromiso-de-ciudad-del-cabo.html

El desafío del discipulado radical

Especialmente en África y América Latina en las últimas décadas el movimiento evangélico ha visto un sorprendente crecimiento numérico. En el caso de América Latina, Read, Monterroso y Johnson en sus predicciones respecto a este crecimiento calcularon que al final de la década de 1970 el Protestantismo en América Latina contaría con veintisiete millones de miembros.[58] Lo más probable es que al final de esa década el número de evangélicos en uno solo de los países latinoamericanos, el Brasil, haya sobrepasado esa cifra. La expansión numérica en varios países es tan grande que supera ampliamente el ritmo del crecimiento de la población. En efecto, si hoy se rehiciera un censo del número de evangélicos en el continente no sería una sorpresa que la predicción que David Stoll hizo en 1993 se haya cumplido, que "si el crecimiento de las últimas décadas continúa, los latinoamericanos que se consideran evangélicos podrían llegar a ser entre un cuarto y un tercio de la población a comienzos del siglo XXI".[59] Por primera vez en la historia de América Latina el Protestantismo habrá dejado de ser una minoría insignificante.

Sin embargo, el fantástico crecimiento numérico del movimiento evangélico encierra varios peligros. Uno de ellos, tal vez el más obvio, es la superficialidad. Muchas de las megaiglesias en las ciudades de América Latina que no predican el Evangelio de Jesucristo sino el "evangelio de la prosperidad" proliferan están convirtiendo las salas de cine en templos. Crecen numéricamente, pero corren el riesgo de institucionalizar una religiosidad popular protestante que tiene muy poco que ver con la fe evangélica enraizada en la enseñanza bíblica. En relación directa

---

58 William R. Reed, Víctor M. Monterroso y Harmon AS. Johnson, *Latin American Church Growth*, Eerdmans, Grand Rapids, Michigan, 1969, p. 385.

59 Virginia Garrard-Burnett y David Stoll, eds., *Rethinking Protestantism in Latin America*, Temple University Press, Filadelfia, 1993, p. 1, mi traducción.

con este tema, David Stoll se pregunta si las gigantescas iglesias neopentecostales en el Brasil y otros países (especialmente Chile) podrían constituirse en "la base para una reforma social, a lo cual contesta: "La respuesta más segura y más probable es no". Luego añade: "En vista del quietismo de los evangélicos, puede argumentarse que pesan menos que lo que sus números sugieren. Robinson Cavalcanti ha escrito sarcásticamente: 'La falta de pertinencia del protestantismo llegó a tal punto que si el rapto ocurriese hoy, la sociedad brasileña demoraría una semana para notar que los creyentes no están allí'.[60] Hacia el final de su obra Stoll mira al futuro de los evangélicos y sugiere que lo más probable es que, pese a su crecimiento numérico, pierdan la oportunidad que hoy tienen de constituirse en una verdadera fuerza de cambio social. El crecimiento numérico de nuestras iglesias nos desafía a examinar hasta qué punto el mensaje que estamos proclamando y viviendo es el Evangelio del Reino de Dios y su justicia, y no un mensaje que refleja los valores y premisas de la sociedad de consumo.

Para que el crecimiento numérico del pueblo evangélico se constituya en una señal de esperanza para un mundo en crisis, no podemos desentendernos del llamado de Jesucristo, que no es meramente a ganar conversos sino a hacer discípulos dispuestos a aprender a vivir en obediencia al Evangelio en su situación concreta de acuerdo con lo que él enseñó a sus seguidores. A eso apunta el *Compromiso de Ciudad del Cabo* cuando afirma:

> Si el evangelio no está profundamente arraigado en el contexto, desafiando y transformando las cosmovisiones subyacentes y los sistemas de injusticia, entonces, cuando llega el día malo, la lealtad cristiana es descartada como un manto indeseado y las personas revierten a lealtades y acciones no regeneradas. La evangelización sin discipulado, o el avivamiento sin una obe-

[60] David Stoll, *Is Latin America Turning Protestant? The Politics of Evangelical Growth*, University of California Press, Berkeley & Los Angeles, California, 1990, p. 315, mi traducción.

diencia radical a los mandamientos de Dios no son sólo deficientes; son peligrosos.[61]

El desafío de la globalización y la pobreza

Los cristianos con conciencia social no pueden desentenderse de la terrible pobreza de millones y millones de personas causada por el presente sistema económico global neoliberal controlado en gran medida por una clase transnacional corrupta en control del poder económico y político. Se calcula que actualmente hay por lo menos un billón doscientas mil personas que padecen hambre perenne, y hay evidencia de que este problema está vinculado íntimamente a la creciente disparidad entre ricos y pobres alrededor del mundo.[62] La pobreza no se debe a la falta de recursos para satisfacer las necesidades de todos; es más bien el resultado de la avaricia y la institucionalización de la injusticia. Como, refiriéndose al caso de América Latina, afirma el documento intitulado "Misión integral: tiempo de acción solidaria en un contexto de pobreza" emitido por la Consulta sobre misión y pobreza realizada en CLADE IV, la estructura del mercado internacional "ha dividido la producción entre los *proveedores* de riquezas materiales y los *procesadores* de las mismas, y ha reservado a los últimos el monopolio de los precios y las condiciones del mercado".[63] En consecuencia, un pequeño núcleo poblacional se ocupa del trasvase de riquezas naturales a los países procesadores, en tanto que una vasta mayoría de la po-

[61] Parte II, B, Sección 2 (B).

[62] "En 1969 los ingresos del 20% más rico de la población mundial eran 30 veces más altos que los del 20% más pobre de esa población. Para 1990 esa diferencia abismal se había duplicado: los ingresos del 20% más rico eran 60% más altos que los del 20% más pobre. La diferencia actual es del 83%" (Bob Goudzwaard, Mark Vander Vennen, David van Heemst, *Hope in Troubled Times: A View for Confronting Global Crisis*, Baker Academy, Grand Rapids Michigan, 2007, p. 20).

[63] C. René Padilla y Tetsunao Yamamori eds., *Misión integral y pobreza*, Ediciones Kairos, Buenos Aires, 20011. pp. 263-279.

blación se ocupa de la provisión de esas riquezas. Para completar este cuadro de inequidad,

> La primera porción minoritaria no sólo administra los procesos de trasvase sino también los procesos políticos de conducción de los países, obteniendo así los beneficios de la riqueza generada. En contraste, el segundo sector poblacional mencionado debe sobrevivir con un máximo promedio del 25% del ingreso-riqueza generado anualmente.[64]

Con demasiada frecuencia citamos Mateo 9.38 para demostrar la importancia de orar que el Señor envíe más obreros a su mies, pero olvidamos que las circunstancias que dan sentido a ese llamado: Jesús, al ver a la gente que venía a él con toda clase de necesidades humanas, enfermedades y dolencias, "sintió compasión de ellos, porque estaban cansados y abatidos, como ovejas que no tienen pastor" (9.36). Detrás del sufrimiento y la desesperanza que aquejaban a las multitudes, Jesús reconoció la ausencia de líderes que se preocuparan por ellas y les dieran un sentido de dirección y dignidad humana. Los líderes que tenían la responsabilidad de pastorear a aquel pueblo estaban lejos de ellas, concentrados en Jerusalén, el centro del poder socioeconómico, político y religioso de la nación de Israel. ¿Dónde están hoy los líderes responsables de velar por el bienestar de las grandes mayorías oprimidas y agobiadas de nuestro continente, en el cual un elevado porcentaje de la población no cuenta con los medios para satisfacer sus necesidades básicas? ¿Dónde están los líderes de integridad moral que están dispuestos a colocar esas necesidades por encima de sus ambiciones políticas y sus propios intereses? Desde las profundidades del dolor en que están sumidas esas multitudes nos llega nuevamente la voz del Señor: "Ciertamente la cosecha es mucha, pero los trabajadores son pocos. Por eso, pidan ustedes al Dueño de la cosecha que mande trabajadores a recogerla" (9.38). Nuestra evangelización demos-

[64] *Ibíd.*, p. 265.

trará que se conforma al espíritu de esa oración en la medida en que se inspire en la compasión de Jesús y vaya acompañada por la acción orientada a responder no sólo a las necesidades espirituales sino también a las necesidades físicas, materiales y psicológicas de las multitudes. A eso se refiere el *Compromiso de Ciudad del Cabo* en los siguientes términos:

Amamos a los pobres y a los que sufren. La Biblia nos dice que el Señor muestra su amor hacia todo lo que ha hecho, que defiende la causa de los oprimidos, ama al extranjero, alimenta al hambriento y sostiene al huérfano y a la viuda... Dios hace responsables especialmente a quienes son designados como líderes de la política o la justicia de la sociedad, pero ordena a todo el pueblo de Dios —por Ley y los Profetas, los Salmos y los libros de Sabiduría, Jesús y Pablo, Santiago y Juan— que refleje el amor y la justicia de Dios en amor y justicia prácticos a favor de los necesitados.[65]

Abrazamos el testimonio de toda la Biblia, que nos muestra el deseo de Dios, de una justicia económica sistémica y también de la compasión, el respeto y la generosidad personales hacia los pobres y los necesitados. Nos regocijamos porque esta amplia enseñanza bíblica está más integrada hoy a nuestra estrategia y práctica de misión, como ocurría con la Iglesia primitiva y el apóstol Pablo.[66]

El desafío de la destrucción del ecosistema

La avaricia y el abuso del poder por parte de la clase multinacional no son sólo la causa principal de la pobreza a nivel global sino también la causa principal de la actual destrucción del ecosistema[67], de la cual el elevado calentamiento global es

[65] Parte I, Sección 7 (A).

[66] Parte II, Sección 3 (A).

[67] Ver C. René Padilla, "Los gritos de la tierra: Soja, ecología y pobreza", *Semillas de nueva creación: Pautas bíblicas para una vida ecológicamente justa,*

el síntoma más preocupante. Los informes del IPCC (Grupo Intergubernamental de Expertos sobre el Cambio Climático) —establecido por el Programa de las Naciones Unidas para el Medio Ambiente y la Organización Meteorológica Mundial no dejan lugar a dudas al respecto. Según su informe de 2007, "El calentamiento del sistema climático es inequívoco, como evidencian ya los aumentos observados del promedio mundial de la temperatura del aire y del océano, el deshielo generalizado de nieves y hielos, y el aumento del promedio mundial del nivel del mar".[68] Los diez años más calurosos que se registran desde 1990 han ocurrido a partir de 1997, y se calcula que aproximadamente 150.000 personas mueren cada año en el mundo como consecuencia del impacto que el calentamiento global produce en la salud humana. Abunda la evidencia de que la extensión de tierras afectadas por sequías en el mundo se duplicó entre 1970 y los inicios de la década del 2000. Los informes de los expertos explican científicamente las noticias que escuchamos con frecuencia y lo que nosotros mismos experimentamos en relación con desastres naturales causados por el calentamiento climático. Las inesperadas tormentas, inundaciones o sequías y las sorpresivas olas de calor o frío intensos son ocurrencias comunes en todo el mundo, y tarde o temprano afectan nuestro propio lugar de vivienda. En muchos sitios de América Latina y en otros continentes, los efectos del cambio climático en los últimos años han sido devastadores.

Según el informe del IPCC de 2007, lo más probable es que el calentamiento climático sea el resultado de actividades humanas que producen emisiones de gases tales como el dióxido de

Ediciones Kairós, Buenos Aires, 2010, pp. 95-109.

[68] IPCC, Cambio climático 2007: Informe de síntesis. Contribución de los Grupos de trabajo I, II y III al Cuarto Informe de evaluación del Grupo Intergubernamental de Expertos sobre el Cambio Climático (Ginebra: IPCC, 2007), 2, http://www.ipcc.ch/pdf/assessment-report/ar4/syr/ar4_syr_sp.pdf.

carbono, a lo cual contribuyen especialmente los países ricos. El problema se complica aún más con el aumento de emisiones de gases de países en vías de desarrollo como la China, la India y el Brasil, donde la emisión se ha duplicado en los últimos veinte años.

Los cristianos evangélicos generalmente no han dado la debida atención al problema que plantea la destrucción del ecosistema. Con su negligencia han cerrado los ojos a las devastadoras consecuencias tanto sociales como ambientales del uso irresponsable de los recursos naturales inherente a la sociedad de consumo. A la luz de esta actitud, el documento emitido por la Consulta Internacional sobre el estilo de vida sencillo que se llevó a cabo en marzo de 1980 cobra aún más sentido. El propósito de este encuentro era explorar las implicaciones del párrafo 9 del *Pacto de Lausana,* que dice: "Todos nos sentimos nos sentimos sacudidos por la pobreza de millones de personas y perturbados por las injusticias que la causan. Los que vivimos en situaciones de riqueza aceptamos nuestro deber de desarrollar un estilo de vida sencillo a fin de contribuir más generosamente tanto a la ayuda material como a la evangelización".[69]

Al parecer, después de la Consulta de 1980 sobre el estilo de vida sencillo, la única conferencia evangélica internacional que hizo un serio esfuerzo por enfocar la dimensión ecológica de la misión cristiana fue la cuarta Consulta Global trienal de la Red Miqueas que se llevó a cabo en Kenia en julio de 2009. La *Declaración sobre mayordomía de la creación y cambio climático*[70], que resume los hallazgos de esa Consulta, podría con el tiempo llegar a ser el documento más significativo emitido por evangélicos sobre un tema que apenas ha recibido la atención que merece

[69] C. René Padilla, *El Evangelio hoy*, p. 176.

[70] "Declaración sobre mayordomía de la creación y cambio climático", *Semillas de nueva creación: Pautas bíblicas para una vida ecológicamente justa*, Ediciones Kairós, Buenos Aires, 2010, pp. 211-219.

por parte de personas que confiesan que al trino Dios como el Dios de la creación. Redactada por una comisión internacional que logró organizar grupos de discusión con la participación de las personas que asistieron a la Consulta, esta Declaración es una excelente síntesis de las preocupaciones ecológicas de una red global comprometida con la misión integral concebida como la proclamación y la demostración del Evangelio. Fue emitida con la esperanza de que

> no sólo se constituya en una agenda para los miembros de la Red Miqueas, sino que, además, incentive a los cristianos y cristianas, en todo lugar, a tomar en serio la crisis ambiental global producida por la ignorancia, el descuido, la arrogancia y la codicia; a superar la tradicional dicotomía entre la evangelización y la responsabilidad socio-ecológica, y a comprometerse activamente en la práctica y la promoción del cuidado de la creación de Dios.[71]

La misma nota de preocupación por el cuidado de la creación de Dios resuena en el *Compromiso de Ciudad del Cabo* cuando afirma:

> Cristo creó, sostiene y redimió la tierra. No podemos decir que amamos a Dios si abusamos de lo que pertenece a Cristo por derecho de creación, redención y herencia... Si Jesús es Señor de toda la tierra, no podemos separar nuestra relación con Cristo de la manera en que actuamos en relación con la tierra. Porque proclamar el evangelio que dice "Jesús es Señor" es proclamar el evangelio que incluye a la tierra, dado que el señorío de Cristo es sobre toda la creación. El cuidado de la creación es, por lo tanto, un tema del evangelio dentro del señorío de Cristo.

Este amor por la creación de Dios exige que nos arrepintamos en la destrucción, dilapidación y contaminación de los recursos de la tierra y nuestra complicidad en la idolatría tóxica

---

[71] *Ibid.*, p. 113.

del consumismo... La Biblia declara el propósito de Dios para la creación misma. La misión integral significa discernir, proclamar y vivir la verdad bíblica de que el evangelio es buenas nuevas de parte de Dios, a través de la cruz y la resurrección de Jesucristo para cada persona individualmente y *también* para la sociedad y *también* para la creación.[72]

Lamentamos el abuso y la destrucción generalizados de los recursos de la tierra. Incluyendo su biodiversidad. Probablemente el desafío más serio y urgente que enfrenta el mundo físico ahora es la amenaza del cambio climático. Esto afecta de manera desproporcionada a las personas de los países más pobres, porque es allí donde los extremos climáticos serán más severos y donde hay poca capacidad de adaptación a esos cambios. La pobreza mundial y el cambio climático necesitan ser abordados en conjunto y con la misma urgencia.[73]

En resumidas cuentas, los tres desafíos mencionados se conjugan en uno solo: el de lograr que por el poder del Espíritu el pueblo evangélico alrededor del mundo encarne el Evangelio en la sociedad por medio de lo que es, lo que hace y lo que dice. En otras palabras, que practique la misión integral en función del cumplimiento del propósito de Dios para la vida humana y la totalidad de la creación, en medio de una sociedad afectada profundamente por la idolatría del consumismo. El Dios que se reveló en Jesucristo es Dios de amor y de justicia. Consecuentemente, a las iglesias les compete esparcir la semilla de *shalom* —vida plena, vida en abundancia— entre ricos y pobres. Entre los ricos para que sean liberados de Mamón y ejerzan con sentido de responsabilidad la mayordomía de los recursos de la creación para el bien común. Entre los pobres para que sean liberados del yugo de la opresión, fortalezcan su sentido de dignidad y, junto con el Pan de vida que sacia el hambre del espíritu, reciban el

[72] Parte I, Sección 7 (A).

[73] Parte II.B, 5.

pan de cada día que satisface el hambre del cuerpo. En la medida en que la FTL, la Red Miqueas y el Movimiento de Lausana logren incentivar al pueblo de Dios a comprometerse con Dios en la práctica de la misión integral a nivel individual y comunitario, en esa medida estos movimientos seguirán siendo señales de esperanza en medio de la desesperanza que se ha instalado alrededor del mundo.

2

El evangelio y la evangelización

Parte I

El Evangelio de Jesucristo es un mensaje personal: revela a un Dios que llama a cada uno de los suyos por nombre. Pero es a la vez un mensaje cósmico: revela a un Dios cuyo propósito abarca al mundo entero. No se dirige al individuo per se, sino a cada persona como miembro de la vieja humanidad en Adán, marcada por el pecado y la muerte, a quien Dios llama a integrarse a la nueva humanidad en Cristo, marcada por la justicia y la vida eterna.

La falta de apreciación de las dimensiones más amplias del Evangelio inevitablemente conduce a una distorsión de la misión de la iglesia. El resultado es una evangelización que concibe al individuo como una unidad autónoma —un Robinson Crusoe a quien el llamado de Dios llega en la soledad de su isla— cuya salvación se realiza exclusivamente en términos de su relación con Dios. Se pierde de vista que el individuo no existe en aislamiento y que por lo tanto no se puede hablar de salvación sin hacer referencia a su relación con el mundo del cual forma parte.

En su oración sumosacerdotal Jesucristo imploró así por sus discípulos: "Ya no voy a estar por más tiempo en el mundo, pero ellos están todavía en el mundo, y yo vuelvo a ti… No te pido que los quites del mundo, sino que los protejas de maligno. Ellos no son del mundo, como tampoco lo soy yo" (Jn 17.11, 15-16). Queda planteada la paradoja del discipulado cristiano en relación con el mundo: estar en el mundo, pero no ser del mundo. La presente ponencia puede considerarse como un intento de descifrar el significado de esa paradoja en su relación con la evangelización. El estudio consta de tres partes. La primera es un análisis de las varias connotaciones del término "mundo" en el Nuevo Testamento. La segunda muestra en qué sentido la evangelización tiene que ver con una separación del mundo, ya que los seguidores de Jesucristo "no son del mundo". La tercera, finalmente, enfoca la evangelización desde la perspectiva de un compromiso con el mundo, un compromiso que refleja que los seguidores de Jesucristo "están todavía en el mundo".

I. El mundo en perspectiva bíblica

La simple observación de la importancia que el término mundo (griego: *cosmos)* ocupa en el Nuevo Testamento (especialmente en los escritos juaninos y paulinos, en textos relacionados con la historia de la salvación) debería ser suficiente para comprobar la dimensión cósmica del Evangelio. La obra de Dios en Cristo Jesús tiene que ver directamente con el mundo en su totalidad, no meramente con el individuo. Por lo tanto, una soteriología que no toma en cuenta la relación entre el Evangelio y el mundo no hace justicia a la enseñanza bíblica.

Pero, ¿qué es el mundo?

No puedo pretender un estudio exhaustivo del tema, pero para comenzar trataré de separar brevemente los hilos de esa complicada madeja que es el término *cosmos* en el Nuevo Testamento.

1. El mundo es la suma total de la creación, el universo, "los cielos y la tierra" que Dios creó en el principio y que recreará al fin.[1]

---

[1] Ver Mt 24.21; Jn 1.9, 10, 17.5, 24; Hch 17.24; Ro 1.20; 1Co 4.9, 8.4; Ef 1.4; Fil 2.15; Heb 4.3, 9.26.

Lo más distintivo del enfoque neotestamentario del universo es su énfasis cristológico. El mundo fue creado por Dios por medio del Logos (Jn 1.10), y aparte del Logos nada de lo que ha sido hecho fue hecho (Jn 1.3). El Cristo a quien el Evangelio proclama como el agente de la redención es también el agente de la creación de Dios. Y es a la vez la meta hacia la cual se dirige todo el universo (Col 1.16) y el principio de coherencia de toda la realidad, tanto material como espiritual (Col 1.17).

A la luz del significado universal de Jesucristo, el cristiano no puede ser pesimista en cuanto al destino último del mundo. En medio de los vaivenes de la historia, sabe que Dios no ha abdicado su trono y que a su debido tiempo todas las cosas serán colocadas bajo el mando de Cristo (Ef 1.10; cf. 1Co 15.24ss.). El Evangelio involucra la esperanza de "un cielo nuevo y una tierra nueva" (Ap 21; cf. 2P 3.13).[2] Consecuentemente, la única evangelización auténtica es la que se orienta hacia esa meta última de la "restauración de todas las cosas" en Cristo Jesús, prometida por los profetas y proclamada por los apóstoles (Hch 3.21). La escatología centrada en la salvación futura del alma resulta excesivamente limitada frente a las escatologías seculares de nuestra época, la más significativa de las cuales —la marxista— vislumbra la formación de una sociedad ideal y un hombre nuevo. Hoy más que nunca la esperanza cristiana en sus dimensiones más amplias tiene que proclamarse con tal convicción y tal fuerza que la falsedad de toda otra esperanza no necesite comprobación.

2. En un sentido más limitado, el mundo es el presente orden de existencia humana, el contexto espacio-temporal de la vida del ser humano.[3]

[2] No deja de llamar la atención que el Nuevo Testamento nunca use el término *cosmos* para referirse al mundo escatológico de la esperanza cristiana, para lo cual recurre siempre a otras expresiones.

[3] Ver Mt 4.8; Jn 8.23, 12.25, 16.33; 1Co 7.31; 1Jn 3.17; 1Ti 6.7.

Este es el mundo de los bienes materiales, donde los individuos se preocupan con "cosas" que son necesarias pero que fácilmente se convierten en un fin en sí (Lc 12.30). La "ansiosa inquietud" por estas cosas es incompatible con la búsqueda del Reino de Dios (Lc 12.22-31). Los tesoros que una persona pueda lograr en la tierra son perecederos (Mt 6.19). De nada le sirve ganar "el mundo entero" y destruirse o perderse a sí mismo (Lc 9.25; cf. Jn 12.25).

Hay un realismo cristiano que exige que tomemos en cuenta que nada "trajimos a este mundo, y nada podemos llevarnos" (1Ti 6.7). Todos los bienes materiales yacen bajo el signo de la temporalidad de un mundo que avanza ineludiblemente hacia el fin. Y frente a ese fin todo lo que compete puramente al presente orden se relativiza: no puede ser visto como si agotara el sentido de la existencia humana (1Co 7.29-31; cf. 1Jn 2.17). De lo contrario forma parte de ese sistema de rebelión del ser humano contra Dios que será considerado más adelante en este estudio.

Anunciar el Evangelio es anunciar el mensaje de un reino que no es de este mundo (Jn 18.36) y que por lo tanto no ajusta su política a la de los reinos de la tierra. De un reino cuyo soberano rechazó "todos los reinos del mundo y su esplendor" (Mt 4.8; cf. Lc 4.5), para instaurar el suyo propio sobre la base del amor. De un reino que se hace presente entre los hombres, aquí y ahora (Mt 12.28), por medio de uno que no procede de este mundo (*tou cosmou toutou*), sino "de allá arriba", de un orden que se extiende más allá del transitorio escenario de la vida humana (Jn 8.23).

3. El mundo es la humanidad, reclamada por el Evangelio, pero hostil a Dios y esclavizada por los poderes de las tinieblas.[4]

[4] Ver Mt 5.14, 13.38; 1Co 1.27-28, 3.22, 4.13; 2P 2.5, 3.6; Heb 11.7, 38.

Ocasionalmente *cosmos* apunta a la humanidad, sin referencia a su situación frente a Dios.[5] Mucho más frecuentemente, sin embargo, representa a la humanidad en su relación con la historia de la salvación que culmina en Jesucristo, por la cual es juzgada.

a. El mundo reclamado por el Evangelio. La afirmación más categórica de la voluntad de Dios de salvar al mundo se da en la persona y obra de su Hijo Jesucristo. La dificultad que tengamos para explicar cómo es posible que, a pesar de que la voluntad de Dios que su salvación se extienda a todos los seres humanos (1Ti 2.4), no todos sean efectivamente salvos, no debe conducirnos a negar la dimensión universal de la soteriología neotestamentaria. Según ésta, Jesucristo no es el Salvador de una secta, sino "el Salvador del mundo" (Jn 4.42; 1Jn 4.14; 1Ti 4.10). El mundo es el objeto del amor de Dios (Jn 3.16); Jesucristo es el Cordero de Dios (Jn 1.29), la luz del mundo (Jn 1.9, 8.12, 9.5), la propiciación no sólo por los pecados de los suyos sino "por los de todo el mundo" (1Jn 2.2; cf. 2Co 5.19). Para esto fue enviado él por el Padre: no para condenar al mundo, sino "para salvarlo por medio de él" (Jn 3.17).

Claramente, la salvación de Dios en Cristo Jesús tiene un alcance universal. Pero la universalidad del Evangelio no debe confundirse con el universalismo de teólogos contemporáneos que afirman que, en virtud de la obra de Cristo, todos los hombres han recibido la vida eterna, sea cual fuere su posición frente a Cristo. Los beneficios procurados por Cristo son inseparables del Evangelio y, consecuentemente, sólo pueden recibirse *en* y *por* el Evangelio. Proclamar el Evangelio no es únicamente proclamar un hecho cumplido, sino proclamar un hecho cumplido y *simultáneamente* hacer un llamado a la fe. La proclamación de

[5] Los textos donde aparece *cosmos* con esta connotación son numerosos en los escritos juaninos y paulinos. El uso del término con este sentido es peculiar del Nuevo Testamento.

Jesús como "el Salvador del mundo" no es una afirmación de que todos los seres humanos son salvos automáticamente, sino una invitación dirigida a todos a poner su confianza en aquel que dio su vida por los pecados del mundo. "Cristo no nos salva aparte de la fe: la fe no nos restaura aparte de Cristo. El se hizo uno con nosotros: nosotros tenemos que hacernos uno con él. Sin la afirmación de este doble proceso de auto-identificación y de los resultados que le siguen, no hay una exposición completa del evangelio".[6]

De la universalidad del Evangelio se deriva la universalidad de la misión evangelizadora de la iglesia. El reclamo del mundo por parte del Evangelio, iniciado en Cristo Jesús, continúa por medio de sus seguidores. Como el Padre le envió a él, así él los ha enviado al mundo (Jn 17.18). El arrepentimiento y el perdón de pecados en su nombre deben ser anunciados en todas las naciones (Lc 24.47; cf. Mt 28.19; Mt 16.15). Y es esta exigencia del Evangelio la que da sentido a la historia hasta el fin de la era presente (Mt 24.14).

b. El mundo hostil a Dios y esclavizado por los poderes de las tinieblas. El uso más distintivo que el Nuevo Testamento hace del término *cosmos* tiene un colorido eminentemente negativo. Se refiere a la humanidad, pero a la humanidad en abierta hostilidad contra Dios, personificada como el enemigo de Jesucristo y sus seguidores. El Logos por medio del cual fueron hechas todas las cosas vino al mundo, pero "el mundo no lo reconoció" (Jn 1.10). Vino como la luz del mundo (Jn 8.12, 9.5), para dar testimonio de la verdad (Jn 18.37), pero "la humanidad prefirió las tinieblas a la luz, porque sus hechos eran perversos" (Jn 3.19). Fue un rechazo colectivo. Pero fue la única actitud consecuente con la naturaleza del mundo alienado de Dios: el mundo no puede recibir el Espíritu de verdad (Jn 14.17); la mente carnal

[6] Vincent Taylor, *Forgiveness and Reconciliation: A Study in New Testament Theology*, Macmillan, Londres, 1941, p. 273.

no puede someterse a la ley de Dios (Ro 8.7). Esa es la tragedia del mundo: está encerrado en el círculo vicioso de un rechazo que lo conduce a odiar a Cristo y sus seguidores gratuitamente (Jn 15.18, 24; 1 Jn 3.1, 13) y que a la vez lo torna incapaz de percibir la verdad del Evangelio (Jn 9.39-41). Tal es la situación del mundo en su rebelión contra Dios, que Jesucristo ni siquiera ora por él (Jn 17.9).

Pero si se cala un poco más hondo en el análisis del concepto del mundo en los escritos juaninos y paulinos, se hace obvio que detrás del rechazo de Jesucristo por parte de hombres y mujeres está la influencia de poderes espirituales hostiles a los seres humanos y a Dios. "El mundo entero está bajo el control del maligno" (1Jn 5.19). La "sabiduría de este mundo," caracterizada por su desconocimiento de Dios, refleja la sabiduría de los "gobernantes de este mundo" —los poderes de las tinieblas— que crucificaron a Cristo (1Co 1.20; 2.6-8). La ceguera de los incrédulos respecto al Evangelio es el resultado de la acción de Satanás, "el dios de este mundo" (2Co 4.4). Aparte de la fe, los hombres están sometidos al "espíritu de la época" (el *Zeitgeist*) controlado por el "que gobierna las tinieblas" (Ef 2.2). El mundo está bajo el dominio de "principios de este mundo" (Gá 4.3, 9; Col 2.8, 20), poderes y autoridades principados y potestades (Ro 8.38; 1Co 15.24, 26; Ef 1.21, 3.10, 6.12; Col 1.16, 2.10, 15).

El cuadro del mundo que emerge de los textos mencionados es confirmado por el resto del Nuevo Testamento. En éste, como en el judaísmo del siglo I, la era presente es concebida como la era en la cual Satanás y sus huestes han recibido la autoridad de dominar el mundo. El universo no es un universo cerrado, en el cual todo puede explicarse en base de cosas naturales. Es, más bien, la arena donde Dios —un Dios que actúa en la historia— está librando una batalla contra poderes espirituales que esclavizan a los seres humanos y obstaculizan su percepción de la verdad revelada en Jesucristo.

Este diagnóstico del hombre en el mundo no puede simplemente arrojarse al cesto de basura como el resultado de la especulación apocalíptica común entre los judíos en el mundo del Nuevo Testamento. Como dice E. Stauffer, "en el cristianismo primitivo no hay teología sin demonología". Y sin demonología el problema del pecado tiene que hallar explicación exclusivamente en el hombre sin dar atención debida al hecho de que el hombre mismo es víctima de un orden que lo trasciende y le impone un estilo de vida que resulta contraproducente. El pecado (en singular) no es la suma de los pecados (en plural) individuales de los hombres. Es, por el contrario, una situación objetiva que condiciona a los hombres y los compele al acto de pecar: "todo el que peca es esclavo del pecado" (Jn 8.34). La esencia del pecado es la mentira ("llegarán a ser como Dios" —Gn 3.5—), y ésta tiene su origen en el diablo, el "mentiroso. ¡Es el padre de la mentira!" (Jn 8.44). El pecado, pues, no es un problema meramente individual, sino social y aun cósmico. Los pecados personales —aquellos que según Jesús salen "de adentro, del corazón humano" (Mr 7.21-22)— son el eco de una voz que procede de la creación, la creación que "fue sometida a la frustración" y que tiene que ser "liberada de la corrupción que la esclaviza" (Ro 8.20-21). Son la expresión de una realidad que trasciende al ser humano y lo convierte en su impotente víctima.

Lamentablemente, con demasiada frecuencia se ha dado por sentado que la manifestación concreta de la acción satánica entre los hombres se da principal o aun exclusivamente en aquellos fenómenos que caen en la esfera de la posesión demoníaca y el ocultismo. Así se ha perdido de vista el carácter demoníaco de todo el medio ambiente espiritual que condiciona el pensamiento y conducta humanos. El concepto individualista de la redención es la consecuencia lógica de un concepto individualista del pecado en el cual se ignoran "las cosas que están en el mundo" (no simplemente en el corazón de los hombres), a saber, "los malos deseos del cuerpo, la codicia de los ojos, y la arrogancia de la vida" (1Jn 2.15-16).

En una palabra, se ignora la realidad del materialismo, es decir la absolutización de la era presente en lo que ella ofrece: los bienes de consumo, el dinero, el poder político, la filosofía, la ciencia, la clase social, la raza, la nación, el sexo, la religión, la tradición...; el "egoísmo colectivo" (para usar la expresión de Niebuhr) que condiciona al hombre para que busque su realización en "las cosas deseables" de la vida: la Gran Mentira de que el hombre deriva su sentido de "ser como Dios," en autonomía de Dios.

Dominado por los poderes de las tinieblas, el mundo está a la vez, sin embargo, bajo el juicio de Dios. Aunque Dios no envió a su Hijo para condenar al mundo, sino para que éste sea salvo por él (Jn 3.17; cf. 12.47), el mundo es juzgado por su propio rechazo de la luz de la vida que se ha hecho presente en medio de los hombres. "Esta es la causa de la condenación: que la luz vino al mundo, pero la humanidad prefirió las tinieblas a la luz, porque sus hechos eran perversos" (Jn 3.19; cf. 12.48).

En conclusión, el problema del hombre en el mundo no es simplemente que comete pecados aislados o cede a la tentación de vicios particulares. Es, más bien, que está aprisionado dentro de un sistema que lo condiciona para que absolutice lo relativo y relativice lo absoluto, un sistema cuyo mecanismo de autosuficiencia lo priva de la vida eterna y lo somete al juicio de Dios. Ésta es una de las razones porque la evangelización no puede reducirse a la comunicación verbal de contenidos doctrinales, ni la confianza del evangelista puede depositarse en la eficacia de sus métodos. Como enseñara el apóstol Pablo, "nuestra lucha no es contra seres humanos, sino contra poderes, contra autoridades, contra potestades que dominan este mundo de tinieblas, contra fuerzas espirituales malignas en las regiones celestiales" (Ef 6.12). La proclamación del evangelio que no toma en serio el poder del enemigo, tampoco podrá tomar en serio la necesidad de los recursos de Dios para la lucha.

II. La evangelización y la separación del mundo

El Evangelio no procede de los hombres, sino de Dios. Su irrupción en el mundo necesariamente produce conflicto porque cuestiona el carácter absoluto de "las cosas deseables" de la vieja era. Su sola presencia significa crisis puesto que exige a las personas a discernir entre Dios y los falsos dioses, entre la luz y las tinieblas, entre la verdad y el error. Los portadores del Evangelio son, por lo tanto, "el aroma de Cristo entre los que se salvan y ente los que se pierden. Para éstos somos olor de muerte que los lleva a la muerte; para aquéllos, olor de vida que los lleva a la vida" (2Co 2.15-16). El Evangelio une, pero también separa. Y de esa separación creada por el Evangelio surge la iglesia como una comunidad llamada a no ser del mundo pero estar en el mundo.

El concepto de la iglesia como una entidad "separada" del mundo se presta a toda suerte de falsas interpretaciones. En un extremo está la posición en que la separación no es tal sino una simple distinción epistemológica: la iglesia sabe que ha sido reconciliada con Dios, el mundo no lo sabe —y eso es todo.[7] En el otro extremo está la posición en que la separación es una valla infranqueable entre dos ciudades que sólo se comunican entre sí en términos de una cruzada por parte de una para conquistar a la otra. La manera de entender la naturaleza de la separación entre el mundo y la iglesia inevitablemente incide en nuestra definición del Evangelio y en nuestros métodos de evangelización. Urge la recuperación de una evangelización que haga justicia al binomio mundo/iglesia visto desde la perspectiva del Evangelio: una evangelización que se oriente al rompimiento de la esclavi-

---

7 Esta posición es ilustrada por la siguiente afirmación de Oscar Cullmann: "La distinción fundamental... entre todos los miembros del reino de Cristo y los miembros de la iglesia es que los primeros no saben que pertenecen a su reino, mientras que los segundos sí" (*The Christology of the New Testament*, SCM, Londres, 1959, p. 231. Hay traducción castellana: *Cristología del Nuevo Testamento*, Methopresss, Buenos Aires, 1965.

tud del hombre en el mundo y que no sea una expresión de la esclavitud de la iglesia al mundo.

1. La evangelización y la proclamación de Jesucristo como el Señor de todo

Un estudio somero del Nuevo Testamento es suficiente para mostrar que lo más esencial de su mensaje se resume en el credo más antiguo de la iglesia: "Jesucristo es el Kyrios". Si bien es cierto que sólo después de la resurrección los discípulos podían haber captado la importancia que ese título tenía al aplicarlo a Jesucristo, no cabe duda de que para ellos aquel a quien Dios había hecho "Señor y Mesías" no era ni más ni menos que el mismo Jesús que había sido crucificado (Hch 2.36). Decir que Jesucristo es el Señor es decir que el mismo Jesús a quien Dios puso como "sacrificio por el pecado por medio de su muerte" (Ro 10.12), habiendo provisto la base para el perdón de pecados mediante el sacrificio de sí mismo, ha ocupado el lugar que le corresponde como mediador en el gobierno del mundo (Heb 1.4).

A partir de los textos mencionados, a los cuales sería posible añadir varios otros, es obvia la imposibilidad de separar el ministerio sacerdotal del ministerio real de Jesucristo. Desde la perspectiva del Nuevo Testamento, la obra de Dios en su Hijo no puede reducirse a una limpieza de la culpa del pecado: es también un traslado al Reino mesiánico que en Cristo se ha hecho presente por anticipado (Col 1.13). El Cristo que obró el perdón de pecados es a la vez el Cristo que obró la liberación de la esclavitud del mundo. La hora de la cruz fue la hora del juicio de este mundo y de su "príncipe" (Jn 12.31, 16.11); la hora en que Cristo despojó de su armadura a los principados y las potestades y proclamó la derrota de los mismos, conduciéndolos como prisioneros en un desfile triunfal (Col 2.15). Jesucristo ha sido exaltado como el Kyrios de todo el universo (Ef 1.20-22; Fil 2.9-11; 1P 3.22) y es como tal que él puede salvar a todos los que invocan su nombre (Ro 10.12-13). Y la salvación en Cristo involucra tanto el perdón de pecados (1Jn 1.9) como la victoria sobre el mundo (1Jn 5.4), por medio de la fe.

Evangelizar, por lo tanto, no es ofrecer una experiencia de liberación de sentimientos de culpa, como si Cristo fuese un superpsiquiatra y su poder salvador pudiera separarse de su señorío. Evangelizar es proclamar a Jesucristo como Señor y Salvador, por cuya obra el hombre es liberado tanto de la culpa como del poder del pecado e integrado al propósito de Dios de colocar todas las cosas bajo el mando de Cristo. Como ha señalado Walter Künneth, una cristología individualista —una cristología que contempla a Cristo únicamente en su relación con el individuo— deja la puerta abierta para una negación de la creación, puesto que según ella hay que entender el mundo como si existiese aparte de la Palabra de Dios que le da sentido.[8] El Cristo proclamado por el Evangelio es el Señor de todos, en quien Dios ha actuado definitivamente en la historia a fin de formar una nueva humanidad. El que pone su confianza en él, en él es liberado de "este mundo malvado" (Gá 1.4) y de los poderes que lo caracterizan; el mundo le es crucificado y él para el mundo (Gá 6.14); no puede someterse a los dioses falsos como si aún perteneciera a la esfera de su influencia (Gá 2.20).

Obviamente, la afirmación de la separación de la iglesia con referencia al mundo sólo puede hacerse desde una perspectiva teológica y escatológica: es delante de Dios que la iglesia toma forma como una comunidad que no pertenece a la era presente sino a la venidera. Por vocación, no es del mundo en el sentido que ha rechazado la Gran Mentira implícita en el materialismo, con su absolutización de "las cosas deseables" que el mundo ofrece. Aunque la vieja era está bajo el dominio de ídolos que se erigen en dioses y señores, para la iglesia hay un solo Dios, el Padre, en quien todas las cosas tienen su origen y para quien la ella existe,

---

[8] Künneth, *The Theology of the Resurrection*, Concordia, St. Louis, 1966, pp. 161-62.

y un solo Señor: Jesucristo, el Mediador de la creación y de la redención (1Co 8.5-6). Aquí y ahora, en anticipación del reconocimiento universal de Jesucristo como el Señor de toda la creación (Fil 2.9-11), ella lo ha recibido (Ef 1.22) y vive en virtud de las bendiciones y los dones que él le confiere como tal (Ef 1.3-14, 4.7-16). En esto fundamentalmente radica la diferencia entre la iglesia y el mundo.

Sin la proclamación de Jesucristo como Señor de todo, a la luz de cuya autoridad universal todos los valores de la era presente se relativizan, no hay verdadera evangelización. Evangelizar es proclamar a Jesucristo como aquel que reina hoy y continuará reinando "hasta poner a todos sus enemigos debajo de sus pies" (1Co 15.25). La cristología cósmica del Nuevo Testamento está en el meollo mismo de la proclamación.

2. Evangelización y mundanalidad

En la cruz Jesucristo infligió una derrota decisiva al príncipe de este mundo. El enemigo ha sido herido mortalmente. La resurrección ha demostrado que la vanidad a la cual está sujeta la creación no significa que Dios ha abdicado su gobierno de ella. Toda la creación será liberada de la esclavitud de corrupción (Ro 8.20-21); todo el universo será colocado bajo el mando de Cristo (Ef 1.10).

La esperanza en el triunfo final de Jesucristo está en la esencia de la fe cristiana: lo que Dios hizo a través de la muerte y resurrección de su Hijo, lo completará al final del tiempo.

Sin embargo, no podemos hacernos ilusiones en cuanto a la situación histórica de la iglesia en relación con el mundo. Una rápida lectura del Nuevo Testamento realza la cruda realidad del condicionamiento que el mundo y "las cosas que están en el mundo" ejercen sobre el ser humano, sea cristiano o incrédulo. La victoria de Jesucristo sobre el mundo y los poderes no es una mera doctrina que pide asentimiento intelectual: es un hecho que tiene que ser concretado en la experiencia cristiana por medio de la fe. Al "yo he vencido al mundo" de Jesucristo (Jn 16.33) debe responder "la victoria que vence al mundo: nuestra fe" (1Jn 5.4). En una palabra, el cristiano está llamado a llegar a ser lo que es. El imperativo de la ética evangélica forma una unidad indisoluble con el indicativo del Evangelio.

Mientras dure la era presente la batalla contra los poderes de las tinieblas continúa librándose. La mundanalidad nunca deja de ser una amenaza para la iglesia y su misión evangelizadora. A pesar de haber sido rescatados del presente mundo malvado (Gá 1.4) los creyentes corren el riesgo de volverse de nuevo a "esos principios ineficaces y sin valor" que lo tienen bajo su dominio (Gá 4.9), el riesgo de sujetarse a la esclavitud de preceptos humanos ("no tomes en tus manos, no pruebes, no toques") como si fueran todavía del mundo (Col 2.20-22). Por eso necesitan que se les recuerde la libertad que les ha sido dada en Cristo. Porque éste murió y resucitó, se ha abierto la posibilidad de vivir aquí y ahora la libertad de los hijos de Dios propia de la nueva era. Todo legalismo es, por lo tanto, mundanalidad: un retorno a la esclavitud a los poderes de las tinieblas. Y esto se aplica (huelga decirlo) a las prohibiciones y tabúes que hoy en muchos lugares del mundo forman parte de la "subcultura evangélica" y que a menudo se confunden con el Evangelio hasta el punto que la evangelización se convierte en un llamado a la observancia de reglas y prácticas religiosas y pierde todo el sentido de proclamación de un mensaje de liberación.

Otra forma en que la mundanalidad incide en la vida y misión de la iglesia hoy es la adaptación del Evangelio al "espíritu de la época". Por razones de espacio me limito a dos ilustraciones.

a. El cristianismo secular. Ya en el primer siglo se hizo el intento de poner al Evangelio a tono con el dualismo entre el espíritu y la materia, que formaba parte del bagaje ideológico del medio ambiente. Así surgió lo que en la historia del pensamiento cristiano se conoce como "docetismo": frente a una nueva interpretación dualista del mundo, se propuso una nueva cristología que hiciera al Evangelio aceptable para aquellos que no podían concebir la posibilidad de que Dios (bueno por naturaleza) entrara en relación directa con la materia (mala por naturaleza). Tal parece ser la herejía a la cual se refieren las epístolas de Juan.

El problema hoy no es el dualismo entre el espíritu y la materia sino el secularismo: el concepto de que el mundo natural representa la totalidad de la realidad y que por lo tanto el único conocimiento posible es el "científico". Es la consecuencia lógica de otro tipo de dualismo que se desprende de la filosofía de Descartes: el dualismo entre el hombre (sujeto pensante) y el mundo (objeto del pensamiento).[9] Queda descartada la existencia de Dios como ser trascendente que tiene el poder para actuar en la historia y en la naturaleza. Todo lo que hay o sucede en el universo puede explicarse en base de leyes de causa y efecto; lo que no se pueda investigar por métodos empíricos no puede ser real.

Todas las versiones del "cristianismo secular" propugnadas por teólogos modernos dan por sentada la validez del secularismo, aunque a veces atenuado como mera "secularidad". Todas toman como punto de partida un mundo en que (se supone) el hombre ha llegado a la adultez (así lo vio Dietrich Bonhoeffer) y no necesita la premisa de una realidad sobrenatural, que es la premisa básica de la religión. Su propósito es una "reformulación" del Evangelio para ese hombre moderno que ha aprendido a conducirse solo en el mundo y ya no necesita un apoyo sobrenatural. Ha llegado el fin del "sobrenaturalismo," el fin de esa vieja doctrina de la trascendencia que es parte y parcela de

---

[9] La fórmula de René Descartes "pienso, luego existo" no toma en cuenta que el hombre no es mente, sino mente/cuerpo (un ser psicosomático), vivo y activo en el mundo, y que consecuentemente el aspecto "subjetivo" y el aspecto "objetivo" de la realidad son inseparables en el conocimiento. El error resultó en una división de la realidad en dos niveles: el superior de lo "subjetivo" (los sentimientos y la religión) y el inferior de lo "objetivo" (los hechos concretos y la ciencia). Esta división está por detrás de mucho del pensamiento moderno en los campos de la ciencia, la filosofía y la teología.

un concepto precientífico del universo. Si la fe cristiana ha de sobrevivir, debe actualizarse: debe despojarse de todo residuo de "trascendentalismo" y expresarse en términos seculares, de manera que el hombre que piensa no tenga que rechazarla junto con las ideas precientíficas que la acompañan. Lejos de ser un enemigo de la fe cristiana, el secularismo es un aliado, puesto que (como Friedrich Gogarten arguyera) la responsabilidad del hombre por el mundo es la esencia misma del Evangelio.

La base queda así puesta para que el hombre concentre todo su esfuerzo en la edificación de la ciudad terrenal, sin preocuparse de una realidad "más allá" o "por encima" de la natural. El hombre es el autor de su propio destino y su vocación es exclusivamente histórica.

Robert J. Blaikie ha demostrado con lujo de detalles que en el esquema cartesiano de la realidad que subyace en el "cristianismo secular" no hay lugar realmente para el concepto de hombre como un "agente", una persona capaz de actuar libremente e introducir cambios intencionales en el mundo.[10] La acción es la característica fundamental de la realidad personal. Pero si el hombre es sólo el sujeto pensante y el mundo nada más que el objeto de su pensamiento, completamente determinado dentro de un sistema cerrado de causas y efectos, se sigue que el hombre no es una realidad personal y no se puede hablar de él como un agente activo. El sentido común nos dice, sin embargo, que en efecto somos seres vivos y actuantes en el mundo y que por lo tanto el concepto de la realidad como algo que sólo puede conocerse "objetivamente" mediante el método científico es una visión incompleta de la realidad basada en premisas filosóficas que, como tales, no pueden comprobarse científicamente. En conclusión, el cristianismo secular no es una mera "reformulación" del Evangelio, sino una claudicación a favor de un concep-

---

[10] Blaikie, *Secular Christianity and the God Who Acts*, William B. Eerdmans, Grand Rapids, 1970.

to distorsionado de la realidad que forma parte del secularismo moderno.

La responsabilidad del hombre frente a la creación es un aspecto esencial de la vocación del ser humano, según la definición bíblica; la exclusión de Dios, como el Dios personal que actúa en la naturaleza y en la historia humana, es un acomodamiento al "espíritu de la época". Es una forma de mundanalidad. El "cristianismo secular" es una religión antropocéntrica que le dice al hombre únicamente lo que éste quiere escuchar: que es dueño de sí mismo, que el futuro de la historia está en su mano, que Dios sólo puede ser tolerado como algo impersonal que él puede manipular. Es una negación del mensaje bíblico, uno de cuyos presupuestos básicos es que Dios trasciende el universo y actúa libremente en él.

Al fin de cuentas lo que hace el "cristianismo secular" es sacralizar lo secular, reemplazar el amor de Dios manifestado en Jesucristo por el amor a las cosas de la ciudad secular, como si el orden presente, al cual pertenecen, tuviera valor absoluto. La admonición de Juan a una iglesia amenazada por el docetismo en el siglo I cobra vigencia hoy: "No amen al mundo ni nada de lo que hay en él. Si alguien ama al mundo, no tiene el amor del Padre" (1Jn 2.15).

b. El "cristianismo-cultura". No menos nociva para la causa del Evangelio que el "cristianismo secular" es la identificación del cristianismo con una cultura o expresión cultural determinada. En el siglo XVI América Latina fue conquistada en nombre de los reyes Católicos de España. Se trataba no solamente de una conquista militar, sino también de una conquista religiosa. Se trataba de implantar no solamente la cultura ibérica, sino también una "cultura cristiana". Es sólo en los últimos años que Roma ha tomado conciencia de que el cristianismo de los pueblos latinoamericanos es casi completamente nominal. En el siglo XIX la extensión misionera cristiana estaría tan estrechamente vinculada al colonialismo europeo que el cristianismo llegaría a identificarse en Asia y África como la religión del hombre blanco.

Hoy en día, sin embargo, hay otra forma de "cristianismo-cultura" que ha venido a dominar el escenario mundial: el "*American Way of Life*". El fenómeno es descrito por un autor evangélico estadounidense en los siguientes términos: "Hemos equiparado el 'americanismo' con el cristianismo hasta el punto que estamos tentados a creer que la gente en otras culturas al convertirse debe adoptar los patrones institucionales estadounidenses. A través de procesos psicológicos naturales se nos conduce a creer inconscientemente que la esencia de nuestro "*American Way of Life*" es básica, si no totalmente cristiana".[11] Esa equiparación, por cierto, en los Estados Unidos asegura la presencia de un gran número de blancos de clase media en la iglesia. Pero el costo que ésta tiene que pagar por su peso cuantitativo es la renuncia a su papel profético en la sociedad. Lo que Tillich denominó "el principio protestante," es decir, la capacidad de denunciar toda absolutización histórica, es una imposibilidad para el cristianismo-cultura. Y esto explica la confusión de la ortodoxia cristiana con el conservadorismo socioeconómico y político presente en el "evangelicalismo" en los Estados Unidos.

En vista de la poderosa influencia que este tipo de cristianismo ha tenido en lo que se denomina "el campo misionero," el Evangelio que hoy se predica en la mayoría de los países del mundo lleva las marcas del "*American Way of Life*". No es de extrañarse que por lo menos en América Latina hoy el evangelista a menudo tenga que encarar en su labor un sinnúmero de prejuicios que reflejan la identificación entre el Evangelio y "americanismo" en la mente de los oyentes. La imagen del cristiano que algunas clases de cristianismo estadounidense ha proyectado es la del exitoso hombre de negocios que ha encontrado

---

[11] David O. Moberg, *The Great Reversal: Evangelism versus Social Concern,* Lippincott, Filadelfia, 1972, p. 42.

la fórmula de la felicidad, fórmula que él quiere compartir con otros gratuitamente. El problema fundamental es que, en un mercado de "libres consumidores" de religión en que la iglesia no tiene la posibilidad de mantener el monopolio de la religión, este cristianismo ha adoptado el recurso de reducir su mensaje al mínimo para hacer posible que todos quieran ser cristianos. El Evangelio se convierte así en una mercancía cuya adquisición garantiza al consumidor la posesión de los valores más altos: el éxito en la vida y la felicidad personal ahora y para siempre. El acto de "aceptar a Cristo" es el medio para alcanzar el ideal de la "buena vida" sin ningún costo. La cruz pierde su escándalo, puesto que apunta al sacrificio de Jesucristo por nosotros, pero no es un llamado al discipulado: es cruz de Cristo, no del discípulo. El Dios de este cristianismo es el Dios de la "gracia barata"; el Dios que siempre da pero nunca demanda nada; el Dios hecho expresamente para el hombre-masa que se rige por la ley del menor esfuerzo y busca las soluciones fáciles; el Dios que se concentra en aquellos que no tienen posibilidad de negarse a él porque lo necesitan como analgésico.

Pero para ganar el mayor número de adeptos posible, al cristianismo-cultura no le basta hacer del Evangelio un producto económico: tiene que distribuirlo entre el mayor número posible de consumidores de religión. Y para ello el siglo XX le ha provisto un instrumento ideal: la tecnología. Desde esta perspectiva, la planificación de la evangelización del mundo se torna en un problema de cálculos matemáticos: lo que interesa es producir más cristianos al menor costo posible en el menor tiempo posible, y para eso se cuenta con el servicio de las computadoras. Gracias a éstas, nunca en la era moderna hemos estado más cerca al restablecimiento de una cultura unificada por la fe cristiana: la cristiandad. ¡El cristianismo-cultura de nuestro tiempo dispone de los recursos tecnológicos más sofisticados para propagar por todo el mundo, eficazmente, su mensaje exitista!

Obviamente, lo objetable en este acercamiento a la evangelización no es el uso de la técnica en sí: vista por sí sola, la técnica, como la ciencia o el dinero, es moralmente neutra. Tampoco es censurable el deseo de que haya más cristianos en el mundo: Dios "quiere que todos sean salvos y lleguen a conocer la verdad" (1Ti 2.4). El problema del cristianismo-cultura radica en su reducción del Evangelio a una fórmula para obtener éxito, en su equiparación del triunfo de Cristo con el crecimiento cuantitativo de las conversiones. Se trata de un cristianismo antropocéntrico que refleja a las claras el condicionamiento de la mentalidad tecnológica, esa mentalidad que, como ha mostrado Jacques Ellul,[12] toma como criterio absoluto la eficacia y en base de él busca, en todas las áreas de la vida humana, la sistematización de los procedimientos y los recursos para obtener fines preestablecidos. Es el producto religioso de una civilización en que ya nada, ni siquiera el ser humano mismo, se escapa de la técnica: una civilización obsesionada por la búsqueda del "*one best way*," que inevitablemente desemboca en la automatización. Es otra forma de mundanalidad. La manipulación del Evangelio para lograr el éxito siempre conduce a una caída en la esclavitud al mundo y sus poderes.

Como en el caso del cristianismo secular, lo que está en juego en relación con el cristianismo-cultura es el significado mismo del Evangelio. Temo, sin embargo, que los menos capaces de darse cuenta de ello son precisamente sus auspiciadores, dado que en su mayoría viven en el país donde la mentalidad tecnológica ejerce la mayor presión. No es de sorprenderse que cualquier crítica que se haga a este acercamiento a la evangelización caiga en oídos sordos o sea interpretada como falta de preocupación por la difusión del Evangelio. A este paso cabe preguntarse si no está cercano el día en que los técnicos de la estrategia misionera pongan al servicio de la misión la "tecnología de la

[12] Jacques Ellul, *El siglo XX y la técnica*, Editorial Labor, Barcelona.

conducta" de B. F. Skinner[13] y "cristianicen" el mundo mediante el control científico de las condiciones ambientales o genéticas de las personas.

La proclamación de Jesucristo como el Señor de todo es un llamado a convertirse de los ídolos a Dios para servir al Dios vivo y verdadero (1Ts 1.9). Donde no hay concepto de la soberanía universal de Cristo no hay arrepentimiento; y donde no hay arrepentimiento no hay salvación. La salvación cristiana es, entre otras cosas, la liberación del mundo como un sistema mecánico cerrado, del mundo que sólo deja espacio para un dios atado a la sociología, del mundo "consistente" que precluye la acción libre e impredecible de Dios. De ese mundo uno no puede ser amigo sin ser enemigo de Dios (Stg 4.4). El amor a ese mundo es una negación del amor de Dios (1Jn 2.15).Por lo tanto, el Evangelio es un llamado no sólo a confiar sino a arrepentirse, a romper con este mundo. Y sólo en la medida en que seamos libres de este mundo podremos servir a Dios en su misión de salvación.

III. La evangelización y el compromiso con el mundo

El Reino de Dios se ha hecho presente en la persona de Jesucristo. La escatología ha invadido la historia. Dios ha expresado de manera definitiva su propósito de colocar todas las cosas bajo el mando de Cristo. Los poderes de las tinieblas han sido vencidos. Aquí y ahora, en unión con Jesucristo, los seres humanos tienen a su alcance las bendiciones de la nueva era.

Sin embargo, el Reino de Dios no ha llegado aún a su plenitud. Nuestra salvación es "en esa esperanza" (Ro 8.24). Según las promesas de Dios, "esperamos un cielo nuevo y una tierra nueva, en los que habita la justicia" (2P 3.13). Este es el tiempo de la paciencia de Dios, que "no quiere que nadie perezca sino que todos se arrepientan" (2P 3.9).

---

[13] Skinner, *Beyond Freedom and Dignity*, Knopf, Nueva York, 1971.

1. La evangelización y la ética del arrepentimiento

La proclamación del Evangelio se da en contraposición con una mentira organizada: la Gran Mentira que el hombre se realiza tratando de ser Dios, en autonomía de Dios; que su vida consiste en los bienes que posee; que vive para sí y es dueño de su propio destino. Toda la historia es la historia de esa Mentira y de la destrucción que ella acarrea al hombre; la historia de cómo el hombre (como C. S. Lewis aptamente lo expresara) disfruta la horrible libertad que ha demandado y consecuentemente se esclaviza.

El Evangelio involucra un llamado a arrepentirse de esa Mentira. La vinculación entre el Evangelio y el arrepentimiento es tal que predicarlo es equivalente a predicar el "arrepentimiento y el perdón de pecados" (Lc 24.47) o a testificar "acerca del arrepentimiento para con Dios, convertirse a Dios y a creer en nuestro Señor Jesús" (Hch 20.21). Sin el llamamiento al arrepentimiento no hay Evangelio. Y el arrepentimiento no es un mero remordimiento de la conciencia —la "tristeza del mundo" que produce muerte (2Co 7.10)— sino un cambio de actitud, una reestructuración de todos los valores, una reorientación de toda la personalidad. No es el abandono de hábitos condenados por una ética moralista, sino la renuncia a un estado de rebelión contra Dios para volverse a él. No es el mero reconocimiento de una necesidad psicológica, sino la aceptación de la cruz de Cristo como una muerte al mundo a fin de vivir para Dios.

El llamado al arrepentimiento apunta a la dimensión social del Evangelio. Llega al ser humano esclavizado por el pecado en una situación social específica, no al "pecador" en abstracto. Es un cambio de mentalidad que se concreta en la historia. Es un volverse del pecado a Dios, no meramente en la subjetividad del individuo, sino en el mundo. Esto puede verse ilustrado claramente en la proclamación del Reino por parte de Juan el Bautista (Mt 3.1-12; Lc 3.7-14), respecto a la cual me limito a hacer las siguientes observaciones: (a) Tiene una fuerte nota escatológica. Ha llegado la hora del cumplimiento de las promesas de Dios dadas por medio de sus profetas. La presencia de Jesucristo en medio de los hombres es evidencia de que Dios está activo en la historia para dar cumplimiento a sus propósitos: "El reino de los cielos está cerca" (Mt 3.2). (b) Esa nueva realidad coloca a las personas en una situación de crisis; no pueden seguir viviendo como si nada hubiese acontecido; el Reino de Dios les exige una nueva mentalidad, una reorientación de todos sus valores, arrepentimiento (Mt 3.2). El arrepentimiento tiene un sentido escatológico: marca el límite entre la vieja y la nueva era, entre el juicio y la promesa. (c) El cambio que se impone involucra un nuevo estilo de vida: "Produzcan frutos que demuestren arrepentimiento" (Lc 3.8). Sin ética no hay arrepentimiento. (d) La ética del arrepentimiento no se agota en generalizaciones: apunta a renuncias y compromisos específicos en situaciones concretas. Para cada uno de los que vienen a él compungidos por su mensaje, Juan el Bautista tiene la palabra apropiada, y en cada caso su exigencia ética incide en el punto en que la persona está esclavizada a los poderes de la vieja era y cerrada a la acción de Dios. A la gente en general le dice: "El que tiene dos camisas debe compartir con el que no tiene ninguna; y el que tiene comida debe hacer lo mismo". A los cobradores de impuestos: "No cobren más de lo debido". A los soldados: "No extorsionen a nadie ni hagan denuncias falsas; más bien confórmense con lo que les pagan" (Lc 3.11-14). La crisis que plantea el Reino no ha de resolverse en términos de la aceptación de contenidos mentales que forman parte de la tradición ("Tenemos a Abraham por padre"), sino en términos de obediencia a la ética del Reino.

Donde no hay obediencia concreta no hay arrepentimiento. Y sin arrepentimiento no hay salvación (Mr 1.4; Lc 13.3; Mt 21.32; Hch 2.38, 3.19, 5.31). La salvación es el retorno del hombre a Dios pero es a la vez también su retorno a su prójimo. Ante la presencia de Jesucristo el publicano Zaqueo renuncia al materialismo que lo esclaviza y se compromete con su prójimo: "Mira, Señor. Ahora mismo voy a dar a los pobres la mitad de mis bienes, y si en algo he defraudado a alguien, le devolveré cuatro veces la cantidad que sea" (Lc 19.8), y a esa renuncia y ese compromiso Jesucristo los denomina "salvación": "Hoy ha llegado la salvación a esta casa" (Lc 19.9). La respuesta de Zaqueo al llamado del Evangelio no puede darse en términos más concretos ni más "mundanos": es una experiencia no meramente subjetiva, sino moral; una experiencia que afecta su vida precisamente en ese punto en que la Gran Mentira ha hecho su nido en ella; una experiencia que lo libera de sí mismo y lo vuelca hacia su prójimo.

El mensaje del Evangelio, desde el comienzo de su proclamación por parte de Jesús, involucra un llamado al arrepentimiento (Mt 4.17). El arrepentimiento es mucho más que un asunto privado del individuo con Dios: es la reorientación total de la vida en el mundo —en medio de los seres humanos— en respuesta a la acción de Dios en Cristo Jesús. Cuando la evangelización no toma en serio el arrepentimiento, es que no toma en serio al mundo, y cuando no toma en serio al mundo tampoco toma en serio a Dios. El Evangelio no es un llamado al quietismo social. No está para sacar al ser humano del mundo, sino para insertarlo en él, ya no como esclavo sino como hijo de Dios y miembro del cuerpo de Cristo.

Si Jesucristo es el Señor, las personas deben ser confrontadas con su autoridad sobre la totalidad de la vida. La evangelización no es, no puede ser, la mera oferta de beneficios logrados por Jesucristo. La obra de Cristo es inseparable de su persona: el Jesús que murió por nuestros pecados es el Señor de todo el universo, y el anuncio del perdón en su nombre es inseparable del llamado al arrepentimiento, el llamado a volverse de "los señores de este siglo" al Señor de la gloria. Pero "nadie puede decir: `Jesús es el Señor' sino por el Espíritu Santo" (1Co 12.3).

2. Evangelización y "ultramundanalidad"

Para el cristianismo secular obsesionado con la vida de este mundo, la única salvación de que se puede hablar es la que se encuadra dentro de los límites de la era presente. Es esencialmente una salvación económica, social y política, aunque a veces (como en el caso de la "teología de la liberación" en América Latina) se pretenda ampliar el concepto para que incluya "la construcción de un hombre nuevo", artífice de su propio destino.[14] La escatología es absorbida por la utopía y la esperanza cristiana se confunde con la esperanza intramundana proclamada por el marxismo.

Al extremo opuesto está la concepción de la salvación como la salvación futura del alma, en la cual el sentido de la vida temporal se agota en una preparación para el "ultramundo". La historia es asimilada por una escatología futurista y la religión se convierte en un medio de escape de la realidad presente. El resultado es el total desentendimiento de los problemas de la sociedad en nombre de la "separación del mundo". Esta es la tergiversación del Evangelio que ha dado pie a la crítica marxista de la escatología cristiana como el "opio del pueblo".

Que en efecto este concepto de la salvación es una tergiversación de la soteriología bíblica no debería requerir demostración. Desafortunadamente es un concepto tan adentrado en la predicación en tantas iglesias evangélicas, que se hace necesario detenerse a analizar, aunque sea brevemente, la cuestión.

En primer lugar, para Jesucristo mismo la misión que le diera el Padre no se limitó a la predicación del Evangelio. Mateo, por ejemplo, sintetiza el ministerio terrenal del Señor así: "Jesús recorría toda Galilea, enseñando en las sinagogas, anunciando las buenas nuevas del reino, y sanando toda enfermedad y dolencia entre la gente" (Mt 4.23; cf. 9.35). Aun si se definiera la evangelización en términos de la comunicación puramente verbal —definición que dejaría mucho que desear a la luz de la psicología de la comunicación— todavía habría que añadir, en base del

[14] Ver Gustavo Gutiérrez, *Teología de la liberación*, Ediciones Sígueme, Salamanca, 1973, p. 132.

texto, que la evangelización fue solamente uno de los elementos de la misión de Jesús. Junto al *kerygma* estaba la *diakonía* y la *didaque*. Y esto presupone un concepto de salvación que abarca la totalidad del ser humano y no puede reducirse al perdón de pecados y la seguridad de una vida interminable con Dios en el cielo. Una misión integral corresponde a una visión integral de la salvación. Salvación es salud. Salvación es humanización total. Salvación es vida eterna, vida del Reino de Dios, vida que comienza aquí y ahora (y este es el sentido del presente del verbo en "tiene vida eterna" en el Evangelio y las cartas de Juan) y toca todas las dimensiones de la vida humana.

En segundo lugar, la obra de Jesucristo tuvo una dimensión social y política. El individualismo del cristianismo-cultura a que he hecho referencia mira al Señor con un solo ojo y por lo tanto lo ve como un Jesús individualista que se ocupa de la salvación de individuos. Una lectura candorosa de los Evangelios nos permite ver a un Jesús que, en medio de varias alternativas políticas (el fariseísmo, el saduceísmo, el zelotismo y el esenismo), encarna y proclama una nueva alternativa: el Reino de Dios. Decir que Jesús es el Cristo es describirlo en términos políticos, es afirmar que él es rey. Su reino no es de este mundo, no porque no tenga nada que ver con el mundo, sino porque no se conforma a la política meramente humana. Es un reino con su propia política, una política marcada por el sacrificio. Jesús el Rey-siervo que no "vino para que le sirvan, sino para servir, y para dar su vida en rescate por muchos" (Mr 10.45). El servicio hasta el sacrificio pertenece a la esencia misma de su misión. Y ésta tiene que ser la marca distintiva de la comunidad que lo confiesa como rey. Según la política de los hombres, "los que gobiernan naciones se hacen dueños de ellas, y los grandes entre ellos les hacen sentir su autoridad"; según la política del Reino de Dios, el que quiera ser grande "deberá ser su servidor, y el que quiera ser el primero deberá ser esclavo de todos" (Mr 10.43-44). Es así como Jesús encara las estructuras de poder: denunciando la ambición de mando que se atrinchera en ellas, y proclamando otra alternativa, basada en el amor, el servicio, la entrega de uno mismo a los demás. No se refugia en "lo religioso" o "lo espiritual," como si su Reino no tuviera nada que ver con lo político y lo social, pero desmitologiza la política de los hombres y se presenta como el Rey-Siervo, el creador y modelo de una comunidad que se compromete con él como Señor para vivir como él vivió. El resultado concreto de la entrega de Jesucristo por los demás, cuya culminación se da en la cruz, es en efecto esa comunidad modelada en el Rey-Siervo. Una comunidad en que cada uno se da según sus posibilidades y recibe según sus necesidades, puesto que "hay más dicha en dar que en recibir" (Hch 2.45, 4.34-35, 20.35). Una comunidad en que las barreras raciales, culturales, sociales y aun sexuales desaparecen, puesto que "Cristo es todo y está en todos" (Col. 3.11; Gá 3.28). Una comunidad de reconciliación con Dios y reconciliación entre los seres humanos (Ef 2.11-22). Una comunidad, en fin, que sirve como base de resistencia al condicionamiento del presente "mundo malvado" y hace posible que los discípulos de Jesucristo vivan en el mundo sin ser del mundo.

En tercer lugar, la nueva creación en Jesucristo se hace historia en términos de buenas obras. En palabras del apóstol Pablo, "somos hechura de Dios, creados en Cristo Jesús para buenas obras, las cuales Dios dispuso de antemano" (Ef 2.10); Jesucristo "se entregó por nosotros para rescatarnos de toda maldad y purificar para sí un pueblo elegido, dedicado a hacer el bien" (Tit 2.14). El Nuevo Testamento no sabe nada de un evangelio que hace un divorcio entre la soteriología y la ética, la comunión con Dios y la comunión con el prójimo, la fe y las obras. La cruz no es sólo la negación de la validez de todo esfuerzo del ser humano para ganar el favor de Dios por medio de las obras de la ley; es también la demanda de un nuevo estilo de vida caracterizado por el amor, todo lo opuesto a una vida individualista, centralizada en ambiciones personales, indiferente frente a las necesidades del prójimo. El significado de la cruz es soteriológico a la vez que ético. Y esto es así porque al escoger la cruz Jesucristo no sólo dio forma al indicativo del Evangelio ("En esto conocemos lo que es el amor: en que Jesucristo entregó su vida por nosotros" —1Jn 3.16 a), sino que simultáneamente proveyó el modelo para la vida humana aquí y ahora ("Así también nosotros debemos entregar la vida por nuestros hermanos"—1Jn 3.16 b). Como la Palabra se hizo hombre, así también el amor tiene que hacerse buena obra si ha de hacerse inteligible en la sociedad humana. Y esto es lo que da sentido a "los bienes de este mundo": pueden convertirse en instrumentos por medio de los cuales se expresa la vida de la nueva era. A eso apunta la exhortación del apóstol Juan: "Si alguien que posee bienes materiales ve que su hermano está pasando necesidad, y no tiene compasión de él, ¿cómo se puede decir que el amor de Dios habita en él? Queridos hijos, no amemos de palabra ni de labios para afuera, sino con hechos y de verdad" (1Jn 3.17). El amor de Dios expresado en la cruz tiene que hacerse visible en el mundo por medio de la iglesia. La evidencia de la vida eterna no es la mera confesión de Jesucristo como Señor, sino "la fe que actúa mediante el amor" (Gá 5.6). Jesús dijo: "No todo el que me dice: 'Señor, Señor', entrará en el reino de los cielos, sino sólo el que hace la voluntad de mi Padre que está en el cielo" (Mt 7.21).

A la luz de la enseñanza bíblica no hay lugar para una "ultramundanalidad" que no redunde en un compromiso del cristiano con su prójimo, un compromiso enraizado en el Evangelio. No hay lugar para la "parálisis escatológica" ni para la "huelga social". No hay lugar para estadísticas sobre "cuántos mueren sin Cristo cada minuto" que no consideren cuántos de los que así mueren son víctimas del hambre. No hay lugar para la evangelización que, al pasar junto al hombre que fue asaltado por los ladrones mientras descendía por el camino de Jerusalén a Jericó, ve en él un alma que debe salvarse pero pasa por alto al hombre. "Hermanos míos, ¿de qué le sirve a uno alegar que tiene fe, si no tiene obras? ¿Acaso podrá salvarlo esa fe? Supongamos que un hermano o una hermana no tienen con qué vestirse y carecen del alimento diario, y uno de ustedes les dice: 'Que les vaya bien;

abríguense y coman hasta saciarse', pero no les da lo necesario para el cuerpo. ¿De qué servirá eso? Así también la fe por sí sola, si no tiene obras, está muerta" (Stg 2.14-17).

Sólo en el contexto de una soteriología que toma en serio al mundo es posible hablar de la proclamación oral del Evangelio. Si quienes escuchan la proclamación han de invocar el nombre del Señor, deben creer en él; "¿cómo invocarán a aquel en quien no han creído? ¿Y cómo creerán en aquel de quien no han oído?" (Ro 10.14). Pero la palabra de la reconciliación encomendada a la iglesia es la prolongación de la acción de reconciliación en Cristo Jesús. "Al que no cometió pecado alguno, por nosotros Dios lo trató como pecador, para que en él recibiéramos la justicia de Dios" (2Co 5.21). Así desde dentro de la situación de los pecadores, en una identificación con éstos que él llevó hasta sus últimas consecuencias— Dios en Cristo reconcilió consigo mismo al mundo, una vez para siempre. Ese fue el movimiento vertical del Evangelio, el movimiento que en la cruz alcanzó el punto más lóbrego de su descenso. Es el meollo del Evangelio. Pero es también la pauta de la evangelización. Si Dios obró la reconciliación desde la situación humana, la única evangelización que cabe es aquella en que la palabra se encarna en el mundo y el evangelista se hace "esclavo de todos "para ganarlos para Cristo (1Co 9.19-23). La primera condición de una evangelización genuina es la crucifixión del evangelista. Sin ella el Evangelio se convierte en verborragia y la evangelización en proselitismo.

La iglesia no es un club religioso ultramundano que organiza excursiones al mundo para ganar adeptos mediante técnicas de persuasión. Es la señal del Reino de Dios: vive y proclama el Evangelio aquí y ahora en medio de personas de carne y hueso, y espera la consumación del propósito de Dios de colocar todas las cosas bajo el mando de Cristo. Ha sido liberada del mundo, pero está en el mundo: ha sido enviada por Cristo al mundo como Cristo mismo fue enviado por el Padre (Jn 17.11-18).

En otras palabras, ha recibido una misión orientada hacia la construcción de una nueva humanidad en la cual se cumpla el propósito de Dios para el hombre, una misión que sólo puede llevarse a cabo por medio del sacrificio. Y su mayor ambición no puede ni debe ser el éxito que dé rienda suelta al triunfalismo, sino la fidelidad a su Señor que la conduzca a confesar: "Somos siervos inútiles; no hemos hecho más que cumplir con nuestro deber" (Lc 17.10). La confesión que sólo pueden hacer los que viven por la gracia de Dios y anhelan que todas sus obras redunden en la gloria de quien murió por todos, "para que los que viven, ya no vivan para sí, sino para el que murió por ellos y fue resucitado" (2Co 5.15).

Parte II
Observaciones sobre "el evangelio y la evangelización"

Al comenzar quisiera expresar mi profundo agradecimiento a quienes han enviado sus preguntas y comentarios en respuesta a mi ponencia. Ha sido de mucho aliento para mí ver que muchos de ustedes en efecto comparten mi preocupación por una evangelización más fiel al Evangelio, libre de ideologías mundanas. Uno solo de mis lectores ha dicho que no entiende para qué se escribió mi ponencia. Es posible que otros opinen lo mismo, pero amablemente se han abstenido de expresarlo y esto me ha hecho pensar que en general esta mañana estoy frente a una audiencia que simpatiza con mi posición. Así, pues, voy a hablar francamente, con la oración que Dios nos conduzca durante estos días a una comprensión más clara de lo que él espera de nosotros como discípulos del Señor Jesucristo en el siglo XX.

La tarea de contestar todas las preguntas que se me han hecho y de elaborar todos los puntos que, según se dice, requieren elaboración es una tarea imposible. Les ruego me disculpen si les parece que no he tomado en cuenta alguna pregunta o comentario que en su opinión es de suma importancia. Me he esforzado por seleccionar los asuntos que, además de relacionarse estrechamente con mi tema, son de mayor interés para los que están asistiendo a Lausana I.

En la primera sección de mi ponencia echo un vistazo al término *cosmos* (mundo) en el Nuevo Testamento. Mi propósito es mostrar que, según las Escrituras, el Evangelio no se dirige al individuo como un ser aislado, llamado a responder a Dios sin referencia alguna al contexto de su vida, sino a la persona en relación con el mundo. El Evangelio siempre llega al ser humano en relación con el mundo de la creación, el mundo que fue creado por medio de Jesucristo y que será re-creado por medio de él. Le llega en el presente orden de la existencia humana, sumergido en el transitorio mundo de las posesiones materiales. Le llega como miembro de la humanidad —el mundo por el cual Cristo murió, a la vez que el mundo hostil a Dios y esclavizado a los poderes de las tinieblas.

El propósito de la evangelización es por lo tanto conducir al que lo escucha no meramente a una experiencia subjetiva de la salvación futura del alma, sino a una reorientación radical de su vida, a una reorientación que incluye su liberación de la esclavitud al mundo y sus poderes, por un lado, y su integración al propósito de Dios de colocar todas las cosas bajo el gobierno de Cristo, por otro lado. El Evangelio no se dirige al individuo en un vacío. Tiene que ver con el movimiento de la persona de la vieja humanidad en Adán, que pertenece a esta era, a la humanidad en Cristo, que pertenece a la era venidera.

En la segunda sección de mi estudio trato de destacar el sentido de la evangelización en relación con la separación del mundo. Porque Jesús ha sido exaltado como Señor y Rey sobre todas las cosas en virtud de su muerte y resurrección, aquí y ahora, en anticipación de la liberación de toda la creación de la esclavitud a la vanidad, aquellos que creen en él son liberados de la esclavitud al mundo y sus poderes. La salvación no es exclusivamente el perdón de los pecados, sino también la transferencia del dominio de las tinieblas a la esfera donde Jesús es reconocido como *Kyrios* de todo el universo: el Reino del amado Hijo de Dios (Col 1.13).

Aquí quisiera hacer un paréntesis para decir que todo lo relacionado con el arrepentimiento podía haberse tratado en esta segunda sección, en lugar de tratarse en la sección que tiene que ver con la evangelización y el compromiso con el mundo. Arrepentimiento a menudo tiene una connotación negativa: es un *volverse de*, según las Escrituras. Si he preferido incluir este tema en la siguiente sección, esto se debe simplemente a que no he querido destacar el acto del arrepentimiento como tal, sino las implicaciones éticas positivas del arrepentimiento para la vida cotidiana de quien se arrepiente, su vida en el mundo.

Volviendo a la segunda sección, ilustro el problema de la mundanalidad en la evangelización refiriéndome en primer lugar a la confusión del Evangelio y ciertas reglas y prácticas moralistas. En reacción a esto, uno de mis críticos pregunta: "¿Por qué el legalismo es mundanalidad? La Biblia está llena de mandamientos negativos". Las exhortaciones bíblicas negativas, consideradas en el contexto de la historia de la salvación —esto es una cosa. Se incluyen en la ley que el Nuevo Testamente describe como "santo, justo y bueno" (Ro 7.12). Las reglas y prácticas derivadas de la "tradición de los ancianos" —esto es otra cosa. Yo no quiero defender una nueva moralidad "antinomista". Lo que sí quiero es señalar el peligro de reducir la ética cristiana a una serie de reglas y regulaciones que "tienen sin duda apariencia de sabiduría... pero de nada sirven frente a los apetitos de la naturaleza pecaminosa" (Col 2.23). Que hay lugar para el uso de la ley en la vida cristiana (lo que en teología se denomina "el tercer uso de la ley") es algo que el cristiano no debe negar. El problema es cuando la vida cristiana se convierte en una conformidad externa a prohibiciones y tabúes que no tienen relación con el Evangelio. Según Pablo, esto es retornar a los "espíritus elementales". Es una esclavitud al mundo.

Pero entonces, "¿No son algunas de las normas negativas salvaguardas necesarias para cristianos inestables?" Reconozco la necesidad de colocar cercos para la protección de niños. Lo que me preocupa es que los cercos se transformen en paredes de concreto, rodeada por las cuales crezca la "subcultura evangélica," aislada de los problemas reales del mundo. Si creemos que mediante el legalismo fomentamos la separación del mundo, tomemos en cuenta que es posible conformarse a regulaciones tales como "no fumar" o "no beber vino," y sin embargo ser esclavos al "egoísmo colectivo" que condiciona la vida humana en el mundo. En el momento en que volvemos la atención a la "microética" y ponemos a un lado los problemas de la "macroética", nos colocamos bajo el juicio del Señor: "¡Ay de ustedes, maestros de la ley y fariseos, hipócritas! Dan la décima parte de sus especias: la menta, el anís y el comino. Pero han descuidado los asuntos más importantes de la ley, tales como la justicia, la misericordia y la fidelidad. Debían haber practicado esto sin descuidar aquello. ¡Guías ciegos! Cuelan el mosquito pero se tragan el camello" (Mt 23.23-24).

Como segunda ilustración de la manera en que la mundanalidad puede afectar la evangelización, trato brevemente el asunto de la adaptación del Evangelio al "espíritu de la época". Cito dos ejemplos de este acomodamiento: el cristianismo secular y el cristianismo-cultura. Como era de esperarse, nadie en este Congreso parece estar en desacuerdo con mi conclusión básica, que el cristianismo secular no es una mera "reformulación" del Evangelio sino una claudicación a favor de un concepto distorsionado de la realidad que forma parte del secularismo moderno. La situación es completamente diferente al tratarse del cristianismo-cultura. Para uno de mis críticos mi descripción de este tipo de cristianismo es "tan patentemente una caricatura" que necesariamente creará una reacción que impedirá la transmisión de "muchos puntos que los asistentes necesitan". Para otros, por el contrario, "lo que los Estados Unidos están difundiendo por el mundo es una parodia del cristianismo, atada a una filosofía materialista y una teología truncada", y yo casi lo digo, pero mi análisis "no ha ido suficientemente lejos". No me corresponde a mí decidir si mi descripción del cristianismo-cultura producido en los Estados Unidos es una exageración o, por el contrario, una reducción del problema. En vista del conflicto de opiniones, sin embargo, creo que es sumamente importante que este Congreso analice a fondo en estos días el problema que plantea el cristianismo-cultura. Realmente sería una lástima que al final de estos días aquí juntos no hayamos hecho mucho más que felicitarnos mutuamente diciéndonos que tenemos la sana doctrina, que las iglesias evangélicas andan bien y que lo único que necesitamos ahora es una estrategia correcta y métodos más eficientes para la evangelización del mundo.

Permítaseme aclarar que no tengo la intención de juzgar las motivaciones que animan a los difusores del cristianismo-cultura estadounidense. El Señor es quien juzga y cuando él venga sacará a la luz los propósitos más íntimos del corazón. "Si alguien construye sobre este fundamento, ya sea con oro, plata y piedras preciosas, o con madera, heno y pasa, su obra se mostrará tal cual es, pues el día del juicio la dejará al descubierto. El fuego la dará a conocer, y pondrá a prueba la calidad del trabajo de cada uno" (1Co 3.12-13).

Mi deber delante de Dios esta mañana es hacer, con tanta objetividad como me sea posible, una evaluación teológica de esa variante de cristianismo-cultura que, teniendo como centro los Estados Unidos, se ha extendido ampliamente por todo el mundo. Por cierto, hubiera podido escoger otra variante de cristianismo-cultura que no fuera el "*American Way of Life*", como algunos han sugerido. De ninguna manera quiero sugerir que los cristianos en los Estados Unidos son los únicos que pueden confundir las Escrituras con la cultura. El hecho es, sin embargo, que ese país ha desempeñado un papel singular tanto en la política mundial como en la extensión del Evangelio en este siglo, razón por la cual este tipo de cristianismo, como ningún otro, ejerce una influencia que rebasa sus fronteras. Así que, para los que preguntan por qué condeno la identificación del cristianismo con el "*American Way of Life*", pero no con otras culturas nacionales, esta es mi respuesta. En la base misma de mi condena de esta variedad de cristianismo-cultura, sin embargo, yace un principio aplicable a cualquier otra variante de cristianismo-cultura, a saber, que la iglesia debe ser liberada de todas y cada una de las características de su cultura que le impidan ser fiel al Señor en el cumplimiento de su misión tanto dentro como fuera de su propio contexto. La gran pregunta que como cristianos tenemos que hacernos siempre respecto a nuestra cultura es qué elementos de la misma deben retenerse y ser utilizados y qué elementos deben desaparecer por causa del Evangelio.

Cuando la iglesia se ajusta al molde del mundo pierde la capacidad de ver y, aún más, de denunciar los males sociales de su medio ambiente. Como la persona que por deficiencia visual puede distinguir ciertos colores pero no otros, la iglesia mundana reconoce los vicios personales tradicionalmente condenados en sus filas, pero no puede ver los aspectos negativos de su propia cultura. A mi parecer, esta es la única explicación de cómo es posible que el cristianismo-cultura en mención haya hecho de la segregación racial y la distinción de clases parte de su estrategia para la evangelización mundial. La idea es que "a los hombres les gusta ser cristianos sin tener que cruzar barreras" de raza o clase; debemos entonces plantar iglesias segregadas que indudablemente crecerán más rápidamente. Se nos dice que el prejuicio racial "puede entenderse y utilizarse en la cristianización". No hay gimnasia exegética que logre cuadrar esta línea de pensamiento con la enseñanza explícita del Nuevo Testamento en cuanto a la unidad de los seres humanos en el Cuerpo de Cristo: "En esta nueva naturaleza no hay griego ni judío, circunciso ni incircunciso, culto ni inculto, esclavo ni libre, sino que Cristo es todo y está en todos" (Col 3.11); "Ya no hay judío ni griego, esclavo ni libre, hombre ni mujer; sino que todos ustedes son uno solo en Cristo Jesús" (Gá 3.28). ¿Cómo puede una iglesia que, por causa de la expansión numérica, deliberadamente opta por la segregación, hablar a un mundo fragmentado? ¿Con qué autoridad puede proclamar la reconciliación del hombre con Dios por medio de la muerte de Cristo, que es un aspecto del Evangelio, cuando en efecto ha negado la reconciliación del hombre con su prójimo por encima de las diferencias, que es otro aspecto del Evangelio (Ef 2.14-18)? Como Samuel Moffett lo expresara en el Congreso de Berlín, "cuando la discriminación racial penetra las iglesias, esto es algo más que un crimen contra la humanidad, es un desafío a Dios mismo".[15]

En este contexto probablemente debo decir una palabra sobre el ministerio profético de la iglesia, como se me ha pedido que haga. Porque es sólo en la medida en que la iglesia misma es la encarnación del propósito de Dios de unir todas las cosas bajo el señorío de Cristo, que puede denunciar los males sociales que son una negación del propósito original de Dios para la raza humana. Hay una relación interna entre la vida de la iglesia y su ministerio profético, y entre éste y la evangelización. La iglesia está llamada a ser aquí y ahora lo que Dios quiere que toda la sociedad sea. En su ministerio profético pone al descubierto los males que frustran la realización del propósito de Dios en la sociedad; en su evangelización trata de integrar a las personas a ese propósito cuya realización plena será en el Reino venidero. Consecuentemente, cuando la iglesia falla como profeta también falla como evangelista.

La iglesia que no es fiel al Evangelio en todas sus dimensiones inevitablemente se convierte en un instrumento del statu quo. El Evangelio tiene el propósito de colocar la totalidad de la vida bajo la soberanía universal de Jesucristo, no el de producir sectas cúlticas; es una franca amenaza al *statu quo* del mundo. Por lo tanto, un Evangelio que deje sin tocar nuestra vida en el

---

[15] *One Race, one Gospel, one Task*, ed. Carl F. H. Henry y Stanley W. Mooneyham, World Wide Publishers, Minneapolis, 1967, II, p. 197.

mundo —la vida en relación con el mundo de los seres humanos y la vida en relación con el mundo de la creación— no es el Evangelio cristiano, sino un cristianismo-cultura acomodado al espíritu de la época. Este tipo de evangelio no tiene garra —es el tipo de evangelio que los "libres consumidores" de religión querrán recibir porque es barato y no demanda nada de ellos. El Evangelio en el siglo I, según el Sr. Green, era algo que despertaba sospecha en el campo social y perturbaba en el campo político.[16] El evangelio del cristianismo-cultura hoy es un mensaje de conformismo, un mensaje que, si no se lo acepta, por lo menos se lo tolera fácilmente porque no perturba a nadie. El racista puede continuar siendo un racista, el explotador puede continuar siendo un explotador. El cristianismo será algo paralelo a la vida, no algo que la permea por completo.

Ahora estoy, tal vez, en condiciones de explicar mis reservas respecto al énfasis sobre los números en relación con la misión cristiana. Uno de mis lectores comenta: "Espero que el autor no quiera decir que los que propugnan el crecimiento de la iglesia y creen que el número de conversos es importante necesariamente pertenecen a la categoría de quienes optan por una conversión superficial. Algunos de nosotros creemos que tanto la calidad como la cantidad son importantes". Mi respuesta es que la expansión numérica de la iglesia es una preocupación legítima para cualquiera que tome en serio las Escrituras. Como he dicho en mi ponencia, esta preocupación como tal no debe cuestionarse. "Dios desea que todos los hombres sean salvos y vengan al conocimiento de la verdad". La preocupación de John R. Mott de poner el Evangelio "al alcance de cada criatura dentro de esta generación" es una preocupación bíblica y debe ser parte de nuestro compromiso cristiano. Además, no hay nada que asegure que aquellos que ganan menos gente para Cristo podrán por lo tanto mostrar cristianos de mayor calidad como

[16] Michael Green, "Métodos y estrategia para la evangelización en la iglesia primitiva". *Pensamiento cristiano*, 84 (primer semestre de 1975).

resultado de su trabajo. Lo que sí quiero decir, sin embargo, es que la calidad es por lo menos tan importante como la cantidad, si no más, y que, consecuentemente, la fidelidad al Evangelio nunca debe ser sacrificada en el altar de la cantidad. Cuando se lo manipula a fin de facilitar el que todos sean cristianos, desde el comienzo mismo se pone la base para una iglesia infiel. Como la semilla, así es el árbol, y como el árbol, así es el fruto. Se sigue que la cuestión realmente importante respecto al crecimiento de la iglesia no es la expansión numérica exitosa —un éxito según los criterios del mundo—, sino la fidelidad al Evangelio, que por cierto nos impulsará a orar y trabajar para que más gente se convierta a Cristo. Yo quiero cantidad, pero cantidad en el contexto de la fidelidad al Evangelio. Quiero números, pero números de personas que han escuchado una presentación del Evangelio en la cual se ha aclarado el sentido de la fe y la incredulidad, y la elección entre la gracia y el juicio ha sido una libre elección. En contraste con el "evangelio de la espada," el evangelio de la cruz deja abierta la posibilidad de que la gente rechace a Cristo porque encuentra que lo que él demanda es demasiado costoso; admite que hay casos en que es mejor que ciertas personas no estén en la iglesia, aunque eso signifique que el número de miembros sea más reducido. ¿No fue esa la actitud de Jesús frente al joven rico (Mr 10.17-22) o frente a las multitudes en el clímax de su popularidad (Lc 14.15-32)? Además, si un evangelio truncado tiene como resultado iglesias que son una negación del Evangelio, al hablar de la expansión numérica de la iglesia no está fuera de foco preguntar qué clase de iglesia es la que se multiplica: puede ser que tal multiplicación no sea más que una multiplicación de la apostasía. Obviamente, entonces, lo que realmente importa no es el crecimiento numérico como tal, sino la fidelidad al Evangelio.

En mi ponencia digo que el cristianismo-cultura no sólo ha transformado al Evangelio en un producto barato sino que además ha convertido la estrategia de la evangelización en un asunto de tecnología. Uno de mis críticos describe mi reserva en cuanto a este acercamiento a la evangelización como un "complejo latinoamericano". Este es un argumento *ad hominem.* Los latinoamericanos no han hecho ninguna contribución especial a la definición de los límites de la tecnología en cuanto atañe al hombre. En efecto, es a un francés, Jacques Ellul, a quien apelo cuando me refiero a "la mentalidad tecnológica" que condiciona al cristianismo-cultura estadounidense –la mentalidad según la cual la eficiencia es el criterio absoluto en base del cual se debe buscar, en todas las áreas de la vida, la sistematización de métodos y recursos a fin de obtener resultados preestablecidos. Es a esta absolutización de la eficiencia, a costa de la integridad del Evangelio, que yo objeto. La tecnología tiene su lugar en la evangelización; sería necio negarlo. El problema surge cuando la tecnología se torna en un sustituto de la Escritura, en base del presupuesto de que lo que necesitamos es una mejor estrategia, no un Evangelio más bíblico y una iglesia más fiel. El cuadro de la iglesia que se deriva del Nuevo Testamento no es ciertamente el de una poderosa organización que ha logrado el éxito en su conquista del mundo mediante un magistral manejo de métodos y técnicas humanas. Es más bien el cuadro de una comunidad que experimenta una nueva realidad sobrenatural —el Reino de Dios—, comunidad a la cual "el Señor agregaba cada día los que iban siendo salvados". Como Michael Green lo expresa, "en la iglesia primitiva el mayor impacto era el que producían las vidas transformadas y la calidad de comunidad entre los cristianos".[17] "Las vidas transformadas y la calidad de comunidad entre los cristianos". En otras palabras, la fidelidad al Evangelio en la vida práctica no es nada que se logra mediante la tecnología, sino mediante la Palabra y el Espíritu de Dios. La tecnología nunca suplirá lo que nos falte en términos de fidelidad al Evangelio.

Por otro lado, si la estrategia para la evangelización mundial está atada a la tecnología, entonces obviamente los que tienen la palabra final sobre la estrategia que la iglesia debe seguir en

[17] *Ibíd.*

el futuro son los que tienen el conocimiento técnico y los recursos necesarios para las investigaciones. ¿No es esto otra vez una manera de identificar el Evangelio con el poder mundano y de perpetuar el modelo de dominio y dependencia que con frecuencia ha caracterizado a la obra misionera durante los últimos cien años? ¿En qué quedan el carácter universal y la unidad de la iglesia de Cristo? ¡Pero a lo mejor estas cosas no importan, después de todo, ya que el problema real es producir la mayor cantidad de cristianos, en el menor tiempo posible, al menor costo posible!

Si he tratado el problema del cristianismo-cultura estadounidense no es porque no veo que también en otras situaciones los cristianos pueden caer en la trampa de acomodar el Evangelio a su propia cultura. Lo he hecho más bien en vista de la amplia influencia que esta variante de cristianismo-cultura tiene en círculos evangélicos en todo el mundo. Pero no tengo problema en admitir que, como alguien lo ha expresado, "hay peligro paralelo en los países en desarrollo donde las metas y los líderes nacionales son idolatrados por las masas"; o que, como otra persona dice, "es dudoso que en el contexto cristiano podamos aceptar algunos aspectos culturales de otras naciones". Hay, entonces, lugar para la pregunta: "¿Cómo evitamos nosotros, los que no somos estadounidenses, el peligro de crear nuestra propia versión del cristianismo-cultura?" Trataré de matar dos pájaros de un tiro tomando esta pregunta en conexión con otra similar planteada por un ciudadano de los Estados Unidos que admite el problema del cristianismo-cultura en su propia situación: "¿Cómo puedo yo superponerme al cristianismo-cultura, puesto que no puedo salirme de mi cultura?"

En primer lugar, reconozcamos plenamente el condicionamiento que el mundo y "las cosas que están en el mundo" ejercen sobre nosotros, aun en relación con nuestro servicio a Dios. Con demasiada frecuencia condenamos las distorsiones que otros han permitido abiertamente que entren en su teología por la puerta delantera, pero permanecemos completamente ciegos a las distorsiones que han entrado en nuestra evangelización por la puerta trasera. La ortodoxia de nuestros credos no es garantía de fidelidad al Evangelio, sea en nuestra vida o en nuestro servicio. La idea clave es *humildad.*

En segundo lugar, tomemos en cuenta la necesidad de colocar nuestra vida y actividades continuamente bajo el juicio de la Palabra de Dios. No podemos simplemente dar por sentado que tenemos la verdad y que todo lo demás, incluyendo nuestra evangelización y nuestra ética, automáticamente seguirá la línea de la verdad. El propósito de la teología no es meramente reafirmar lo que las generaciones anteriores a la nuestra han dicho en el pasado, sino colocar toda la vida y misión de la iglesia a tono con la revelación de Dios. Todos nuestros presupuestos y métodos deben por lo tanto examinarse a la luz de las Escrituras. El Evangelio mismo, no el éxito, es el criterio para valorar nuestro trabajo. La idea clave aquí es *renovación teológica.*

En tercer lugar, tomemos en serio la unidad del cuerpo de Cristo en todo el mundo. Si la iglesia es realmente una, entonces no hay lugar para la pretensión de que una sección de la iglesia tiene el monopolio de la interpretación del Evangelio y la definición de la misión de la iglesia. Los que pertenecemos al Tercer Mundo no podemos ni debemos quedar satisfechos con la repetición monótona de fórmulas doctrinales o con la aplicación indiscriminada de métodos enlatados de evangelización importados de Occidente. No estoy defendiendo aquí un acercamiento relativista a la teología. Estoy pidiendo un reconocimiento del problema y un cambio de actitud respecto al quehacer teológico y al planeamiento de la evangelización mundial. El problema es que una versión del cristianismo-cultura, con una base teológica inadecuada y un "feroz pragmatismo" —el tipo de pragmatismo que en la esfera política ha dado como resultado un Watergate—, sea considerada la posición evangélica oficial y la medida de la ortodoxia en todo el mundo. El cambio de actitud tiene que ver con la renuncia al etnocentrismo y la promoción de una fertilización teológica mutua entre las diferentes culturas. Bajo el espíritu de Dios cada cultura tiene algo que contribuir en conexión con la comprensión del Evangelio y de sus implicaciones para la vida y la misión de la iglesia. No se debe permitir que el cristianismo-cultura estadounidense nos prive de la posibilidad de que todos, sea cual sea nuestra raza, nacionalidad, lenguaje o cultura, como miembros iguales del cuerpo de Cristo, lleguemos "a la unidad de la fe y del conocimiento del Hijo de Dios, a una humanidad perfecta que se conforme a la plena estatura de Cristo" (Ef 4.13). La idea clave aquí es *fertilización mutua.*

De todo corazón creo que si con espíritu de humildad reconociendo nuestra necesidad de liberación del mundo, venimos a la Palabra de Dios y estamos dispuestos a aprender el uno del otro, el Espíritu de Dios obrará en nosotros para que no seamos un mero reflejo de la sociedad, con su materialismo, sino "la sal de la tierra y la luz del mundo".

La tercera sección de mi ponencia trata el asunto de la evangelización y el compromiso con el mundo. Aquí propongo en primer término que el arrepentimiento, concebido como una reorientación de toda la personalidad, pone en relieve la dimensión social del Evangelio. ¿Estoy pasando por alto la dimensión personal del Evangelio, como uno de mis críticos sugiere? Creo que no. Lo que hago es reconocer que el hombre es un ser social y que, consecuentemente, no hay posibilidad de que se convierta a Cristo y crezca como cristiano excepto como ser social. El hombre nunca se vuelve a Dios como pecador en abstracto: siempre se vuelve a Dios en una situación social específica.

Una primera objeción que se hace a mi énfasis en el arrepentimiento es que éste no es un aspecto esencial del Evangelio. El llamado de Jesús a arrepentirse porque el Reino de los cielos se ha acercado —se nos dice— se dirigió a los judíos. Pero no debemos confundir el acercamiento de Jesús a los judíos con lo que se aplica en la era de la gracia. "Los judíos rechazaron la propuesta de Jesús y entonces él ofreció, por medio de sus apóstoles y el Espíritu Santo, la salvación de todos por la gracia". Cuando observamos la predicación del Evangelio a los gentiles —dice el argumento— el énfasis está en la fe, no en el arrepentimiento.

El asunto que se nos plantea es, por cierto, algo muy serio. Tiene que ver ni más ni menos que con el contenido del mensaje que tenemos que proclamar al mundo. No cabe dar por sentado que todos estamos de acuerdo respecto al Evangelio que nos ha sido confiado y que lo único que necesitamos ahora son métodos más eficientes para comunicarlo. Si así pensamos, nos engañamos. El Evangelio del arrepentimiento es una cosa; el evangelio de la gracia barata es otra. El tiempo no me permite discutir el problema a fondo. Me limitaré a las siguientes observaciones:

1. En la Gran Comisión, según se registra en Lucas 24.47, Jesús mismo definió el contenido del mensaje que sus discípulos habían de proclamar: "en su nombre se predicarán el arrepentimiento y el perdón de pecados a todas las naciones". En el libro de los Hechos se ratifica que los primeros heraldos del mensaje siguieron fielmente las instrucciones del Señor. El arrepentimiento fue parte integral no sólo de la predicación de Pedro y los primeros apóstoles (Hch 2.38, 3.19, 5.31), sino también de la predicación de Pablo a los gentiles (Hch 17.30, 20.21, 26.18). Para los que recurren a Hechos 16.31 ("Cree en el Señor Jesús; así tú y tu familia serán salvos"), debo señalar que al versículo 31 sigue el versículo 32: "Luego les expusieron la palabra de Dios a él y a todos los demás que estaban en su casa". Para los que me llaman la atención a 1 Corintios 15.1-5 como un pasaje que contiene una síntesis completa del mensaje de Pablo, y sin embargo no hace referencia al arrepentimiento, debo señalar que tal pasaje tampoco hace referencia explícita a la fe: el énfasis está en los hechos del Evangelio, no en la apropiación de éste.

2. Es verdad que las palabras "arrepentirse" o "arrepentimiento" no se encuentran con mucha frecuencia en las cartas del apóstol Pablo (cf. Ro 2.4; 2Co 7.9, 12.21; 2Ti 2.25). Esto no debe conducirnos, sin embargo, a establecer un contraste entre su énfasis en la justificación por la fe y el llamado de Jesús al arrepentimiento. Así como la justificación no puede separarse de la regeneración, tampoco el perdón de pecados puede separarse del arrepentimiento. Para Pablo como para todos los escritores del Nuevo Testamento, el Dios que justifica y perdona es también el Dios que libera de la esclavitud del pecado. Como J. Jeremías lo expresa: "El veredicto favorable por parte de Dios no es sólo forense, no es 'como si', no es una mera palabra: es la palabra de Dios que obra y crea vida. La palabra de Dios es siempre una palabra efectiva... Como una 'antedonación' [una donación anticipada] del veredicto final de Dios, la justificación es perdón en el sentido más pleno. Es el comienzo de una nueva vida".[18] La justificación genuina, por lo tanto, no puede separarse de los frutos de la justificación, así como la fe no puede separarse de las obras. No hacemos ningún servicio a Pablo si no vemos que la misma transformación moral a la que los Evangelios y los Hechos apuntan con el término "arrepentimiento" se incluye en su enseñanza sobre morir al pecado y resucitar a novedad de vida (Ro 6), o sobre la nueva creación en la cual las cosas viejas pasaron y todas son hechas nuevas (2Co 5.17), o sobre el contraste entre agradar a los deseos de la carne y caminar en el Espíritu (Gá 5).
3. La fe sin arrepentimiento no es la fe salvadora sino un "creeísmo" presuntuoso. El propósito del Evangelio es producir en nosotros fe, pero la fe que obra por el amor. Sin las obras del amor no hay fe genuina. Si bien es cierto que nadie es salvo por las obras, también es cierto que la fe que salva

[18] Joachim Jeremias, *The Central Message of the New Testament*, SCM, Londres, 1965, p. 64. Hay traducción castellana: *El mensaje central del Nuevo Testamento*, Sígueme, Barcelona, 1967.

es la fe que obra. En palabras de Lutero: "La fe sola justifica, pero la fe nunca está sola". El indicativo del Evangelio y el imperativo de la ética cristiana pueden distinguirse pero no deben nunca separarse.

Es difícil evitar la conclusión de que la base par la negación del arrepentimiento como un aspecto esencial del Evangelio no es el resultado de un estudio cuidadoso de las Escrituras, sino la expresión del esfuerzo por acomodar el Evangelio al mundo por interés en los números: el mensaje tiene que reducirse al mínimo a fin de hacer posible que todos quieran ser cristianos. En efecto, la salvación fácil (lo que Bonhoeffer llamó "gracia barata") es un elemento constitutivo de la variante del cristianismo-cultura al cual hice referencia anteriormente. Una pregunta que mi énfasis en el arrepentimiento sugiere naturalmente en ese contexto es: "¿No es el arrepentimiento, como usted lo define, pedir demasiado de un nuevo convertido?" Por mi parte yo pregunto: ¿qué es "demasiado"? Lo máximo que el hombre puede dar sea al Dios vivo o a los dioses falsos de este mundo es su propia vida. ¿Pero no es esto precisamente lo que Dios demanda del hombre? Admito que después de la conversión sigue un proceso de crecimiento en el cual uno crece en la comprensión de las implicaciones de su entrega a Cristo. El asunto, sin embargo, es que una conversión sin arrepentimiento —es decir, una conversión espuria— sólo puede tener como resultado una vida cristiana sin arrepentimiento —es decir, una vida cristiana igualmente espuria. El nacimiento y el crecimiento forman una unidad orgánica: la única fe que crece en obediencia es la fe que nace en obediencia al mandato de Dios a arrepentirse. La conversión no es un cambio de religión en el que uno se hace adherente a un culto, sino una reorientación del hombre total en relación a Dios, a los hombres y a la creación. No es la mera añadidura de patrones que se imponen sobre los viejos patrones —la asistencia a la iglesia, la lectura bíblica y la oración— sino una restructuración de toda la personalidad, una reorientación de toda la vida en el mundo.

Si una persona no ve que es en esto que se compromete con Cristo, no se compromete. La tarea del evangelista en la comunicación del Evangelio no es facilitar, a fin de que la gente responda positivamente, sino aclarar. Ni Jesús ni sus discípulos redujeron jamás las demandas del Evangelio a fin de ganar conversos. No la gracia barata, sino la bondad de Dios que conduce al arrepentimiento, provee la única base sólida para el discipulado. El que acomoda el Evangelio al espíritu de la época, a fin de hacerlo más digerible, obra así porque ha olvidado la verdadera naturaleza de la salvación cristiana: no es la obra del hombre sino de Dios. "Para los hombres es imposible... pero no para Dios; de hecho, para Dios todo es posible" (Mr 10.27). El futuro de la iglesia no depende de nuestra habilidad para persuadir a los hombres a que acepten intelectualmente un evangelio incompleto, sino de nuestra fidelidad al Evangelio completo de nuestro Señor Jesucristo y de la fidelidad de Dios a su Palabra. "Los medios evangelios no tienen ni dignidad ni futuro. Como la famosa mula, no pueden enorgullecerse de su origen ni tienen esperanza de descendencia" (P. T. Forsyth).

Bajo el subtítulo "evangelización y ultramundanalidad" en la tercera sección de mi ponencia hablo además de dos posiciones extremas respecto al mundo presente. La una concibe la salvación como algo que calza dentro de la era presente en términos de liberación social, económica y política. Se eliminan o se reducen las dimensiones personales de la salvación. El individuo se pierde en la sociedad. No hay lugar, o lo hay muy poco, para el perdón de la culpa y los pecados, o para la resurrección del cuerpo y la inmortalidad. Este mundo es lo único que existe y la misión fundamental de la iglesia debe por lo tanto concebirse como la transformación de este mundo por medio de la política. En el otro extremo está la posición según la cual la salvación se reduce a la salvación futura del alma y el mundo presente no es más que una etapa preparatoria para la vida en el más allá. Se ponen de lado completa o casi completamente las dimensiones sociales del Evangelio y la iglesia se convierte en un ghetto redimido cuya misión es rescatar las almas del presente mundo malo. ¿No dijo Jesús: "Mi reino no es de este mundo"? ¿Por qué tiene la iglesia que preocuparse por los pobres y los necesitados? ¿No dijo él: "Los pobres siempre los tendréis entre vosotros"? ¡La única responsabilidad ineludible que la iglesia tiene para con el mundo es entonces la predicación del evangelio y la formación de iglesias! "Hay muchas cosas buenas que la iglesia puede hacer, naturalmente, pero éstas no pertenecen a la misión esencial de la iglesia".

Yo mantengo que ambas posiciones representan evangelios incompletos y que la mayor necesidad de la iglesia es recuperar el Evangelio completo de nuestro Señor Jesucristo: todo el Evangelio, para todo el ser humano, para todo el mundo.

Por un lado, el Evangelio no puede reducirse a categorías políticas, sociales y económicas ni la iglesia a una agencia de mejoras humanas. Menos aún se puede confundir el Evangelio con una ideología o la iglesia con un partido político. Como cristianos estamos llamados a testificar acerca de un Cristo trascendente, ultramundano, por medio de cuyo sacrificio hemos recibido el perdón de los pecados y la reconciliación con Dios. Creemos en la necesidad que el hombre tiene de un encuentro personal con Dios en Cristo, por la acción del Espíritu Santo, por medio de la proclamación de la Palabra de Dios. Y mantenemos que nada puede tomar el lugar de la regeneración espiritual para hacer personas nuevas. Esta es la soteriología bíblica y es parte integral de nuestra fe. No podemos aceptar la ecuación de la salvación con la satisfacción de necesidades corporales, mejoras sociales o liberación política.

Por otro lado, no hay apoyo bíblico para el concepto de la iglesia como una comunidad ultramundana dedicada a la salvación de almas o para limitar su misión a la predicación de la reconciliación del hombre con Dios por medio de Jesucristo. Como dice Elton Trueblood, "un evangelio genuino siempre mostrará preocupación por la justicia social más bien que con el mero cultivo de un calor interior".[19] La responsabilidad de definir la relación entre el Evangelio y la preocupación por la justicia social está dentro de los límites de la ponencia de mi colega Samuel Escobar.[20] Me limitaré por lo tanto a contestar unas pocas preguntas importantes de las muchas que se me han enviado en respuesta a mi propia ponencia.

1. "¿Hasta dónde debemos meternos en la política y en la economía?" El hecho es que, nos guste o no nos guste, ya estamos metidos. La política y la economía son inevitables: son parte de la realidad que nos rodea mientras estamos en el mundo. El problema real es, por lo tanto, "ya que en efecto estamos metidos, ¿qué podemos hacer para asegurar que nuestro compromiso sea fiel al Evangelio de nuestro Señor Jesucristo?" Aunque no nos ocupemos de la política y la economía, éstas siempre se ocupan de nosotros.

2. "¿Es el cambio de las estructuras sociales parte del mandato evangelizador?" La misma pregunta esencialmente se plantea en otros términos: "¿No está confundiendo los dos reinos?" Aquí solo puedo insistir que "el imperativo de la ética evangélica forma un todo indivisible con el indicativo del Evangelio". Otra manera de expresar lo mismo sería decir que las dos tablas de la ley están unidas, o que la preocupación por la reconciliación del hombre con Dios no puede separarse de la preocupación por la justicia social, o que el mandato evangelizador tiene que cumplirse en el contexto de la obediencia al mandato cultural, o que el Reino de Dios se manifiesta en medio de los reinos del mundo, o simplemente que la misión de la iglesia es inseparable de su

[19] Citado por Robert J. Bloesch en *The Evangelical Renaissance*, Hodder & Stoughton, Londres, 1974, p 22.

[20] La referencia es a la ponencia de Samuel Escobar sobre "La evangelización y la búsqueda humana de la libertad, la justicia y la realización personal," presentada por el autor en el Congreso de Lausana y publicada posteriormente en *Pensamiento cristiano*, 83 (diciembre de 1974).

vida. Me niego, por lo tanto, a levantar una valla entre una tarea primaria, la proclamación del Evangelio, y una tarea que en el mejor de los casos es secundaria y en el peor de los casos es optativa. Si la iglesia ha de ser obediente a su Señor, no debe hacer nada que no es esencial; consecuentemente, nada de lo que la iglesia hace en obediencia a su Señor puede calificarse como no esencial. ¿Por qué? Porque el amor a Dios es inseparable del amor al hombre; porque la fe sin obras es muerta; porque la esperanza cristiana incluye la restauración de todas las cosas en el Reino de Dios. No estoy confundiendo los dos reinos: no espero que la salvación última del hombre o la sociedad resulte de las buenas obras o la acción política. Lo único que pido es que se tome en serio la pertinencia del Evangelio a la totalidad de la vida del cristiano en el mundo. La única otra alternativa posible es decir que Dios tiene interés en que lo llamemos "Señor, Señor," pero no en que obedezcamos su voluntad en relación con asuntos tan críticos como la injusticia social y la opresión, el hambre, la guerra, el racismo, el analfabetismo y problemas similares.

3. "¿Es legítimo decir que Jesús fue un rey político? ¿Está usted definiendo la política en sus propios términos?" Cuando digo que al describir a Jesús como el Cristo en efecto estamos definiéndolo en términos políticos no quiero decir que él se involucró en lo que hoy se considera la acción política en un sentido estrecho, sino que Mesías (rey) es una descripción política. El no vino para crear una religión, sino para cumplir el propósito de Dios de colocar todas las cosas bajo su gobierno. Aquellos que lo reconocen como Señor no sólo son reconciliados con Dios sino que además reciben en él un modelo para la vida humana, la vida en la polis. Aquí y ahora, en este mundo, sus discípulos son llamados a poner toda su vida personal y corporativa a tono con la voluntad de Dios expresada en la ética del Reino, cuyo principio central es el amor de Dios.

4. "Al poner énfasis en lo ético, ¿cómo se evita el moralismo y el legalismo en la enseñanza?" Enseñando la verdadera naturaleza de la moralidad cristina: la moralidad no es el conformarse exteriormente a reglas y normas, sino obedecer de corazón en respuesta a Dios. La esencia de la moralidad cristiana es la gratitud. La manera de evitar el peligro de caer en el moralismo o el legalismo no es eliminar las demandas éticas del Evangelio, sino ver que la obediencia es un aspecto esencial de la respuesta de la fe al Evangelio y que siempre es obediencia por el poder que obra en nosotros por medio del Espíritu.

5. "¿Qué puede hacer la iglesia, ya que los problemas son tan grandes?" La iglesia no ha sido llamada a solucionar todos los problemas, sino a ser fiel a Dios con lo que tiene. La mayor contribución que la iglesia puede hacer al mundo es ser todo lo que debe ser. Entre otras cosas: (a) Una comunidad de *reconciliación.* En medio de un mundo fragmentado, ésta es la comunidad en la cual todas las barreras que separan a los miembros de la sociedad humana desaparecen, y donde aprenden a recibirse mutuamente como Cristo los recibió, para la gloria de Dios. (b) Una comunidad de *autenticidad personal.* En medio de un mundo en el cual cada individuo tiene que ajustarse al molde que le impone la sociedad, esta es la comunidad en la cual cada uno es aceptado como es y recibe aliento para desarrollarse plenamente como mujer u hombre hecho a la imagen de Dios. (c) Una comunidad de *servicio y entrega.* En medio de un mundo donde la gente en general vive para ser servida y servirse de los demás, esta es la comunidad en la cual los miembros viven para servir y para darse.

Con esto llego a la conclusión. Nuestra mayor necesidad es un Evangelio más bíblico y una iglesia más fiel. Podemos irnos de este Congreso con un hermoso montón de ponencias y resoluciones que vayan a parar en los archivos para luego ser olvidados, y con el recuerdo de una impresionante reunión mundial. O podemos irnos con la convicción que tenemos fórmulas mágicas para la conversión de la gente. Mi esperanza y oración es que nos vayamos con la actitud de arrepentimiento por nuestra esclavitud al mundo y nuestro triunfalismo arrogante, y con la confianza de que Dios "tiene poder para hacer muchísimo más de lo que nosotros pedimos o siquiera pensamos, por medio de su poder que trabaja en nosotros. ¡Gloria a Dios en la iglesia y en Cristo Jesús, por todos los siglos y para siempre! Amén".

3

Conflicto espiritual

Creemos que estamos empeñados en una constante batalla espiritual contra los principados y potestades del mal, que tratan de destruir a la iglesia y frustrar su tarea de evangelización mundial.

Conocemos nuestra necesidad de tomar toda la armadura de Dios y pelear esta batalla con las armas espirituales de la verdad y la oración, ya que percibimos la actividad de nuestro enemigo, no sólo en las falsas ideologías fuera de la iglesia, sino también dentro de ella, en los evangelios falsos que tergiversan las Escrituras y colocan al hombre en el lugar de Dios. Necesitamos vigilancia y discernimiento para salvaguardar el evangelio bíblico.

Reconocemos que nosotros mismos no estamos inmunes a la mundanalidad en el pensamiento y la acción, es decir, a una contemporización con el secularismo. Por ejemplo, aunque los estudios del crecimiento de la iglesia, tanto numérico como espiritual tienen su lugar y valor cuando se hacen con cuidado, a veces los hemos descuidado. Otras veces, con el deseo de asegurar una respuesta al evangelio, hemos acomodado nuestro mensaje, hemos manipulado al oyente por medio de técnicas de presión y nos hemos preocupado demasiado por estadísticas y hasta hemos sido deshonestos en el uso que hemos hecho de ellas.

Todo esto es mundanal. La iglesia debe estar en el mundo, pero no el mundo en la iglesia.

(Ef 6.12; 2Co 4.3,4; Ef 6.11, 13-18; 2Co 10.3, 5; 1Jn 2.18-26, 4.1-3; Gá 1.6-9; 2Co. 2.17; Jn 17.15).

—*Pacto de Lausana, Sección 12*

El Primer Congreso de Lausana (1974) podía haber llegado a ser nada más que una enorme (y terriblemente cara) plataforma para el lanzamiento de un vasto programa de evangelización mundial que evadiera los problemas teológicos que la evangelización plantea hoy a la iglesia. Hay buenas razones para creer que la mayoría de los participantes compartían la perspectiva pragmática reflejada en un editorial de *Christianity Today*, una conocida revista evangélica estadounidense, poco antes del Congreso. El mismo afirmaba que, tomando en cuenta que el Congreso de Berlín (1966) había establecido el marco de referencia teológico para la evangelización (la palabra clave había sido *evangelismo*), el Congreso de 1974 concentraría su atención en los aspectos prácticos de esa tarea (la palabra clave sería *evangelización*). Afortunadamente, durante el desarrollo de la magna reunión los problemas teológicos se impusieron en las discusiones y dieron como resultado el *Pacto de Lausana*, un documento que cuestiona varias posiciones que las iglesias evangélicas han aceptado tradicionalmente sin cuestionamiento.

La Sección 12 del Pacto advierte contra la mundanalidad de la iglesia, y coloca esta advertencia en el contexto del conflicto espiritual al que el Nuevo Testamento se refiere frecuentemente. Menciona las maneras sutiles en que el mundo condiciona a la iglesia hasta el punto de colorear su mensaje y sus métodos de evangelización. Concluye con un eco de Juan 17.14-16: "La iglesia debe estar en el mundo, pero no el mundo en la iglesia".

En el presente ensayo tomaremos esta sección del pacto como un desafío a reflexionar sobre el mundo en su sentido negativo (al cual se refiere el Pacto), la influencia que el mundo ejerce sobre la iglesia, y el papel que el evangelio tiene que desempeñar si la iglesia ha de ser fiel a Dios al enfrentar el mundo.

I. El mundo hoy

El dato dominante del mundo moderno es el crecimiento acelerado de un nuevo tipo de sociedad —la sociedad de consumo— en la cual ha culminado la revolución tecnológica que se inició en el siglo XVIII. El fenómeno de las migraciones internas es cómplice del aumento vertiginoso, en todo el mundo, de una civilización urbana cuyo rasgo sobresaliente es la absolutización de los productos de la tecnología. Prácticamente toda la humanidad hoy participa en la vida de la ciudad. Como ha señalado Jacques Ellul, "estamos en la ciudad, aunque vivamos en el campo, puesto que hoy el campo (y pronto esto se aplicará inclusive a la inmensa estepa asiática) es sólo un anexo de la ciudad".[1] Su afirmación no apunta solamente a un hecho que puede verificarse estadísticamente, a saber, la tremenda expansión demográfica de los centros urbanos.[2] Constituye también una percepción de carácter global de la "mentalidad de consumo" que caracteriza a la sociedad urbana, tanto en países desarrollados como en países subdesarrollados.[3]

---

1 Ellul, *The Meaning of the City*, William B. Eerdmans, Grand Rapids, 1970, p. 147. Hay traducción castellana: *La ciudad*, Editorial La Aurora, Buenos Aires, 1972.

2 A comienzos del siglo XIX no había ninguna ciudad de un millón de habitantes. En 1945 había 30, en 1955 había 60 y en 1970 había cerca de 90. Se calcula que para el año 2000 seis de cada diez habitantes vivirán en centros urbanos. Algunas ciudades están creciendo vertiginosamente. Sao Paulo, por ejemplo, registró un crecimiento de medio millón por año a mediados de la década de los setenta. Se calcula que para fines de este siglo la Ciudad de México contará con treinta millones de habitantes.

3 Para entender que la descripción de la sociedad urbana como "sociedad de consumo" es apropiada aun en el caso de los países subdesarrollados es de ayuda la distinción que hace Juan Luis Segundo (*Acción pastoral latinoamericana: sus motivos ocultos*, Ediciones Búsqueda, Buenos Aires, 1972, p. 17) entre "sociedad de consumo", que existe en toda concentración urbana, y "sociedad de abundancia", propia de los países donde la industria ha alcanzado su desarrollo máximo.

La sociedad de consumo es un engendro de la técnica y el capitalismo. Históricamente apareció en el mundo occidental cuando la burguesía ascendió al poder político y puso la técnica al servicio de su propio enriquecimiento. La propiedad privada, que en la sociedad pre-industrial había servido para dar seguridad a la gente común, dejó de cumplir una función social y se transformó en un derecho absoluto.[4] Surgieron las grandes industrias capitalistas. La consigna sería el aumento constante de la producción, aunque buena parte de ésta consistiera en trivialidades —"artículos que, aunque sean reconocidos como parte del ingreso nacional, o no debían haberse producido hasta que se hayan producido otros artículos en abundancia suficiente, o no debían haberse producido nunca".[5] Toda otra actividad que no incidiera directamente en el desarrollo industrial sería relegada a un plano inferior.

Las relaciones laborales estarían regidas fundamentalmente por el principio de la conveniencia personal de los propietarios de la industria, para quienes la propiedad sería un medio de enriquecimiento, no un instrumento de servicio a la sociedad. Los medios masivos de comunicación (especialmente la radio y la televisión) serían utilizados para condicionar a los consumidores a un estilo de vida en que se trabaja para ganar, se gana para comprar y se compra para valer. Como ha demostrado Jacques Ellul, "el estilo de vida es formado por la publicidad".[6] La publicidad está controlada por gente cuyos intereses económicos están ligados al aumento de la producción y éste a su vez depende

---

[4] Esta tesis ha sido elaborada en detalle por R. H. Tawney en *The Acquisitive Society*, Harcourt, Brace and World, Inc., Nueva York, 1948, pp. 8-19, 52-83.

[5] Tawney, pp. 37-39.

[6] A *técnica e o desafío do século*, Paz e Terra, Río de Janeiro, 1968, p. 418. Hay traducción castellana: *El siglo XX y la técnica*, Editorial Labor, Barcelona. El mismo autor discute más ampliamente el lugar que ocupa la publicidad en la sociedad contemporánea en *Historia de la propaganda*, Monte de Ávila, Caracas, 1970.

de un consumo que sólo es posible en una sociedad en la cual vivir es poseer.[7] La técnica se pone así al servicio del capital para imponer la ideología de consumo.

Los analistas de la sociedad contemporánea en general consideran que en los países desarrollados se está viviendo en la transición entre la primera y la segunda revolución técnica. Si en la primera la energía del hombre fue reemplazada por la energía mecánica, en la segunda el pensamiento de las máquinas está reemplazando al pensamiento humano. Se está iniciando la era de la automatización y la cibernética. Como nunca antes, existen los recursos técnicos para poner fin a uno de los más agudos problemas que afligen a las masas en las tres cuartas partes del mundo: el hambre. Sin embargo, la técnica mantiene sus ataduras con intereses económicos de una minoría que permanece ajena a la miseria de "los desheredados de la tierra". Han surgido grandes empresas multinacionales, cuya expansión económica es tal vez el factor más importante en la exportación de la ideología del consumo al Mundo de los Dos Tercios. Los centros urbanos no sólo sirven como base de operaciones para las grandes industrias: su propia existencia depende de la sistematización, de la organización de toda la vida en función de la producción y el consumo. Por eso la ciudad poco a poco va metiendo a todos los habitantes de la Tierra en un molde materialista, un molde que

7 "Si el principio económico dominante es que producimos más y más, el consumidor debe estar preparado para querer –es decir, para consumir– más y más. La industria no depende del deseo espontáneo que tenga el consumidor de más y más artículos de comodidad. Mediante la superación constante de las modas a menudo le fuerza a comprar cosas nuevas aunque las viejas podrían durar mucho más. Mediante el cambio de los estilos de los productos, la ropa, los bienes durables, y aun los alimentos, lo fuerza psicológicamente a comprar más de lo que podría necesitar o desear. Sin embargo, su necesidad no depende de las necesidades o deseos, sino considerablemente de la publicidad, que es la más importante ofensiva contra el derecho que el consumidor tiene de saber lo que quiere" (*The Revolution of Hope: Towards a Humanized Technology*, Bantam Books, Nueva York, 1968, pp. 38-39, mi traducción).

absolutiza las cosas porque son símbolos de *status*, un molde que no deja lugar para cuestiones relativas al sentido del trabajo o el propósito de la vida.

El sistema industrial actual está al servicio del capital, no del ser humano. En consecuencia, convierte a éste en un ser unidimensional —un tornillo de una gran maquinaria que funciona según las leyes de la oferta y la demanda. Es la causa principal de la contaminación ambiental, y crea una inmensa brecha entre los que tienen y los que no tienen, a nivel nacional, y entre los países ricos y los países pobres, a nivel internacional. Esta brecha crece continuamente. Pese a los avances tecnológicos y una expansión industrial que no tiene precedentes en la historia humana, hoy el mundo subdesarrollado está más lejos que nunca de la solución a sus problemas. La era de la técnica, que dio a luz la liberación de la energía atómica e inició la conquista del espacio, es también, paradójicamente, la era del hambre.[8] Las naciones ricas en general se niegan a reconocer la relación que hay entre su propio desarrollo económico y el subdesarrollo de las naciones pobres. Y los organismos internacionales, como la FAO, se ven atados de manos por la falta de mecanismos para exigir la colaboración de los grandes países industrializados.[9] Como dice Josué de Castro, "la doctrina oficial del desarrollo de las grandes potencias occidentales es muy limitada y se halla dominada por preocupaciones egoístas y de

---

[8] Se calcula que actualmente el 65% (casi los dos tercios) de la población mundial sufre hambre. Las zonas de hambre coinciden con las subdesarrolladas que están sujetas a la explotación económica de las naciones ricas. Ver Reginald H. Fuller y Brian K. Rice, *Christianity and the Affluent Society*, William B. Eerdmans, Grand Rapids, 1966, especialmente el capítulo 9, "Inanición en los años '80," pp. 150-60.

[9] La dificultad de lograr la ayuda de los países ricos para combatir el hambre es ilustrada por el fracaso de las conferencias sobre comercio y desarrollo auspiciadas por las Naciones Unidas en los últimos años. Hasta el momento no han dado como resultado ninguna medida práctica para resolver la desesperada situación de las multitudes hambrientas.

inspiración netamente colonialista".[10] La avaricia está en el mismo cimiento económico en que se basa la sociedad de consumo.

Pero la ideología del consumo se ha impuesto en el mundo moderno, incluso en lugares donde reina la miseria. Los medios masivos de comunicación se encargan de difundir tanto en los barrios altos como en los cinturones de pobreza de los grandes centros urbanos la imagen de felicidad: el *homo consumens*. El resultado es que el mundo entero se va transformando en una "aldea global" que encuentra en el consumo su principio de unidad. Aunque en los países subdesarrollados lo que se consume efectivamente sea mucho menos que en los desarrollados, prima la mentalidad que concede a los productos de la industria un lugar preferencial. La obsesión de los ricos es lo que acertadamente Josué de Castro ha calificado como "consumo ostentoso": el "consumo de artículos de lujo, importados, de poca o ninguna utilidad para el desarrollo económico y social de la colectividad y que perjudica sustancialmente la marcha de la propia economía".[11]

Por otra parte, la ambición de los pobres es el ascenso social para alcanzar un nivel que les permita no sólo la satisfacción de las necesidades más elementales (alimento, vestido y vivienda), sino la adquisición de productos publicitados que se constituyen en símbolos de *status* (especialmente el automóvil y los implementos eléctricos). Lo que se ha dado en llamar "la revolución de las expectativas crecientes" es un valor ambiguo: expresa la búsqueda de respeto por la dignidad humana por parte de los que viven en la indigencia, pero refleja también el condicionamiento a que éstos están sometidos por los medios masivos de comunicación con su *homo consumens* como la imagen del hombre ideal.

---

[10] Castro, *El libro negro del hambre*, EUDEBA, Buenos Aires, 1971, p. 88.

[11] Castro, p. 69.

Detrás del materialismo que caracteriza a la sociedad de consumo yacen los poderes de destrucción a que hace referencia el Nuevo Testamento. El apóstol Pablo en particular discernió que los principados y potestades del mal estaban atrincherados en estructuras ideológicas que oprimían a los seres humanos. Este no es el lugar para una elaboración del tema,[12] pero las dos observaciones siguientes en cuanto al concepto paulino de la relación entre el "mundo" (en su acepción negativa) y los poderes demoníacos son pertinentes:

1. El mundo es un sistema en que el mal está organizado contra Dios. Lo que le da ese carácter, sin embargo, es su conexión con Satanás y sus huestes. Satanás es "el dios de este mundo" (2Co 4.4; cf. Jn 12.31, 14.30, 16.11; 1Jn 5.19); sus huestes son "los gobernantes de este mundo" (1Co 2.8); son los "poderes,... autoridades,... potestades que dominan este mundo de tinieblas" (Ef 6.12); son los "principios de este mundo" (Gá 4.3; 9; Col 2.8, 20).[13] Esta visión apocalíptica del mundo, que permea el Nuevo Testamento y apunta a la dimensión cósmica tanto del pecado como de la redención cristiana, ofrece un telón de fondo aparte del cual no se puede entender debidamente la obra de Jesucristo.[14]

2. Los poderes demoníacos esclavizan al ser humano en el mundo por medio de estructuras y sistemas que él absolutiza. En un

---

[12] Varios estudiosos del nuevo Testamento (entre ellos M. Barth, H. Berkhof, G. B Caird y D. E. H. Whiteley) han penetrado en el terreno de la demonología paulina y han demostrado la pertinencia de la misma a la ética social. Ver John H. Yoder, *The Politics of Jesus*, William B. Eerdmans, Grand Rapids, 1972, pp. 135-62.

[13] "Los principios de este mundo" (NVI) es una mejor traducción que "los rudimentos del mundo" (Reina-Varela). Sobre el tema, ver mi artículo "La demonología de Colosenses," en *Diálogo teológico*, 2 (octubre de 1973): 37ss.

[14] Ver George Eldon Ladd, *The Presence of the Future: The Eschatology of Biblical Realism*, William B. Eerdmans, Grand Rapids, 1974, pp. 118-19, 149-54.

importante artículo sobre "La ley y este mundo",[15] Bo Reicke ha demostrado que la advertencia que el apóstol Pablo hace a sus lectores en Gálatas 4.8ss. no es meramente contra el legalismo sino contra el retorno a la esclavitud a poderes espirituales que ejercen dominio sobre la humanidad en su estado natural por medio de la religión organizada, contra el retorno a dioses que en su naturaleza esencial son no-dioses. Esta interpretación concuerda con la mejor lectura de 1 Corintios 10.20, donde la idea no es que los sacrificios paganos son ofrecidos a los demonios y "no para Dios", sino que son ofrecidos a los demonios y "lo que es no-Dios". En palabras del comentarista C. K. Barrett, para Pablo la idolatría "era mala principiante porque robaba al Dios verdadero la gloria que le correspondía a él solo... pero era mala también porque significaba que el hombre, envuelto en un acto espiritual y dirigiendo su adoración a algo que no era el Dios verdadero, era conducido a una relación íntima con poderes espirituales, inferiores y malos".[16] La misma estrecha relación entre los poderes demoníacos y la absolutización idolátrica de un sistema de manufactura humana aparece de nuevo en Colosenses 2.16ss. y no está lejos de las referencias a "la sabiduría de este siglo" en los dos primeros capítulos de 1 Corintios. Hablar del mundo es hablar de toda una estructura de opresión regida por los poderes de destrucción, estructura que somete a los seres humanos a esclavitud por medio de la idolatría.

La vigencia de estos conceptos paulinos es obvia cuando se comprende el carácter idolátrico y el poder de condicionamiento de la sociedad de consumo. Traducido al lenguaje de la sociología moderna, el vocabulario del Apóstol apunta a instituciones e ideologías que trascienden al individuo y condicionan su pensamiento y estilo de vida. Tanto los que circunscriben la

---

[15] Reicke, "La ley y este mundo," *Journal of Biblical Literature,* 70 (1951): 259-76.

[16] Barrett, *The First Epistle to the Corinthians,* Adam and Charles Black, Londres, 1971, *in loco.*

acción de los poderes del mal al terreno del ocultismo, la posesión demoníaca y la astrología, como los que consideran que las referencias neotestamentarias a esos poderes son una mera cáscara mitológica de la cual hay que extraer el mensaje bíblico, terminan por reducir el mal a un problema personal y la redención cristiana a una experiencia individual. Una mejor alternativa es aceptar el realismo de la descripción bíblica y entender la situación del ser humano en el mundo en términos de esclavitud a un mundo espiritual, de la cual necesita ser liberado. Como afirma A. M, Hunter, "no hay razón metafísica para que el cosmos no contenga espíritus más altos que el hombre, espíritus que han hecho del mal su bien, que desprecian a la raza humana, y cuyas actividades son coordinadas por una estrategia principal".[17] En su rebelión contra Dios, el hombre es esclavo de los ídolos del mundo por medio de los cuales actúan esos poderes. Y los ídolos que hoy esclavizan al hombre son los ídolos de la sociedad de consumo.

Tanto la técnica como el capital pueden ponerse al servicio del bien o del mal. De su unión, que no reconoce ningún principio ético, ha surgido una sociedad que absolutiza la prosperidad económica y el consecuente bienestar material del *homo consumens.* La sociedad de consumo es la realidad social, política y económica en la cual toma forma hoy este mundo dominado por los poderes de destrucción. El consumismo —la fe ciega en la técnica, la indeclinable reverencia a la propiedad privada como un derecho absoluto, el culto a la maximización de la producción mediante el saqueo irresponsable de la naturaleza, el desmesurado enriquecimiento de grandes corporaciones empresariales a costa del empobrecimiento de "los desheredados de la tierra", la fiebre del consumo, la ostentación y la moda— es la ideología que está destruyendo a la raza humana. La iglesia de Jesucristo está empeñada en un conflicto contra los poderes del mal atrin-

---

[17] Hunter, *Interpreting Paul's Gospel,* SCM, Londres, 1955, p. 75, n. 1, mi traducción.

cherados en estructuras ideológicas que deshumanizan al hombre, condicionándolo para que relativice lo absoluto y absolutice lo relativo.

II. La mundanalidad de la iglesia

La iglesia es una realidad escatológica: pertenece a la era del cumplimiento introducida por Jesucristo, es los primeros frutos de la nueva humanidad. Sin embargo, también es una realidad histórica, y como tal, sujeta con el resto de la humanidad al condicionamiento que el mundo ejerce en relación con la vida humana en todos sus aspectos.

En el período entre la resurrección y la segunda venida de Cristo, la nueva era supera a la vieja y la escatología opera dentro del cauce mismo de la historia. La tensión escatológica resultante afecta toda la vida y misión de la iglesia. El *Pacto de Lausana* se refiere a uno de los aspectos más importantes de esa tensión: "Creemos que estamos empeñados en una constante batalla espiritual contra los principados y potestades del mal, que tratan de destruir a la iglesia y frustrar su tarea de evangelización mundial". Más adelante en la misma sección el *Pacto* afirma que la actividad de los poderes de destrucción es percibida no sólo en términos de "las falsas ideologías fuera de la iglesia" sino también en términos del acomodamiento de la iglesia al mundo "tanto en pensamiento como en acción". Este reconocimiento explícito de la vulnerabilidad de la iglesia frente al mundo constituye una de las notas más encomiables de todo el documento, tanto más significativa cuanto más se toma en cuenta el triunfalismo que con tanta frecuencia caracteriza a los evangélicos.

En su libro *Acción pastoral latinoamericana: sus motivos ocultos*, Juan Luis Segundo ha señalado los mecanismos que hacen que en América Latina la Iglesia Católica Romana opte por un acomodamiento a la sociedad de consumo y no por el mensaje bíblico con sus demandas de convicción personal. En síntesis, sus tesis son las siguientes:

1. *La sociedad urbana demanda que no se discutan las cuestiones básicas de la vida humana.* Por esta razón, su unidad no depende de una participación común en valores universales o en una misma concepción del mundo (como en el caso de sociedades tradicionales), sino de la participación en el consumo. Los valores y cosmovisiones son relegados a la esfera de la vida privada y relativizados.

2. *El cristianismo ya no puede contar con la ayuda que antes recibía en los ambientes cerrados.* Sin esta ayuda, la sociedad abierta mantiene una vaga adhesión al cristianismo, relacionada con el desarraigo del hombre en la ciudad, y esta adhesión desarraigada abre espacio para los ritos religiosos. La transmisión del cristianismo de una generación a otra ya no depende del ambiente social.

3. *En la sociedad de consumo, el ser cristiano depende de una convicción personal.* Cualquier idea profunda que desafía la "masificación" del hombre es revolucionaria, y la mantiene sólo una minoría heroica.

4. *La pastoral, por lo tanto, debe escoger entre una minoría que acepta las demandas del evangelio y una "mayoría de consumo" con un falso compromiso cristiano.*

5. *La pastoral ha sustituido el verdadero cristianismo por los valores de las mayorías de consumo, y ha reducido así las demandas del cristianismo a su mínima expresión.* La razón principal de esto es un triple miedo. En primer lugar, está el miedo a la libertad por parte de los sacerdotes, ya que "el paso de la presión a la libertad, paso clave para una orientación nueva, no viciosa, de la pastoral, dejaría en la más profunda angustia, psicológica y material, a la inmensa mayoría del clero. Proporcionalmente mucho de eso vale también para otros agentes de la pastoral".[18] En segundo lugar, está el miedo del destino de las masas, ya

[18] Segundo, p. 87.

que "si la pastoral da el paso de la protección mayoritaria a la minoría comprometida, la *mayoría* quedaría sin protección y, verosímilmente, sin el límite mínimo de cristianismo".[19] En tercer lugar, está el miedo por el evangelio: se razona que el evangelio *solo* no puede lograr lo que lograría la iglesia gracias a su alianza con el sistema; se da por sentado que la iglesia no está dispuesta a depender exclusivamente del evangelio.

Este es un incisivo análisis de la situación del cristianismo en la sociedad de consumo desde la perspectiva de un teólogo latinoamericano. He considerado útil sintetizarlo punto por punto porque Segundo describe claramente la motivación detrás de *cualquier* clase de cristianismo cuyos vínculos con la mentalidad constantiniana son más fuertes que sus vínculos con el evangelio de Jesucristo. Lo que Segundo dice acerca del "cristianismo-cultura" latinoamericano puede también decirse del "cristianismo-cultura" relacionado con el "*American way of life*", cuya influencia se ha extendido a todos los países del mundo. Como el catolicismo romano tradicional, se ha acomodado al mundo motivado por su ansiedad de llegar a las mayorías de modo que haya más cristianos. Como resultado, la iglesia, lejos de ser un factor de transformación de la sociedad, se convierte en un mero reflejo de ésta y, lo que es peor, en otro instrumento que la sociedad usa para condicionar a la gente con sus valores materialistas. Podemos ver este acomodamiento al mundo en las dos esferas que señala el *Pacto de Lausana* al referirse al peligro de la mundanalidad de la iglesia en pensamiento y acción.

1. *En la esfera del pensamiento,* el acomodamiento de la iglesia al mundo se realiza principalmente por medio de la reducción del evangelio a un mensaje puramente espiritual, un mensaje de reconciliación con Dios y salvación del alma. En línea con esto, se define la misión de la iglesia exclusivamente en términos de evangelización, entendida ésta como la proclamación de que en

[19] Segundo, p. 88.

virtud de la muerte de Cristo en la cruz, lo único que uno necesita para ser salvo es "aceptar a Jesús como su suficiente salvador". Esto separa la fe del arrepentimiento, los elementos "esenciales" del evangelio de los "no esenciales", el *kërygma* de la *didaquē*, la salvación de la santificación. En el nivel más básico, separa a Cristo como Salvador de Cristo como Señor. Esto produce un evangelio que permite que la gente mantenga valores y actitudes prevalentes en la sociedad de consumo y a la vez disfrute la seguridad temporal y eterna que le provee la religión; que divida su vida entre el compartimento de la religión y el de sus actividades seculares. Se supone que Dios tiene algo que decir respecto a la religión, pero no respecto a la vida cotidiana; que tiene interés en el culto, pero no en los problemas sociales, económicos y políticos, los negocios o las relaciones internacionales.

Esta versión del evangelio está hecha a medida para las "mayorías de consumo". Es otro producto de fácil venta en la sociedad de consumo. Representa uno de esos "evangelios falsos que tergiversan las Escrituras y colocan al hombre en el lugar de Dios", a los cuales hace referencia el *Pacto de Lausana*. El error de adoptar este evangelio puede corregirse únicamente mediante un retorno al evangelio bíblico centrado en Jesucristo como Señor del universo y de toda la vida, el evangelio que *Una respuesta a Lausana* define en los siguientes términos:

> El evangelio es buenas nuevas de Dios en Cristo Jesús. Es buenas nuevas del Reino que él proclama y encarna; de la misión de amor de Dios que trae salud al mundo exclusivamente por medio de la cruz de Cristo; de su victoria sobre los poderes de destrucción y muerte; de su señorío sobre todo el universo. Es buenas nuevas de una nueva creación, una nueva humanidad, un nuevo nacimiento por medio del Espíritu que da vida. Es buenas nuevas de los dones del reino mesiánico contenidos en Jesús y mediados por su Espíritu; de la comunidad carismática que por su poder encarna su Reino de Shalom aquí y ahora, ante toda la creación, y hace visible y da a conocer sus buenas

nuevas. Es buenas nuevas de liberación, de restauración, de salud y de salvación personal, social, global y cósmica.[20]

2. *En la esfera de la acción,* el cristianismo-cultura también refleja el condicionamiento de la sociedad de consumo. Sólo así se puede explicar la obsesión con los números mencionada en el *Pacto de Lausana*: "Otras veces, con el deseo de asegurar una respuesta al evangelio, hemos acomodado nuestro mensaje, hemos manipulado al oyente por medio de técnicas de presión y nos hemos preocupado demasiado por las estadísticas y hasta hemos sido deshonestos en el uso que hemos hecho con ellas".[21] Esto describe una de las maneras más obvias en que la iglesia se ha acomodado al mundo. Para acompañar a un evangelio truncado, tenemos una metodología de evangelización que mecaniza el ingreso de la gente a la iglesia. Si en la sociedad de consumo el único interés es el constante incremento de la producción, se entiende que en la religión de consumo se dé la prioridad al crecimiento numérico de la iglesia.

Algunos podrían objetar que esta preocupación por el crecimiento numérico es legítima para cualquiera cuyo corazón palpite con el anhelo de Dios, "pues él quiere que todos sean salvos

---

[20] C. René Padilla, "Una respuesta a Lausana", *El Evangelio hoy*, Ediciones Certeza, Buenos Aires, 1974, p. 184.

[21] La afirmación que precede a la que se cita arriba dice: "Por ejemplo, aunque los estudios del crecimiento de la iglesia, tanto numérico como espiritual, tienen su lugar y valor cuando se hacen con cuidado, a veces los hemos descuidado". Es difícil ver en qué sentido el descuido de los estudios del crecimiento de la iglesia puede considerarse como un ejemplo de "mundanalidad en el pensamiento y la acción... una contemporización con el secularismo". En vista del contexto —la referencia a la mundanalidad de la iglesia, la manipulación de los oyentes y la exagerada preocupación por las estadísticas—, esa defensa del uso de "los estudios del crecimiento de la iglesia tanto numérico como espiritual" evidentemente se debe a la insistencia de un grupo de presión ante el comité de redacción más que a la lógica.

y lleguen a conocer la verdad" (1Ti. 2.4). Juan Luis Segundo ha respondido correctamente a esa objeción:

> Existe aquí un hecho evidente: hay dos maneras de contar los cristianos. Una parte, para la estadística, del límite mínimo: bautismo, alguna práctica sacramental, adhesión al cristianismo expresada en censos, y ausencia de herejías en el sentido de proposiciones ya condenadas en el Denzinger. La otra manera cuenta a aquellos cristianos dispuestos a llevar el mensaje al resto de la sociedad, a soportar victoriosamente el contacto con otras ideas y concepciones de la vida, y a comprometerse en una transformación global de la sociedad de acuerdo con la revelación de Cristo.[22]

En el análisis final, estos métodos corresponden a dos conceptos diferentes del evangelio, la misión de la iglesia y la vida cristiana. Si las iglesias evangélicas han dado prioridad a las cuentas que se llevan en base de lo mínimo (con la diferencia de que el manual denominacional, en lugar del Denzinger, provee los criterios para definir las herejías), esto demuestra que no han podido escaparse del condicionamiento de la sociedad de consumo; que en su interés por contar con más conversos, han acomodado su mensaje a esta sociedad. La reforma necesaria demanda una total reconstrucción de la iglesia local de modo que ésta encarne las demandas del evangelio.

III. El evangelio, el mundo y la iglesia

La iglesia, en su confrontación con el mundo, tiene sólo dos alternativas: o limitar su acción al aspecto religioso de la vida, satisfecha con un cristianismo que asimila los valores de la cultura y se adapta al mundo, negando el evangelio; o concebirse como una comunidad para la cual no hay más que un solo Dios, el Padre, y un solo Señor, Jesucristo, y consecuentemente entrar en conflicto con el mundo.

---

[22] Segundo, p. 67.

El mundo como sistema del mal organizado contra Dios impone a hombres y mujeres un estilo de vida que es una esclavitud a los principados y potestades espirituales. No puede tolerar la presencia de valores y criterios que desafían su condicionamiento. Su influencia es tan sutil que puede percibirse aun en relación con esa dimensión de la vida en la cual las personas se creen más libres: la religión.

El evangelio es la buena noticia del triunfo de Jesucristo sobre los poderes del mal. El Salvador cuya muerte expió el pecado es también el Señor que "desarmó a los poderes y a las potestades, y por medio de Cristo los humilló en público al exhibirlos en su desfile triunfal" (Col 2.15). Su salvación es liberación no sólo de las consecuencias sino también del poder del pecado. Tiene que ver tanto con la reconciliación del hombre con Dios como con una reestructuración total de la vida según el modelo del nuevo hombre provisto en Jesucristo. En otras palabras, lo que el evangelio ofrece no es sólo una experiencia religiosa sino una nueva creación, un nuevo estilo de vida bajo el dominio de Dios.

La iglesia está llamada a encarnar el Reino de Dios en medio de los reinos de este mundo. El evangelio no le deja otra alternativa. La fidelidad al evangelio tiene como concomitante el conflicto con el mundo. ¿Cómo puede la iglesia resistir el condicionamiento del mundo sin que su resistencia la envuelva en conflictos con los poderes de destrucción? Basta tomar en cuenta el origen y la historia de la iglesia para descartar toda posibilidad de que ella pueda evitar el camino de la cruz: la iglesia deriva su significado de su conexión con Jesucristo, el Siervo Sufriente cuyo rechazo del *establishment* de su tiempo lo llevó a la muerte. Según el apóstol Pablo, "los gobernantes de este mundo" —las fuerzas del mal— fueron los que crucificaron al Señor. A partir de entonces, el camino de la iglesia está marcado por la cruz. Y Martín Luther King tenía razón cuando decía que "si la iglesia de Jesucristo ha de recobrar su poder, su mensaje y su sonido de autenticidad, tendrá que conformarse a las demandas del evangelio exclusivamente".[23]

El conflicto es inevitable cuando la iglesia toma en serio el evangelio. Esto es tan cierto hoy en la sociedad de consumo como lo fue en el primer siglo. Desde la perspectiva del evangelio la cuestión no es que el hombre abra espacio en su horario —un horario saturado de actividades seculares— para "cumplir con Dios", para dedicar unas horas por semana a la religión y hacerse así acreedor a la paz interior y la prosperidad material que la religión provee. La cuestión es que sea liberado de la esclavitud a los poderes de destrucción e integrado al propósito de Dios de colocar todas las cosas bajo el mando de Jesucristo, a una nueva creación que se hace visible en la comunidad que modela su vida en el Segundo Adán. Cuando, en su afán por evitar el conflicto, la iglesia se acomoda al espíritu de la época, pierde la dimensión profética de su misión y se convierte en guardiana del statu quo. Es sal que ha perdido su sabor. Y consecuentemente se hace acreedora a la crítica ejemplificada por Pierre Burton, según el cual la iglesia

> ha olvidado que el cristianismo comenzó una religión revolucionaria cuyos seguidores adoptaron valores enteramente distintos de aquellos que prevalecían en la sociedad en general. Esos valores originales todavía están en conflicto con los de la sociedad contemporánea. Sin embargo, la religión hoy se ha convertido en una fuerza tan conservadora como la fuerza con la cual los cristianos primitivos estaban en conflicto.[24]

La sociedad de consumo ha impuesto un estilo de vida que hace de la propiedad privada un derecho absoluto y coloca el dinero por encima del ser humano y la producción por encima del cuidado de la creación de Dios. Esta es la forma que hoy toma "este mundo malo", el sistema en el cual la vida humana

---

[23] King, *Strength to Love*, Collins, Londres, 1974, p. 22, mi traducción.

[24] Burton, *The Comfortable Pew*, Lippincott, Filadelfia, 1965, p. 80, mi traducción.

ha sido organizada por los poderes de destrucción. El peligro de la mundanalidad contra el cual nos advierte el *Pacto de Lausana* es el peligro de un acomodamiento a las formas de este mundo malo con todo su materialismo, su obsesión por el éxito individual, su egoísmo enceguecedor.

Jesucristo murió por nuestros pecados, para liberarnos de este sistema de alienación de Dios. Su encarnación y su cruz son las normas de la vida y la misión de la iglesia. Su victoria es la base de la esperanza en medio del conflicto. La exhortación paulina tiene tanta vigencia hoy como cuando se hizo originalmente:

> Por lo tanto, hermanos, tomando en cuenta la misericordia de Dios, les ruego que cada uno de ustedes, en adoración espiritual, ofrezca su cuerpo como sacrificio vivo, santo y agradable a Dios. No se amolden al mundo actual, sino sean transformados mediante la renovación de su mente. Así podrán comprobar cuál es la voluntad de Dios, buena, agradable y perfecta (Ro 12.1-2).

4

¿QUÉ ES EL EVANGELIO?

Las preguntas más importantes que hoy se pueden hacer respecto a la vida y la misión de la iglesia están relacionadas no solo con la relevancia sino también con el contenido del evangelio. Por supuesto, hay lugar para la consideración de las maneras en que el evangelio satisface las necesidades del hombre en el mundo contemporáneo. Mucho más básica, sin embargo, es una consideración de la *naturaleza* misma de ese evangelio del cual se dice que satisface las necesidades del hombre. El *qué* del evangelio determina el *cómo* de sus efectos en la vida práctica.

A la luz del pragmatismo actual casi no se puede esperar que se reconozca fácilmente la primacía de las preguntas teológicas acerca del evangelio. Con demasiada frecuencia se da por sentado que los cristianos ya conocemos nuestro mensaje y que lo único que ahora necesitamos es una mejor estrategia y métodos más eficientes para comunicarlo. En conformidad con esto, se mide la efectividad de la evangelización en términos de los resultados, sin referencia alguna (o con muy poca referencia) a la fidelidad al evangelio. Frente a este acercamiento hace falta un nuevo énfasis en el evangelio como aquello que determina la autenticidad de la evangelización, debido a las tres razones siguientes:

1. La primera condición para una evangelización efectiva es *la certeza en cuanto al contenido del evangelio.* Aunque esta certeza sólo es posible donde hay una respuesta personal, una respuesta de fe, la proclamación del evangelio va mucho más allá de una descripción de la experiencia personal:

incluye una presentación de los hechos del evangelio como una realidad objetiva que se inserta en la situación humana y trasciende toda comprensión. Nadie puede considerarse listo para evangelizar a menos que pueda narrar "la antigua historia" con certeza en cuanto a sus elementos constitutivos y el significado de los mismos.

2. La única respuesta que una evangelización bíblica tiene derecho de esperar es *la respuesta al evangelio.* La genuinidad de la conversión de una persona depende directamente de la genuinidad del evangelio al cual ha respondido en arrepentimiento y fe. Un evangelio espurio sólo puede dar como resultado una conversión espuria. El cristiano que no se preocupa por comprender con claridad el mensaje que está llamado a anunciar probablemente logrará que los hombres respondan a él, pero no al evangelio.

3. La característica que distingue a la experiencia cristiana es que es *una experiencia del evangelio.* La experiencia cristiana es una experiencia religiosa pero no toda experiencia religiosa es cristiana, excepto la que surge del evangelio.

No hay duda de que en el Nuevo testamento el evangelio tiene un contenido definido. Pese a todas las variaciones que se pueden hallar en su formulación, es algo a lo cual es posible referirse como "el evangelio" (*to evangelion),* sin calificativo.[1] Es un mensaje que se puede predicar (Mt 4.23, 9.35, 24.14, 26.13; Mr 1.14, 13.10, 14.9, 16.15; Gá 2.2; 1Ts 2.9), "testificar" (Hch 20.24), proclamar (1Co 9.18; 2Co 11.7; Gá 1.11; cf. 1Co 9.14), dar a conocer (Ef 6.19), anunciar (1 Ts 2.2), a la vez que oír

---

[1] El sustantivo *evangelion* está ausente de Lucas y Juan. Se usa cuatro veces en Mateo, ocho en Marcos, sesenta en las epístolas paulinas, una en 1 Pedro y una en Apocalipsis. El verbo *evangelizein* ocurre una vez en Mateo, diez veces en Lucas, quince en Hechos, veintiuna en las epístolas paulinas, una en Hebreos, tres en 1 Pedro y dos en Apocalipsis.

(Hch 15.7; Ef 1.13; Col 1.23) y creer (Mr 1.15) o recibir (1Co 15.1; 2Co 11.4).

Tan definido es su contenido que Pablo puede afirmar en términos inequívocos que aparte del evangelio que él predica no hay otro evangelio (Gá 1.6-9). Si esto es así, la pregunta que tenemos que plantearnos en relación con cualquiera de las fórmulas doctrinales que hoy están en circulación y que pretenden ser síntesis del evangelio no es si funciona sino si es fiel al evangelio bíblico. El propósito del presente escrito no es tanto ofrecer un resumen del evangelio como proveer criterios bíblicos para evaluar los resúmenes que actualmente se usan con frecuencia en la evangelización.

I. El trasfondo histórico de *euangelion*

En el Antiguo Testamento hay varios casos del uso de *euangelion* ("buena nuevas", "noticia") sin connotaciones religiosas. El evangelio que Sadoc trae a David es la victoria del rey sobre Absalón (2S 18.20, 22, 25).[2] Un grupo de leprosos trae al rey Joram un evangelio de la liberación de Israel de la mano de los sirios (2R 7.9). Con un sentido secular se usa también el verbo "evangelizar" (*euangelizomai;* hebreo: *biśśar)* para referirse a la acción de traer noticias relativas a la coronación de un nuevo rey, la victoria sobre un enemigo, el nacimiento de un hijo (1R 1.42; 1S 31.9). En el Salmo 68.11 las "buenas nuevas" que los mensajeros han de anunciar les son dadas por el Señor y tienen que ver con la derrota de los enemigos de Israel: "Huyeron, huyeron reyes de ejércitos" (v. 12). Las evangelistas son una multitud de mujeres: en la historia de su interpretación este texto fue aplicado al Mesías.

---

[2] En el mismo contexto en que la palabra se traduce por "buenas nuevas" o "nuevas" (2S 18.20, 25) también se traduce por "premio por las nuevas" (v. 22). Cf. 2 S. 4.10.

Más significativo para la comprensión del evangelio cristiano es lo que se dice en cuanto a la proclamación de las buenas noticias (*euangelizomai*, siempre en forma verbal) en la segunda parte de Isaías (40-66), una sección del Antiguo Testamento usada frecuentemente por Jesucristo y la iglesia primitiva. En un pasaje importante el profeta vislumbra el retorno de Israel del exilio babilónico —retorno por medio del cual Dios manifiesta su soberanía universal— y exclama: "¡Cuán hermosos son sobre los montes los pies del que trae alegres nuevas, del que anuncia la paz, del que trae buenas del bien, del que publica salvación, del que dice a Sion: ¡Tu Dios reina!" (Is 52.7). En el Nuevo Testamento se entiende este anuncio de la restauración de Israel (que es también el tema de las "buenas nuevas" en Is 40.9, 41.9 y 61.1-3) como una promesa de la salvación efectuada por Jesús y proclamada por los mensajeros cristianos. El evangelio de Isaías es la venida de la era mesiánica por el poder de Dios. Y en él se anticipa el evangelio cristiano.[3]

Para los griegos la noticia que anuncia el evangelio es generalmente la noticia de una victoria. Levantando la mano el heraldo exclama: "¡Alégrense, hemos ganado!" Trátese de la victoria en la contienda deportiva o de la victoria en una batalla, la noticia es recibida con gozo y el evangelista recibe una recompensa, un *euangelion*. Pero *euangalion* también puede connotar ideas religiosas en el mundo gentil. Esto sucede cuando se usa el término en conexión con el culto imperial, como sucede en la inscripción en el monumento de Priene (Asia Menor, año 9 a. de C.) que, refiriéndose a Augusto, lee: "El nacimiento del dios fue para el mundo el comienzo de las nuevas de gozo que

---

[3] Varios pasajes de Isaías (especialmente 40.9, 41.27, 52.7 y 61.1) ocupan un lugar importante también en la literatura rabínica en conexión con la esperanza mesiánica. El que trae liberación es el Mesías, o el profeta Elías, o un mensajero anónimo. Su mensaje no es sólo para Israel sino también para los gentiles, y tiene que ver con una salvación o restauración mesiánica.

se han anunciado en su nombre".[4] Cuando en el primer siglo se anunció el evangelio de Jesucristo, se lo anunció en el contexto de otros evangelios que pretendían traer salvación a una humanidad que anhelaba gozo y paz.

II. Un mensaje escatológico

Cualquiera que lea el Nuevo Testamento difícilmente pasará por alto la importancia del Antiguo Testamento en la proclamación del evangelio desde un comienzo. Es obvio que para la iglesia de los primeros días el evangelio derivaba su sentido del hecho de que en la historia de Jesucristo (incluida su vida, muerte, resurrección y exaltación), las profecías del Antiguo Testamento se habían cumplido. La constante referencia a las Escrituras hebreas era mucho más que una técnica literaria: expresaba la comprensión de la obra de Jesús como el cumplimiento de las promesas divinas contenidas en esas Escrituras. Se veía la historia de Jesús como la culminación de un largo proceso de redención, un proceso que se había iniciado con Abraham, el padre de Israel.

El mundo en el cual el evangelio se proclamó inicialmente era un mundo de expectativas mesiánicas. No importa lo que uno crea en cuanto a la conexión entre el Nuevo Testamento y los escritos apocalípticos judíos contemporáneos, el hecho es que éstos muestran que en el ambiente en que sucedieron los eventos del evangelio había una viva esperanza escatológica. Si se toma esto en cuenta, no es difícil imaginar el impacto que el evangelio debe haber producido en Israel cuando se lo anunció al principio. ¡Lo que los heraldos del evangelio proclamaban no era ni más ni menos que el cumplimiento de una promesa de Dios largamente esperada: ¡la promesa de visitar a su pueblo!

---

[4] Friedrich, "Euangelion," en *Theological Dictionary of the New testament*, ed. G. Kittel, William B. Eerdmans, Grand Rapids, 1964, II, p. 724, mi traducción.

La nota de cumplimiento aparece primero con Juan el Bautista. Su mensaje es: "Arrepiéntanse, porque el reino de los cielos está cerca" (Mt 3.2). Él mismo es un profeta en quien se está cumpliendo la profecía de Isaías 40.3: es "Voz de uno que grita en el desierto: 'Preparen el camino para el Señor, háganle sendas derechas'" (Mt 3.2-3). Es, en efecto, el precursor mesiánico cuyo ministerio Marcos describe como "comienzo del evangelio de Jesucristo" (Mr 1.1), precisamente porque Juan el Bautista es el primero en anunciar que Dios está a punto de actuar, para salvación y juicio, por medio del que viene detrás de él (cf. Mt 3.7-12; Lc 3.16-18). Él está en el límite entre la era de la promesa y la era del cumplimiento: "La ley y los profetas se proclamaron hasta Juan. Desde entonces se anuncian las buenas nuevas del reino de Dios..." (Lc 16.16).

Marcos registra que "después que encarcelaron a Juan, Jesús se fue a Galilea a anunciar las buenas nuevas del reino de Dios. 'Se ha cumplido el tiempo —decía—. El reino de Dios está cerca. Arrepiéntanse y crean las buenas nuevas'" (Mr 1.14-15). Juan el Bautista ha anunciado la inminencia de la inserción de Dios en la historia; ahora Jesús proclama que el día del cumplimiento escatológico ha amanecido en efecto. Bien entendidas, sus palabras son una afirmación sorprendente. Ponen en relieve los siguientes hechos relativos al evangelio:

1. La proclamación del evangelio marca el *kairos,* el tiempo asignado por Dios para dar cumplimiento a su propósito. ¡Ha llegado la hora decisiva en la historia de la salvación! ¡Se está realizando la esperanza de los profetas!
2. El contenido del evangelio no es una nueva teología o una nueva enseñanza acerca de Dios, sino un evento: la venida del Reino de Dios. La forma verbal (*engiken)* indica que lo que Jesús anuncia no es sólo la inminencia sino la llegada misma de una nueva realidad que ya está presente en medio de los seres humanos.

3. La referencia tanto al Reino de Dios como al evangelio hace eco a Isaías 52.7. En otras palabras, Jesús se ve a sí mismo como el heraldo de la nueva era en la cual se cumple en anuncio de Isaías: "¡Tu Dios reina!"
4. La proclamación del evangelio es inseparable del llamado al arrepentimiento y la fe. Porque Dios está actuando *ya*, se invita a los hombres a dejar su pecado y volverse a él. Sin arrepentimiento y fe no puede haber participación en las bendiciones de la nueva era.

El cumplimiento de las promesas del Antiguo Testamento es también el énfasis del primer sermón de Jesús en la sinagoga de Nazaret, según el evangelista Lucas. Después de leer un pasaje de Isaías en el cual se hace referencia a la proclamación de las buenas nuevas de la salvación mesiánica (Is 61.1, 2), Jesús cierra el libro, lo devuelve al ayudante y se sienta. Para sorpresa de sus oyentes, entonces afirma: "Hoy se cumple esta Escritura delante de ustedes" (Lc 4.20, 21). Él ha sido ungido por el Espíritu del Señor "para anunciar buenas nuevas a los pobres"; ha sido enviado a "a proclamar libertad a los cautivos y dar vista a los ciegos, a poner libertad a los oprimidos, a pregonar el año del favor del Señor". Es el heraldo de una nueva era que se hace presente mediante su propia acción a favor de los pobres, los cautivos, los ciegos y los oprimidos. Su evangelio es una buena noticia de algo que está sucediendo por el poder del Espíritu que actúa por medio de él. "Cuando los heraldos proclamaban el año del jubileo por toda la tierra con el sonido de una trompeta, comenzaba el año, se abrían las puertas de la remisión, quedaban saldadas las deudas. La predicación de Jesús es ese sonido de la trompeta".[5]

La misma nota de cumplimiento resuena asimismo en varios otros de los dichos de Jesús en diferentes situaciones. Hablando sobre el ayuno, por ejemplo, hace uso de una metáfora, la fiesta de bodas, que en el judaísmo se reservaba para referirse a la con-

[5] Friedrich, II, p. 706, mi traducción.

sumación mesiánica: "¿Acaso pueden ayunar los invitados del novio mientras él está con ellos? No pueden hacerlo mientras lo tienen con ellos" (Mr 2:19). Esto implica que en su propia venida ha llegado el tiempo del cumplimiento. Otra vez, dirigiéndose a sus discípulos, les dice: "Dichosos los ojos que ven lo que ustedes ven. Les digo que muchos profetas y reyes quisieron ver lo que ustedes ven, pero no lo vieron; y oír lo que ustedes oyen, pero no lo oyeron" (Lc 10.23-24). La felicidad de los discípulos consiste en ver la salvación mesiánica que fue el objeto de la esperanza de otras generaciones. En la misma línea, cuando Juan el Bautista expresa dudas en cuanto a si ha identificado correctamente al Mesías, Jesús replica: "Vayan y cuéntenle a Juan lo que están viendo y oyendo. Los ciegos ven, los cojos andan, los que tienen lepra son sanados, los sordos oyen, los muertos resucitan y a los pobres se les anuncian las buenas nuevas" (Mt 11.4-5; cf. Lc 7.22). Su respuesta hace eco a Isaías 35.5-6. El significado es obvio: el *escatón* (el fin escatológico) ha llegado y está manifestando su presencia en medio de los hombres, aunque no de la manera esperada por Juan. En el ministerio de Jesús se están cumpliendo las expectativas mesiánicas: sus milagros y proclamación de las buenas nuevas a los pobres son señales inequívocas de que Aquel que había de venir en efecto ha venido.

La característica más distintiva de la enseñanza en cuanto al Reino de Dios es que, en anticipación al final del tiempo, la era del Reino está ya se ha hecho presente por medio de su persona y ministerio. Como G. E. Ladd ha afirmado, éste es "*el corazón de su proclamación y la clave de toda su misión*".[6] El énfasis de Jesús no está meramente en la *proximidad* del Reino, sino en su llegada real anticipadamente. Ésa es la fuerza del verbo en Mateo 12.28, traducido correctamente en la NVI: "En cambio, si expulso a los demonios por medio del Espíritu de Dios, eso significa que el reino de Dios ha llegado a ustedes". Sin embargo, su presencia

---

[6] Ladd, *The Presence of the Future: The Eschalotogy of Biblical Realism,* William B. Eerdmans, Grand Rapids, 1974, p. 139, mi traducción; el énfasis es suyo.

no es completamente obvia porque el cumplimiento de las profecías del Antiguo Testamento no se lleva a cabo en los términos esperados por los judíos. Ésa es la razón por qué los fariseos, en su rechazo de Jesús como el Mesías, no pueden ver que el Reino de Dios ya está en medio de ellos (Lc 17.21).

El Reino como una realidad presente no sólo es el tema de la proclamación de Jesús (Mt 4.23, 9.35; Mr 1.14-15; Lc 4.43, 8.1, 16.16) sino también el mensaje que él encomienda primero a los Doce (Mt 10.7; Lc 9.2, 6) y posteriormente a los Setenta (Lc 10.9, 11). En efecto, según las propias palabras de Jesús en su Sermón de los Olivos, el Reino será el tema de la predicación cristiana hasta el fin de la era presente (Mt 24.14; cf. Mr 13.10). A la luz de estas afirmaciones, nadie debe sorprenderse de encontrar que Lucas, en Hechos de los Apóstoles, describe el mensaje que Felipe predica en Samaria como "las buenas nuevas del reino de Dios y el nombre de Jesucristo" (Hch 8.12), y afirma que en la sinagoga de Efeso Pablo habló con denuedo, discutiendo "acerca del reino de Dios, tratando de convencerlos" (Hch 19.8) y que en Roma predicó el Reino de Dios (Hch 28.23, 31). Si algo prueban estas referencias al contenido del mensaje predicado después de Pentecostés, prueban que el mensaje que se difundió según la promesa que Jesús había hecho a sus apóstoles, de que el Espíritu Santo vendría sobre ellos y como resultado ellos le serían testigos "tanto en Jerusalén como en toda Judea y Samaria, y hasta los confines de la tierra" (Hch 1.8), fue esencialmente el mismo mensaje que Jesús predicara desde el principio: que en su propia persona y ministerio Dios había actuado definitivamente para traer el Reino.

Esta visión de la unidad del evangelio como las buenas noticias de una nueva realidad escatológica manifestada en Jesucristo es confirmada por el testimonio de todo el Nuevo Testamento. El día de Pentecostés Pedro anuncia que Jesús, que fue crucificado, ha sido "exaltado por el poder de Dios" y "Dios lo ha hecho Señor y Mesías" (Hch 2.33, 36). Las predicciones del

Antiguo Testamento relativas al Santo que no vería corrupción (Sal 16.8-11) y al Rey que se sentaría en el trono de David (Sal 89.3-4; 132.11) —dice el orador— se han cumplido. El énfasis de Pedro es claro: Jesús está en el trono, ha llegado la era mesiánica. Su mensaje hace eco a la afirmación del mismo Jesús como parte de la Gran Comisión: "Se me ha dado toda autoridad en el cielo y en la tierra" (Mt 28.18). Y es un anticipo de la declaración central de la predicación apostólica, sintetizada en el más antiguo de los credos cristianos: Jesucristo es el *Kyrios*, el Mesías de Israel es el Señor de todos (Hch 10.36, 11.20; Ro 10.9, 12). El evangelio que Dios prometió en la antigüedad por medio de sus profetas en las Sagradas Escrituras es las buenas nuevas relativas al Hijo, que "según la naturaleza humana era descendiente de David, pero que según el Espíritu de santidad fue designado con poder Hijo de Dios por la resurrección" (Ro 1.3, 4).[7] Como Oscar Cullmann ha destacado,[8] la confesión de Jesucristo como el *Kyrios*, que se repite cientos de veces en el Nuevo Testamento, resume la fe de la iglesia primitiva y apunta al hecho de que Aquél que fue crucificado en el pasado y que ha de retornar en el futuro, *actualmente* ejerce el gobierno de todo el universo, sentado "a la derecha de Dios."

Desde la perspectiva del Nuevo Testamento, la nota clave del mensaje del evangelio es el cumplimiento de las promesas de Dios dadas en el Antiguo Testamento. En virtud de la obra de Jesucristo y por la acción del Espíritu, aquí y ahora es posible que los seres humanos experimenten "la buena palabra de Dios y los poderes del mundo venidero" (He 6.5). Los cristianos son

---

[7] Otros resúmenes paulinos del evangelio (p. ej., 1Co 15.1-3 y 2Ti 2.8) también muestran la importancia del Antiguo Testamento como fundamento del mensaje del Nuevo Testamento. La ausencia de una referencia explícita a la muerte de Jesús en Romanos 1.1-4 y a la encarnación en 1Corintios 15.1-3 nos pone en guardia contra cualquier intento de encontrar *todo el evangelio* en cada síntesis neotestamentaria del mismo.

[8] *Cristología del Nuevo Testamento*, Methopress, Buenos Aires, 1965, pp. 237ss.

aquellos a quienes les "ha llegado el fin de los tiempos" (1Co 10.11). Por supuesto, todavía esperan el futuro advenimiento apocalíptico del Reino: el cumplimiento de la esperanza veterotestamentaria que se ha realizado en la persona y obra de Jesucristo es "un cumplimiento sin consumación".[9] Pero los eventos escatológicos decisivos ya han sucedido y, consecuentemente, es necesario que el Mesías "reine (*basileuein)* hasta poner a todos sus enemigos debajo de sus pies" (1Co 15.25). El "todavía no" de la escatología futurista está subordinado al "ya" de la escatología realizada.

El evangelio es esencialmente las buenas nuevas de que "cuando se cumplió el plazo, Dios envió a su Hijo" (Gá 4.4), en quien y por medio de quien se cumplió la esperanza del Antiguo Testamento. ¡No podemos echar por la borda esta nota de cumplimiento escatológico sin ser infieles al evangelio!

III. Un mensaje cristológico

La sección anterior ha demostrado ya que el evangelio tiene su centro en Jesucristo. En resumidas cuentas, él mismo —su persona y su obra— es el evangelio. El Nuevo testamento pone en alto relieve esta identificación refiriéndose a veces a Cristo (Hch 5.42, 8.5, 9.20 [cf. 22], 19.13; 1Co 1.23; 2Co 2.12, 4.5, 9.13, 10.14, 11.4; Fil 1.15), a veces al evangelio (Hch 8.35, 11.20, 14.7, 16.10, 17.18; Ro 15.20; 1Co 1.17; 2Co 2.12; Gá 1.8, 11, 2.2; Ef 3.8; 1Ts 2.9; 1P 1.12),[10] como el tema central de la predicación apostólica.

La clave para la comprensión del evangelio de Jesús está en el significado dinámico de reino (*basilea).* El Reino que él proclama es el poder de Dios en acción en la historia por medio de su persona y ministerio. Antes del fin de la era presente, Dios

[9] Ver Ladd, *op. cit.*, pp. 114-21.

[10] Gálatas 1 muestra claramente que predicar el evangelio (vv. 8, 11) es lo mismo que predicar a Cristo (v. 16) o predicar "la fe" (v. 23).

ha irrumpido en la historia para realizar su propósito redentor, y esto lo ha hecho en Jesucristo. Cuando él anuncia que "el reino de Dios está cerca", no quiere decir que el fin del mundo está a la vista, sino más bien que en su propia misión Dios está visitando a su pueblo, cumpliendo así la esperanza profética. Él es (para usar la apta descripción de Orígenes) el *autobasilea*[11] (el reino en sí mismo) por medio del cual Dios está en acción. Consecuentemente, sacrificarse por causa de él es equivalente a sacrificarse por el Reino de Dios.[12]

A la vez, se debe tomar en cuenta la flexibilidad que caracterizó a la presentación del evangelio en la iglesia del primer siglo. Michael Green[13] está en lo correcto al señalar que el desacuerdo entre los estudiosos del Nuevo Testamento en cuanto a los puntos que incluía la predicación apostólica es ya de por sí una advertencia contra todo intento de reducir el mensaje a una forma fija. Al evangelio se lo puede describir como "las buenas nuevas de la paz por medio de Jesucristo" (Hch 10.36), "el testimonio de Dios" (1Co 2.1), "la palabra" o "la ley perfecta que da libertad" (Stg 1.21-23), "la palabra del Señor" (Hch 6.7, 12.24, 15.35. 19. 10; 1Ts 1.8; 2Ts 3.1), "la palabra de la cruz" (1Co 1.18), "la palabra de Dios" (Hch 4.31, 6.2, 8.14, 11.1, 13.44, 13.46; Ro 10.17; 1Co 14.36; 2Co 2.17; Ef 6.17; Col 1.25; 1Ts 2.13; 2Ti 2.9; He 4.12, 6.5, 13.7; 1P 1.23, cf. 25), "la palabra de verdad" (Stg 1.18; Ef 1.13), "la palabra de vida" (Fil 2.16), "el testimonio de la resurrección del Señor Jesús" (Hch 4.33; cf. 17.18; 2Ti 2.8), "el evangelio de Dios" (Ro 1.1; 2Co. 11.7; cf. 1Ti 1.11), "el evangelio del reino" (Mt 24.14; cf. Lc 8.1), "el evangelio de Cristo" (Ro 15.19, cf. 1.3; 1Co 9.12; cf. Ef 3.8), "el evangelio de la gracia

---

[11] Orígenes, *Comentario sobre S. Mateo,* libro 14, sección 7.

[12] La expresión "por mi nombre" (*eneken tou onomatos mou*) en Mateo 19.29 (cf. Mt. 8.35, 10.29) es reemplazada por la expresión "por el reino de Dios" (*eneken tes basileias tou theou*) en Lucas 18.29.

[13] Green, *La evangelización en la iglesia primitiva: 2. El evangelio y la conversión,* Ediciones Certeza, Buenos Aires, 1976, pp. 36-49.

de Dios" (Hch 20.24), "el evangelio de la salvación" (Ef 1.13). La variedad de descripciones muestra el carácter multiforme del evangelio, pero también refleja el esfuerzo que los primeros heraldos de las buenas nuevas hacían para adaptar su presentación del mensaje a la situación de sus oyentes. Por detrás de todas las descripciones y dándoles unidad, sin embargo, está la figura de Jesús como el Mesías venido de Dios en el clímax de la historia de la salvación, a fin de cumplir las promesas del Antiguo Testamento. Muerto vergonzosamente en la cruz, fue levantado por Dios de entre los muertos y exaltado como Señor de toda la creación y de la totalidad de la vida. Desde su posición de exaltación ha enviado al Espíritu y está derramando sobre su iglesia los dones y bendiciones de la nueva era. Al final de la historia él volverá para completar su obra. Cualesquiera que, en arrepentimiento y fe, lo invoquen como Señor participarán en la vida de la resurrección y serán colaboradores de él en su misión al mundo.

Los eventos centrales por medio de los cuales se cumple el propósito redentor de Dios son la vida, la muerte, la resurrección y la exaltación de Jesucristo. Tales eventos fueron anunciados en las Escrituras (cf. Mt 26.54, 56; Jn 19.28, 20.9), en las predicciones mesiánicas en general (cf. Lc 24.25-27, 44-45; Hch 13.27-29, 17.2-3, 18.28, 26.22-23, 28.23; Ro 1.2-4), y en ciertas profecías en particular.[14] El énfasis que el Nuevo testamento pone en ellos sólo puede explicarse sobre la base de la enseñanza del propio Jesús de que su mesiazgo se cumple en términos del Siervo Sufriente de Jehová (*'ebed Yahweh).* La identificación del Mesías con el Siervo Sufriente se hace obvia en las referencias por parte de Jesús a la glorificación del Hijo del Hombre (una figura mesiánica derivada de Daniel 7) en el contexto de su su-

[14] El Nuevo Testamento hace referencia a las siguientes profecías veterotestamentarias: Isaías 53 en Hechos 3.18 (cf. vv. 13, 26), 4.27, 8.32-35; Lucas 22.37; Marcos 15.28; Salmo 2.7 en Hch 13.33 (cf. He 1.5, 5.5; Ro 1.4). Salmo 16.10 en Hechos 2.24-31, 13.34-37. Salmo 69.9 en Romanos 15.3-4.

frimiento y muerte (Mr 8.31 y paralelos, 9.12 y paralelos, 9.31, 10.32-34 y paralelos, 10.45). Como H. N. Ridderbos dice, "esta misteriosa dualidad de ser Señor y siervo, de la necesidad de sufrir y, sin embargo, poseer poder divino, es el elemento más esencial en la descripción que todos los cuatro evangelios hacen de la vida terrenal de Jesús".[15] Jesús vio que el poder y la autoridad que le pertenecían porque era el Hijo del Hombre mencionado en Daniel 7, sólo los recibiría por medio de su humillación como el Siervo de Jehová de Isaías 53. Y esta "misteriosa dualidad" se constituyó en la base de la proclamación apostólica de Jesús como el "Santo y Justo" (Hch 3.14, cf. 7.52), el "autor de la vida" (Hch 3.15), el "santo siervo Jesús" (Hch. 4.27, cf. 8.32ss.), quien, habiendo muerto "por (*yper)* nuestros pecados" (1Co 15.3)[16] y

---

[15] Ridderbos, *Paul and Jesus: Origin and General Character of Paul's Preaching of Christ,* Presbyterian and Reformed Publishing Co., Filadelfia, 1958, p. 31, mi traducción.

[16] Detrás de la afirmación que "Cristo murió por nuestros pecados está la figura del Siervo Sufriente "quien fue entregado por nuestros pecados" (Is. 53.12, LXX). Santos Sabergal (*Cristos: investigación exegética sobre la cristología joanina,* Editorial Herder, Barcelona, 1972, p. 146) mantiene que "si el contexto paulino de la confesión cristológica subraya la función *regia de Cristos* (cf. 15.24-28), la construcción *uper tón amartión émón,* como las restantes fórmulas *uper* paulinas, le configura, con toda probabilidad, con la figura mesiánica del Ebed-Yahveh sufriente deuteroisaiano". Isaías 53 está también detrás de la definición que Jesús hace de su misión como la de dar su vida "en rescate de muchos" en Marcos 10.45 (cf. Is 53.10) y detrás de la presentación de Jesús en la predicación primitiva (cf. Hch 8.32ss.). En otros contextos se describe la muerte de Jesús como de quien murió colgado en un madero (Hch 5.30, 10.39, 13.29; Gá 3.13; cf. Dt 21.22ss), como una propiciación (Ro 3.25:), como el medio a través del cual él tomó sobre sí las consecuencias de nuestro pecado (2Co 5.21). "La riqueza de la enseñanza neotestamentaria sobre este tema se centra en Cristo, y una y otra vez la clave para la comprensión de una manera dada de ver la cruz es ver que Cristo ocupó nuestro lugar… ¿Había que pagar un precio? Él lo pagó. ¿Había que ganar una victoria? Él la ganó. ¿Había que cargar una culpa? Él la cargó. ¿Había que encarar un juicio? Él lo encaró. Véase como se vea la situación del hombre, el testimonio del Nuevo Testamento es que Cristo se ha colocado en el lugar donde debe estar el hombre y ha respondido

habiendo sido levantado de entre los muertos, ha sido exaltado como el *Kyrios* de todo el universo (Hch 2.36, 10.36, 11.20). En las palabras de Pablo, Jesús "se humilló a sí mismo y se hizo obediente hasta la muerte, ¡y muerte de cruz! Por eso Dios lo exaltó hasta lo sumo y le otorgó el nombre que está sobre todo nombre" (Fil 2.8, 9). El corazón del evangelio es Jesucristo: Aquél que, incluso como el Señor exaltado, sigue siendo un "Mesías crucificado" y, como tal, "el poder de Dios y la sabiduría de Dios" (1Co 1.23, 24, cf. 2.2).[17]

IV. Un mensaje soteriológico

Los Evangelios presentan a Jesús como el Mesías que encarna el cumplimiento de la esperanza veterotestamentaria. El énfasis de su ministerio no es la creación de una nueva religión o la enseñanza de un sistema filosófico, sino la proclamación de la buena noticia relativa a un evento: la llegada de la nueva era, el comienzo del Jubileo, el advenimiento del Reino de Dios. Su anuncio es que Dios está actuando en la historia para cumplir su propósito por medio de la persona y obra de su Hijo.

Como el Mesías, sin embargo, Jesús no cumple las promesas de Dios en términos de la victoria política y nacional de Israel. La suya es una victoria de dimensiones universales. Su exorcismo de demonios es una señal de que, en anticipación a la destrucción final de Satanás y sus huestes en el fuego eterno (cf. Mt 25.41), Dios ha invadido la esfera de acción de Satanás, como quien entra en la casa del hombre fuerte y lo ata antes de saquear sus bienes (cf. Mt 12.29). Sus milagros de sanidad

---

plenamente las demandas que se le pueden hacer al hombre" (Leon Morris, *The Cross in the New Testament,* William B. Eerdmans, Grand Rapids, 1965, pp. 405-06, mi traducción).

[17] El tiempo del verbo (*estauromenos,* "crucificado") indica que el propósito de la descripción no es destacar el evento histórico de la crucifixión que sucedió en el pasado, sino el estado actual del Señor en su exaltación. Cf. Apocalipsis 5.6.

son señales que apuntan a la venida del Fin, cuando la muerte será sorbida por la inmortalidad.[18] Como el Hijo del Hombre que trae consigo el Reino de Dios, tiene poder para perdonar pecados (cf. Mr 2.10; Lc 7.48). Su mensaje revela a Dios, quien ha tomado la iniciativa en la búsqueda de los perdidos a fin de colocarlos bajo su gobierno (cf. Mr 2.15-17; Lc 15), en una nueva relación en la cual Dios es reconocido como Padre (cf. Mt. 6.32-33; Lc. 12.30).[19] El Reino que Jesús trae consigo es un reino de salvación donde tanto los hombres como las mujeres y tanto los judíos como los gentiles pueden, por igual, disfrutar por adelantado de las bendiciones de la era mesiánica; un reino en el cual pueden comenzar a vivir aquí y ahora (cf. Mt 11.11, 21.31, 23.13; Mr 12.34; Lc 16.16). Su evangelio es bunas nuevas relativas a un nuevo orden soteriológico, un orden que ha interrumpido en la historia por medio de su propia persona y ministerio, un orden en el cual se cumple (de manera inesperada por los judíos de su tiempo) la esperanza del Antiguo Testamento. El contenido del evangelio ya había sido preanunciado por los profetas: lo nuevo es que ahora Dios mismo anuncia ese mensaje como un "buenas nuevas de la paz" (*Shalom)* por medio de Jesucristo" (Hch 10.36). *Shalom* indica un nuevo orden creado por el Ungido de Dios. ¡Ha llegado el Jubileo, "el año agradable del Señor", y su proclamación de por sí es una señal de que ha comenzado la nueva era! (cf. Lc 4.18-19,21).

---

[18] Ver Mateo 11.-5 y 12.28, pasajes en los cuales las sanidades son interpretadas como señales de le presencia del Reino de Dios en el ministerio de Jesús. Por lo tanto, son anticipos de la inmortalidad en el reino eterno (cf. Mt 25.34, 46). No es irrelevante para nuestro tema notar que el verbo sozein ("salvar") se usa a veces con en sentido de sanar físicamente (ver Mc 5:34 y 10:2; Lc 17:19).

[19] La conexión que se hace en los Evangelios entre la paternidad de Dios y el Reino muestra la importancia de una relación personal con Dios para la participación en las bendiciones de su reinado. "Estar en el Reino es recibir el Evangelio del Reino y experimentar su salvación" (Ladd, op. cit., p. 203, mi traducción). En Apocalipsis 10.7 Dios mismo es el evangelista.

Sobre la base de Efesios 2 es claro que para el apóstol Pablo la *Shalom* mesiánica introducida por Jesucristo no sólo incluye una nueva relación con Dios sino también una nueva relación entre cada persona y su prójimo. *Shalom* no es un don que él otorga aparte de sí mismo: él mismo es *Shalom* (Ef 2.14), y por medio de su muerte ha puesto fin a toda enemistad entre los seres humanos. En cumplimiento de Isaías 52.7, ha venido y ha anunciado "las buenas nuevas de *Shalom*". En cumplimiento de Isaías 57.19, su proclamación de *Shalom* es a los que "estaban lejos" y a los que "estaban cerca", a los judíos y a los gentiles (v. 17). Ha creado así una nueva humanidad (el *kainos antropos*, el nuevo hombre corporativo, v. 15), marcada por la unidad en él y un común "acceso al Padre por un mismo Espíritu" (v. 18). La proclamación de las buenas nuevas de *Shalom* por medio de Jesucristo da como resultado una comunidad que encarna las bendiciones de la nueva era: la iglesia.

Es muy significativo que en Romanos 10.15 Pablo aplique a los mensajeros apostólicos (en plural) la misma referencia al heraldo de las buenas nuevas (Is 52.7) que en Efesios 2.17 y Hechos 10.36 se aplica a Jesucristo (en singular). Ahora que Jesús ha sido exaltado como Señor, él derrama las bendiciones de la nueva era sobre todos los que invocan su nombre. La salvación en él es asequible para todos los seres humanos. Pero ¿cómo invocarán su nombre sin haber creído, y cómo creerán sin haber oído, y cómo oirán sin haber quien les predique, y cómo puede el mensajero predicar sin haber sido enviado? Dios provee la respuesta en mensajeros cuya misión se modela en la de Jesucristo, el que vino anunciando las buenas nuevas de *Shalom*. "Así está escrito: '¡Qué hermoso es recibir al mensajero que trae buenas nuevas!'"

La misión apostólica se deriva de Jesucristo. Él es el contenido a la vez que el modelo y la meta de la proclamación del evangelio. Por eso la tarea apostólica envuelve una preocupación por la total restauración del ser humano según la imagen de

Dios. Desde la perspectiva del Nuevo Testamento, la salvación (*sōtéria*) que el evangelio trae es liberación de todo cuanto interfiere con el cumplimiento del propósito de Dios para la vida humana.

1. Salvación es liberación de las consecuencias del pecado, sean éstas descritas como condenación (Jn 3.17; Mr 16.16; cf. 1Co 3.15), juicio (Jn 12.47; Ro 5.21), perdición (Mt 16.25, Mr 8.35; Lc 9.24, 19.10; 1Co 1.18; 2Co 2.15; 2Ts. 2.10), muerte (Ro 1.32, 6.23; 2Co 7.10; Stg 5.20), o ira (Ro 2.5, 5.9; Ef 2.3). Visto en relación con la situación del ser humano delante del Dios justo, el evangelio es la proclamación de que, por medio de la fe en Cristo, los seres humanos son "justificados", absueltos, declarados sin culpa (Ro 3.20, 24, 4.5, 5.9; Gá 2.16, 3.11; Tit 3.7),[20] "reconciliados" con Dios, y dejan de estar en enemistad con él (Ro 5.10ss.; 2Co 5.18ss.; Col 1.19-22); son "perdonados" (Hch 2.38, 10.43). Este es el sentido de la salvación como un hecho cumplido (Ro 8.24; Ef 2.5, 8), un hecho representado elocuentemente en el bautismo.

2. Salvación es liberación del poder del pecado. Quienes reconocen a Jesucristo como Señor son trasladados por Dios "del dominio de la oscuridad… al reino de su amado Hijo" (Col 1.13). Reciben nueva vida "en Cristo" (Ro 5.17, 21, 6.23, 8.2; Col 3.3-4; Fil 1.21; 1Ts 5.10), y ésta involucra:

a. Pertenencia al pueblo de Dios, cuyo origen se remonta a Abraham (cf. Ro 4.16; Gá 3.27-29). En vista de todo lo que el Nuevo Testamento dice respecto a la conexión que hay entre la salvación y la iglesia, no exagera Michael Green cuando afirma que "la iglesia es, en un sentido muy real, parte del evangelio".[21] La iglesia no es el Reino de Dios, pero es el sector de la huma-

---

[20] Sobre la importancia del sentido judicial de la justificación en la enseñanza de Pablo, ver Morris, pp. 240-47.

[21] Green, "Método y estrategia de la iglesia primitiva para la evangelización", Pensamiento cristiano, No. 84 (primer semestre de 1975): 40.

nidad donde se experimentan las bendiciones de la nueva era, incluida la salvación de los poderes de destrucción.

b. Transformación moral. El rompimiento con todo lo malo y la adhesión a todo lo bueno son inherentes al compromiso con Jesucristo. Los cristianos han sido sepultados con él en su muerte y resucitados con él a fin de llevar un nuevo estilo de vida (cf. Ro 6.4). Han muerto con Cristo y por lo tanto tienen que dejar toda mala conducta; han resucitado con Cristo y ahora tienen que "vestirse" de un carácter como el de Cristo (cf. Col 3.5-14; Ef 4.17ss.). Cristo, el Nuevo Hombre, es el modelo de la nueva vida.[22]

El evangelio es "poder de Dios para salvación" (Ro 1.16) no sólo porque libera al ser humano de la culpa del pecado, sino porque produce en él el fruto de la fe, la esperanza y el amor que se manifiesta en su estilo de vida (cf. Col 1.6). En contraste con la separación entre la religión y la ética que caracterizaban a la mayoría de las religiones antiguas, el Nuevo Testamento no deja lugar para una fe que no se exprese en la conducta práctica. "La fe por sí sola, si no tiene obras, está muerta" (Stg 2.17). El evangelio no sólo es doctrina que se cree sino también un estilo de vida que se adopta en obediencia a la voluntad de Dios (cf. 1P 4.17-18; cf. Ro 2.8; Gál 3.1, 5.7; 2Co 9.13; 1P 1.22). En efecto, la genuinidad de la fe se mide por la obediencia. Las buenas obras como expresión del amor no son un apéndice de la salvación, de valor secundario, sino parte esencial de la nueva creación realizada en Cristo Jesús (Ef 2.10; cf. Tit 2.14).

c. El don del Espíritu Santo. Si el evangelio no llega a quienes lo escuchan como una palabra vacía sino "en poder", esto se debe a la presencia del Espíritu Santo en la proclamación del evangelio (cf. 1Ts 1.5; cf. 1Co 2.4-5; 1P 1.12). El Espíritu es

---

[22] Jesús mismo ofreció su vida como el modelo para la vida de sus discípulos, como se infiere de Mateo 10.45 y Juan 13.15, para citar sólo dos pasajes importantes. Cf. 2 Corintios 8.9; Efesios 5.2; Filipenses 2.5; Gálatas 6.2.

quien comunica vida eterna —la vida de la nueva era— (cf. Jn 3.5-8), con todas sus virtudes éticas que la caracterizan: "amor, alegría, paz, paciencia, amabilidad, bondad, fidelidad, humildad y dominio propio" (Gá 5.22). Dado en cumplimiento de antiguas promesas (cf. Hch 1.4, 2.33; cf. Jl 2.28), se lo denomina "el Espíritu Santo prometido" (Ef 1.13; cf.4.30) porque Dios lo ha constituido en sello que garantiza que sus propósitos de redención se cumplirán plenamente (cf. Ef 1.14; cf. 1Co 2.9; 1P 1.4). Su presencia apunta al futuro, pero es un elemento esencial de la vida cristiana aquí y ahora: "si alguno no tiene el Espíritu de Cristo, no es de Cristo" (Ro 8.9; cf. 8.14). Como el perdón, del cual es inseparable, se lo recibe por el oír con fe (Gá 3.2, 5; cf. Lc 11.13). La salvación que el evangelio proclama no se limita a la liberación de las consecuencias del pecado: incluye también la liberación del dominio del pecado a fin de que el discípulo de Cristo lleve una vida recta por el poder del Espíritu. El Reino de Dios, cuyos recursos han sido colocados a disposición del hombre por medio de Jesucristo, toma forma en el presente en términos de la práctica de la justicia (*dikaiosune*), la armonía con los demás (*eirenē*) y el gozo (*cara*) en el Espíritu Santo (cf. Ro 14.17).[23] La salvación que el evangelio proclama implica una participación actual en las bendiciones de la era mesiánica que han sido traídas desde el fin de la línea del tiempo por el Agente de la "escatología en proceso de realización", es decir, por el Espíritu de Dios. Así concebida la salvación es un proceso que comienza con ese acto en el cual los creyentes reciben el Espíritu como una marca de propiedad, un "sello" (*sufragis*) y avanza ha-

[23] "Este pasaje describe la vida del hombre en el reino, y estas palabras no denotan la relación del cristiano con Dios, sino su vida en relación con los demás. *Dikaiosuné*, por lo tanto, no se usa con un sentido técnico de relación entre Dios y el hombre, sino que significa rectitud o conducta justa; *eiréné* es el estado de armonía que debe caracterizar a los cristianos; *cara* es el gozo que viene de la presencia del Espíritu Santo en la comunidad" (William Sanday y Arthur C. Headlam en The Epistle to the Romans, T. y T. Clark, Edimburgo, 1902, p. 392, mi traducción).

cia la plena redención de la posesión de Dios —su creación— en la era venidera (cf. Ef 1.13-14; cf. 2Co 1.22).

3. La restauración del ser humano como imagen de Dios, hecho para la comunión con su Creador, la vida en comunidad y el gobierno de la creación. En toda su plenitud, es algo que se realizará en el futuro, cuando "la creación misma ha de ser liberada de la corrupción que la esclaviza, para así alcanzar la gloriosa libertad de los hijos de Dios" (Ro. 8.21). El Nuevo Testamento es unánime en su expresión de la esperanza de la victoria final de Dios en Cristo Jesús. Por cierto, nunca cae en la obsesión por la escatología futurista. Sin embargo, provee una firme base para la seguridad de que el propósito redentor de Dios tendrá su realización cabal en "el día de Cristo Jesús" (Fil 1.6), "el día de la ira, cuando Dios revelará su justo juicio... [y] pagará a cada uno según lo que merezcan sus obras... vida eterna a los que, perseverando en las buenas obras, buscan gloria, honor e inmortalidad. Pero a los que por egoísmo rechazan la verdad para aferrarse a la maldad, recibirán el gran castigo de Dios" (Ro 2.5-8; cf. v. 16). La consumación de la redención, así como del reverso de la misma —el juicio—, es un elemento esencial del evangelio. Y la esperanza que le llega al ser humano por medio de la proclamación del evangelio es un poderoso incentivo a la fe en Dios y el amor a los demás aquí y ahora (cf. Col 1.4-5). Espera "un cielo nuevo y una tierra nueva" (Ap 21.1; cf. 2P 3.13), espera el reconocimiento universal de Jesucristo como Señor (Fil 2.10-11; cf. Ef 1.10), espera la transformación del "cuerpo miserable" en un cuerpo similar al cuerpo glorioso —el cuerpo de la resurrección— de Cristo (Fil 3.21; cf. Ro 8.23; 1Co 15.35-50). A la vez, proyecta y discierne de significado escatológico las acciones éticas realizadas en el presente.

La salvación como justificación puede distinguirse de la salvación como santificación y la salvación como glorificación. Esta distinción refleja la presentación que el Nuevo Testamento hace de la salvación como un hecho cumplido en el pasado (cf. Ef 2.5;

8; Ro 8.24; Tit 3.5), como un proceso presente (cf. 1Co 1.18; 2Co 2.15) y como un evento futuro (cf. Ro 5.9; 1P 1.5). Los tres tiempos de la salvación, sin embargo, forman un todo orgánico: pueden distinguirse pero no separarse. La salvación que el evangelio proclama no se limita a la reconciliación del individuo con Dios: abarca la reconstrucción total de la persona en todas las dimensiones de su ser; tiene que ver con la recuperación del ser humano en su integridad al propósito original de Dios para su creación.

V. Un llamado al arrepentimiento y la fe

El evangelio contiene, finalmente, un llamado que corre a lo largo de todo el Nuevo Testamento: el llamado al arrepentimiento y la fe. Para que nuestra evangelización sea fiel al evangelio, también tiene que incluir esa nota. Como James Packer ha señalado: "La evangelización incluye el intento de lograr una respuesta a la verdad que se enseña. Es comunicación con miras a la conversión. No es sólo cuestión de informar, sino también de invitar".[24] Sin esa invitación la presentación del evangelio no es completa: la invitación pone en relieve que, para ser efectivo, el evangelio requiere una respuesta positiva.

Los Evangelios sinópticos unánimemente sintetizan el mensaje de Juan el Bautista como un mensaje de "bautismo de arrepentimiento para el perdón de pecados" (Mr 1.4; Lc 3.3; cf. Mt 3.6, 11), y Mateo y Marcos indican que Jesús llamaba a sus oyentes a arrepentirse ya que se les estaba ofreciendo el Reino de Dios como un don presente, puesto a disposición de todos en anticipación del fin del tiempo (cf. Mr 1.15; Mt 4.17).[25] Según la versión de la Gran Comisión contenida en Lucas, el mensaje

---

[24] Packer, *Evangelism and the Sovereingnty of God*, Inter Varsity Press, Londres, 1963, p. 50, mi traducción.

[25] Ladd dice: "Este llamado al arrepentimiento no se dirige al hombre porque Dios va a hacer algo en el futuro, sea cercano o remoto: está condicionado por el hecho de que Dios está actuando ahora… En efecto, podríamos decir

que el Señor encargó a sus discípulos para que éstos lo proclamaran en todas las naciones fue “el arrepentimiento y el perdón de pecados” en su nombre (Lc 24.47). El día de Pentecostés Pedro fue fiel a ese cometido cuando exhortó a sus oyentes: “Arrepiéntanse y bautícese cada uno de ustedes en el nombre de Jesucristo para perdón de sus pecados” (Hch 2.38; cf. 3.19). También lo fue Pablo cuando en el Aerópago anunció que Dios, habiendo pasado por alto los tiempos de la ignorancia, “ahora manda a todos, en todas partes, que se arrepientan” (Hch 17.30) o cuando, según su propio testimonio a los ancianos de la iglesia de Efeso, enseñaba a judíos y gentiles “acerca del arrepentimiento para con Dios, y de la fe en nuestro Señor Jesucristo” (Hch 20.21, RV). En efecto, la afirmación de Pablo frente al rey Agripa, de que él había anunciado a judíos y gentiles “que se arrepintieran y se convirtieran a Dios, y que demostraran su arrepentimiento con sus buenas obras” (Hch 26.20), muestra que el arrepentimiento era una constante del mensaje de Pablo. Y muestra también que el arrepentimiento que buscaba era la reorientación total de la vida: el rompimiento con el pecado y la adopción de un nuevo estilo de vida; en otras palabras, un arrepentimiento puesto en evidencia por obras (*erga*) específicas.

El arrepentimiento es inseparable de la fe. No hay base para la tesis, sustentada por algunos, según la cual el llamado al arrepentimiento fue dirigido a los judíos, y está en conexión con la antigua dispensación (la de “salvación por las obras”), mientras que el requisito para los gentiles, bajo la nueva dispensación (la de “salvación por la gracia”) se limita a creer. En apoyo de esa posición se ha dicho que Pablo, el apóstol de los gentiles, casi nunca usa la palabra *arrepentimiento* (*metanoia*) en sus epístolas. Aquí no cabe una discusión completa del tema. Basten unas pocas observaciones:

que el llamado al arrepentimiento es de por si la acción del Reino de Dios” (*op. cit.*, p. 178, mi traducción).

1. A la luz de la insistencia del Nuevo Testamento sobre la unidad de la historia de la salvación, no es posible mantener una distinción rígida entre la antigua dispensación y la nueva. Ya con Abraham se muestra que la fe es el principio básico que determina la relación del ser humano con Dios (cf. Ro 4; Gá 3). En efecto, Abraham es el padre de todos los que tienen fe (cf. Ro 4.11, 16).

2. Como ha quedado establecido arriba, el arrepentimiento es uno de los elementos constitutivos del mensaje que los discípulos de Jesús, según su comisión, debían predicar en todas las naciones (cf. Lc 24:46-47). La historia de la expansión de la fe cristiana no deja duda de que los apóstoles (incluido Pablo) fueron fieles a esa comisión.

3. El Nuevo Testamento en su totalidad muestra que tanto la renuncia al pecado como la obediencia a la verdad son inherentes a la salvación. En contraste con "la tristeza del mundo" —la tristeza derivada de la falta de voluntad de alejarse del pecado—, que produce la muerte, la "tristeza que proviene de Dios produce el arrepentimiento que lleva a la salvación" (2Co 7.10). Como lo expresa Leon Morris: "El pecador arrepentido no sólo se entristece por su pecado, sino que por la gracia de Dios hace algo al respecto: rompe definitivamente con él".[26] Donde no hay un arrepentimiento concreto tampoco hay fe genuina y, consecuentemente, tampoco hay salvación. El asentimiento intelectual a la soberanía de Jesucristo es insuficiente para participar de las bendiciones del Reino que están a disposición de todos por medio de él. Lo dijo Jesús: "No todo el que me dice: Señor, Señor, entrará en el reino de los cielos, sino el que hace la voluntad de mi Padre que está en el cielo" (Mt 7.21).

4. La genuinidad tanto del arrepentimiento como de la fe se manifiesta en sus frutos: las buenas obras. Y sin embargo, no

---

[26] Morris, op. cit., p. 261, mi traducción.

cabe la menor duda de que la salvación es por la gracia, el amor inmerecido de Dios. Aparte de la intervención divina el evangelio permanece "encubierto" y no puede ser percibido por el ser humano en su estado natural (cf. 2Co 4.3; cf. 1Co 2.14). El arrepentimiento es un mandamiento (Hch 17.30), pero sólo es posible cuando Dios lo otorga (Hch 11.18). Es su benignidad la que conduce al arrepentimiento (Ro 2.4). Si no fuese por la gracia de Dios, de hecho el ser humano preferiría evadir la incómoda experiencia de romper con el pecado a fin de adoptar un nuevo estilo de vida. Lo que hace posible que responda en arrepentimiento y fe es la entrega que Dios hace de sí mismo en Jesucristo. El evangelio es "el poder de Dios para salvación de todos los que creen" (Ro 1.16), pero es el mismo evangelio el que crea en el ser humano la capacidad de creer.

El evangelio es el don de Dios y como tal demanda "la obediencia a la fe" (Ro 1.5; cf. 16:26, RV). Como afirma P. T. Forsyth: "Dios es para nosotros, para ayudarnos, salvarnos y bendecirnos sólo para que nosotros seamos para Él, para adorarlo en la comunión del Espíritu y para servirlo en la majestad de su propósito para siempre. Primero lo glorificamos a Él, luego disfrutamos de Él para siempre".[27]

---

[27] P. T. Forsyth, *The Principle of Authority in Relation to Certainty, Sanctity and Society*, Independent Press, Londres, 1952, p. 13, mi traducción.

5

La contextualización del Evangelio

El Evangelio es la buena noticia de que Dios se ha puesto al alcance de los humanos. Para hacerlo, se ha insertado en la historia humana por la brecha abierta en la realidad espacio-temporal por medio de Jesucristo. Si bien Dios se había manifestado de muchas maneras en el pasado, en la culminación de los tiempos nos ha visitado en la persona de su propio Hijo —la Palabra hecha hombre— en un lugar y un momento particulares. Se diría que Dios se ha contextualizado en Jesucristo.

La encarnación hace obvio el acercamiento de Dios a la revelación de sí mismo y de sus propósitos: Dios nos proclama su mensaje a gritos desde el cielo; Dios se hace presente como hombre en medio de la raza humana. El clímax de la revelación de Dios es Emmanuel. Y Emmanuel es Jesús, ¡un judío del primer siglo! De manera definitiva la encarnación muestra que la intención de Dios es revelarse desde adentro de la situación humana. En virtud de la naturaleza propia del evangelio, sólo conocemos el evangelio como un mensaje contextualizado en la cultura.

La consideración de la relación entre el evangelio y el contexto cultural que lo envuelve toca una amplia variedad de temas que van desde el campo de la hermenéutica bíblica (que tiene que ver con la lectura del evangelio según éste se revela en las Escrituras) hasta una "teología global" (que tiene que ver con la encarnación del evangelio en las múltiples culturas del mundo). Sin pretender ser exhaustivos, en el presente estudio nos proponemos enfocar el problema de la contextualización del evangelio con miras a mostrar la necesidad de la reflexión teológica en el Mundo de los Dos Tercios y la importancia que ésta tiene para la comprensión cabal del evangelio. En la primera sección daremos atención al especto hermenéutico y sus implicaciones para la comunicación del evangelio de una cultura a otra. En la segunda intentaremos una descripción de la situación teológica en el Mundo de los Dos Tercios, resultante de la labor misionera en Occidente. En la tercera argumentaremos a favor de la contextualización del evangelio en términos de iglesias que lo encarnen en sus propias culturas diferentes y sean la matriz de una teología evangélica que supere las barreras culturales y refleje la multiforme sabiduría de Dios.

Para disipar malentendidos, antes de entrar en materia cabe advertir que mi intención en este capítulo no es denigrar el trabajo realizado por las sociedades misioneras occidentales ni negar los beneficios que el Mundo de los Dos Tercios ha recibido por intermedio de ellas. Me acerco al tema como quien reconoce que sus propias raíces cristianas guardan relación con el movimiento misionero que tiene su centro de operaciones en Occidente. Si me refiero a ciertas deficiencias de la labor misionera es porque creo que en la medida en que entendamos los factores que conspiran contra la contextualización del evangelio en cada cultura, estaremos en mejores condiciones de hacer nuestra parte a fin de que todos los cristianos (sin distinción de nacionalidad o raza) lleguemos "a la unidad de la fe y del conocimiento del Hijo de Dios, a una humanidad perfecta que se conforme a la plena estatura de Cristo" (Ef 4.13). Mi propósito es hacer una contribución positiva a la discusión de asuntos que tienen profundas implicaciones para la vida y la misión de la iglesia alrededor del mundo.

I. El evangelio y la cultura

La Palabra de Dios se hizo hombre; se "aculturizó", puesto que el ser humano es un ser cultural. Así se puso Dios al alcance de los hombres. Consecuentemente, no es posible ni entender ni comunicar el evangelio sin referencia a la cultura.

El problema hermenéutico

El cristiano común y corriente generalmente da por sentado que en su lectura de la Biblia puede prescindir por completo de la hermenéutica. Se acerca a la Biblia como si ésta hubiera sido escrita por un solo autor humano y en circunstancias históricas iguales a las suyas propias. Cree tener acceso directo al mensaje revelado en las Sagradas Escrituras e incluso sospecha de todo esfuerzo que se haga para entender ese mensaje a la luz de su contexto histórico original. Y a este acercamiento simplista a la lectura de la Biblia a menudo se une un total olvido de la historia de la interpretación bíblica, una falta de perspectiva histórica que hace posible que el lector se sienta como si él fuese el primero que encara la tarea de entender la Palabra escrita.

Esta manera de leer la Biblia refleja un concepto particular de la revelación según el cual ésta consiste fundamentalmente en afirmaciones doctrinales fácilmente traducibles de los idiomas originales (hebreo, arameo y griego) al idioma del lector. Se supone que en base de la Biblia traducida, y sin necesidad de un estudio histórico, el lector puede entender sin dificultad el sentido de lo que lee e incluso llegar a una sistematización del mensaje bíblico, sistematización que para él será equivalente al cristianismo mismo. Según este enfoque el conocimiento es fundamentalmente intelectual y se comunica directamente de la mente divina a la mente humana por medio del libro sagrado. La percepción de la realidad se realiza por medio de conceptos que se expresan en palabras. Si se deja lugar para la teología, es para una teología cuya tarea básica es la sistematización de afirmaciones en cuanto a Dios, al ser humano y a las relaciones entre los dos.

Cuando uno se propone ir más allá de la mera lectura al estudio de la Biblia, de inmediato tiene que tomar en cuenta el problema hermenéutico. Si el tema central de las Escrituras es la acción histórica de Dios que culminó en la persona y obra de Jesucristo, entonces no es posible entender el mensaje bíblico aparte de su contexto histórico original. Por lo tanto hasta el más elemental de los libros de hermenéutica señala la importancia que tiene el trasfondo de los escritos bíblicos para la comprensión de su significado. La materia prima de la teología no son conceptos abstractos, sino un mensaje relativo a eventos históricos cuya narración e interpretación llevan las marcas de las culturas semita y grecorromana en que vivieron los autores bíblicos. Su tarea inicial es exegética y la exégesis requiere la construcción de un puente entre el intérprete y los autores bíblicos mediante el método histórico, cuyo presupuesto básico es que la Palabra de Dios no puede entenderse aparte del ambiente cultural y lingüístico en que se dio originalmente.

El problema hermenéutico, sin embargo, no es meramente el problema de una tarea exegética en que se supone que todo es cuestión de analizar el texto a la luz de su contexto histórico para que el intérprete entienda la Palabra de Dios. Yerran quienes piensan que el proceso interpretativo es un proceso puramente científico cuyo éxito está garantizado por el buen uso de herramientas exegéticas que hacen posible extraer el mensaje bíblico de su situación original y traerlo al día de hoy sin mayores complicaciones.

El hecho es que hay tres factores que condicionan la comprensión de la Palabra de Dios: la actitud del intérprete frente a él, su tradición eclesiástica y su cultura.

En primer lugar, *la actitud del intérprete frente a Dios es decisiva para la comprensión de la Palabra.* La revelación bíblica tiene que ver con eventos históricos y su interpretación por parte de los autores bíblicos. Por lo tanto, su estudio incluye la investigación histórica. Pero también tiene el propósito de convencer a los hombres de su pecado y de la gracia de Dios, a fin de que entren en una relación de comunicación personal con él. Consecuentemente, para comprenderla no basta que el intérprete se familiarice con la situación histórica original: tiene que hacer suya la perspectiva de personas en comunión con Dios. Como ha señalado Paul Minear[1] si hay una *Sitz im Leben* (situación de vida) original, también hay una *Sitz im Glaubem* (situación de fe) de la cual el intérprete tiene que tomar plena conciencia. Por su propia naturaleza el conocimiento religioso abarca lo histórico, lo metafísico, lo ético y lo personal —"incluye elementos cognoscitivos que son objetivamente verdaderos a la vez que los aspectos subjetivos y emotivos del compromiso personal".[2] No hay conocimiento de Dios que no vaya acompañado por el reconocimiento de que uno ha sido conocido por él.

En segundo lugar, *es muy difícil que el intérprete se sustraiga a la influencia de su propia tradición eclesiástica en su comprensión de la Palabra.* Si el propósito de la revelación de Dios no fue la producción de un libro —la Biblia— sino la formación de un pueblo —la iglesia— que sea portador de la Palabra, se sigue que no se puede poner de lado la historia de la interpretación bíblica que es la historia de las maneras en que la iglesia ha entendido la revelación escrita a través de los siglos. Se debe reconocer, sin embargo, que con demasiada frecuencia la tradición se convierte (incluso entre quienes profesan el principio de *sola scriptura*) en un factor de control exegético que impide que el intérprete escuche el mensaje de las Escrituras. Ése es el origen de muchas de las características doctrinales que dividen a los cristianos en "denominaciones", cada una de las cuales se considera superior a los demás.[3]

1 Minear, *Eyes of Faith*, Lutterworth, Londres, 1948, p. 181. Para una ampliación del tema, ver el artículo "La Biblia hoy", en la revista *Certeza*, No. 42 (enero-marzo de 1971), pp. 5659.

2 Holmes, *Faith Seeks Understanding: A Chistian Approach to Knowledge*, William B Eerdmans, Grand Rapids, 1971, p. 135, mi traducción.

3 Sobre el problema de la tradición como una forma de mundanalidad de la iglesia, ver F. F. Bruce, *Tradition Old and New*, Paternoster, Exeter, 1970, pp.

En tercer lugar, *la comprensión de la Palabra está condicionada por la cultura del intérprete.* Éste no vive en un vacío, sino en una situación histórica concreta, en una cultura de la cual deriva no sólo su idioma sino también sus patrones de pensamiento y conducta, sus métodos de aprendizaje, sus reacciones emocionales, sus valores, intereses y metas. El mensaje de Dios le llega en términos de su propia cultura, o no le llega. El conocimiento de Dios sólo es posible en cuanto la Palabra, por decirlo así, se encarna en la situación del intérprete. En palabras de James D. Smart:

> La interpretación no comienza cuando nos sentamos con el texto y algunos comentarios para sopesar la validez de una variedad de significados sugeridos. Comienza antes de que estemos conscientes de hacer algo más que leer las palabras. Las oímos como personas que somos, y el sentido que tienen para nosotros está determinado no sólo por las palabras sino por el carácter del contexto en que las recibimos. Nadie tiene acceso directo al contenido de las Escrituras sea por la perfección de su erudición o por el poder de su inspiración. Cada comprensión del texto y cada afirmación en cuanto a su significado es una interpretación y, pese a la exactitud con que exprese el contenido del texto, jamás puede igualarse al texto mismo.[4]

El reconocimiento del elemento subjetivo en la interpretación de las Escrituras resulta demasiado incómodo para quienes quisieran equiparar su propia teología con la Palabra de Dios. La mentalidad racionalista preferiría concebir al evangelio como un sistema de verdades al cual se puede llegar directamente me-

---

163-74. A pesar de la afirmación hecha arriba, no se debe olvidar el argumento de Richard Niebuhr de que en el desarrollo del denominacionalismo los factores teológicos son secundarios a los factores étnicos, sociales, económicos y culturales. Cf. *The Social Sources of Denominationalism,* The Shoe String Press, Hamden, Conn., 1954.

[4] Smart, *The Strange Silence of the Bible in the Church: A Study in Hermeneutics,* SCM Press, Londres, 1970, pp. 53-54, mi traducción.

diante un acercamiento "científico", "objetivo", sin un compromiso personal. El hecho es que la objetividad absoluta no es posible. El intérprete está siempre presente en su interpretación del evangelio, y está presente en ella como un ser falible. Por supuesto, toda interpretación puede someterse a un control que asegure una mayor aproximación al mensaje revelado. Esa es la función de la hermenéutica como disciplina científica. Pero no se debe cerrar los ojos a la distancia que hay entre el evangelio revelado y la interpretación del mismo. Toda interpretación toma la forma que le impone el intérprete y por lo tanto refleja, en mayor o menor grado, el contexto cultural que condiciona a éste.[5] En resumidas cuentas, el conocimiento de Dios que se desprende de las Escrituras por la vía de la exégesis es verdadero, pero no completo.[6] Consecuentemente ninguna teología es absoluta. Dios siempre trasciende nuestra imagen de él.

Porque la comprensión de la Palabra de Dios es siempre relativa a la cultura del intérprete, la teología en cualquier cultura siempre corre el riesgo de ser en cierta medida una reducción del evangelio. Ninguna cultura se conforma totalmente al propósito de Dios; en todas las culturas hay elementos negativos, desfavorables a la comprensión del evangelio. Por esta razón, el evangelio nunca llega a encarnarse cabalmente en ninguna cultura en particular. Siempre va más allá de cualquier cultura, aun cuando ésta haya sido afectada por él. Lo que esto significa en términos prácticos se podría ilustrar ampliamente si el espacio lo permitiera. Aquí basta notar, como ejemplo, la manera en que el individualismo que forma parte de la cultura occidental ha nublado la dimensión social del evangelio a los ojos de la mayoría de cristianos en el mundo occidental.

---

5 Incluso el uso de las herramientas "científicas" para la exégesis está condicionado por el contexto cultural del intérprete. Así, por ejemplo, la voz media del griego puede traducirse directamente al castellano, pero no al inglés.

6 Cf. Mickelsen, *Interpreting the Bible*, William B. Eerdmans, Grand Rapids, 1963, pp. 65ss.

Si en el proceso de interpretación alguno de los valores o premisas de la cultura que son incongruentes con el evangelio se integra a éste de tal manera que afecta su contenido, el resultado es un sincretismo. En todo sincretismo hay un acomodamiento del evangelio a algún valor prevalente en la cultura, acomodamiento que generalmente tiene el propósito de hacer "relevante" el evangelio. Ya en el siglo II los gnósticos intentaron colocar a la fe cristiana en línea con ciertos énfasis de la filosofía griega. Desde entonces la historia de la teología abunda en ilustraciones de intentos similares. En nuestros días el ajuste del cristianismo a premisas marxistas ha dado origen a un sincretismo que pretende devolver al evangelio su dimensión social y política: ciertos tipos de "teología de la liberación".[7] Que estas teologías hayan hallado su laboratorio en América Latina —un continente marcado por el fermento revolucionario— muestra elocuentemente hasta dónde la teología es a menudo un reflejo de la situación histórica.

Por otra parte, cada cultura también posee elementos positivos favorables a la comprensión del evangelio. Con esto no quiero decir que los temas centrales de la teología se deriven de la cultura, ni que ésta determine la reflexión teológica de manera absoluta. Mi tesis es más bien que cada cultura hace posible un enfoque del evangelio que trae a la luz ciertas aristas del mismo que en otras culturas pueden haber permanecido menos visibles o incluso ocultas. Vistas desde esta perspectiva, las diferencias culturales que tanto obstaculizan las comunicaciones interculturales resultan ser una ventaja para la comprensión de la multiforme sabiduría de Dios: sirven como canales de expresión de aspectos de la verdad del evangelio que la teología atada a una sola cultura puede pasar por alto con demasiada facilidad. Euge-

[7] Este juicio no puede aplicarse a toda la teología de la liberación globalmente. Cf. mi artículo "Una nueva manera de hacer teología", *Misión* 1 (enero-marzo de 1982): 20-23, y "La teología de la liberación: una evaluación crítica", *Misión* 2 (abril-junio de 1982): 16-21.

ne Rubingh ilustra este hecho en su artículo "La forma africana del evangelio",[8] en el cual muestra que la "visión primordial",[9] característica de la cultura africana, coloca al africano en una condición privilegiada para entender que "cada uno es parte del todo, y el reino abarca toda faceta, todo momento, todo acto".[10]

Hasta ahora los textos de hermenéutica bíblica (prácticamente todos escritos en Occidente) tienen muy poco que decir sobre la relación entre la interpretación de la Palabra de Dios y el contexto cultural del intérprete. Con frecuencia dejan la impresión que la única cultura con la cual éste tiene que vérselas es la de los autores bíblicos; que de alguna manera puede abstraerse de su propia situación histórica a fin de hacer una lectura "objetiva" del texto. Se diría que la hermenéutica misma, como generalmente se la concibe en dichos textos, está condicionada por el divorcio cartesiano entre el sujeto y el objeto que caracteriza a la epistemología en Occidente y que ha desembocado en el "cristianismo secular".[11] Urge una recuperación de la epistemología del realismo bíblico, recuperación que dé el peso debido a los siguientes hechos relativos al conocimiento de Dios revelado en el evangelio:[12]

1. El conocimiento de Dios es personal y por lo tanto inseparable de la vida en comunidad. Nadie conoce a Dios en aislamiento de su prójimo. "El que no ama no conoce a Dios, porque Dios es amor" (1Jn 4.8). El evangelio incluye el propósito de Dios de eliminar la

---

8 Rubingh, "The African Shape of the Gospel", *His* 33 (octubre de 1972): 9ss.

9 La expresión pertenece John V. Taylor y sirve como título a su libro *The Primal Vision: Christian Presence Amid African Religion,* Fortress Press, Filadelfia, 1963, en el cual el autor muestra que para el africano el universo y la vida humana forman un todo cuya armonía debe ser preservada a toda costa.

10 Taylor, *ibid.*, p. 13.

11 Sobre este punto, ver Blaikie, *Secular Christianity and the God Who Acts,* Hodder & Stoughton, Londres, 1970.

12 Las tesis que siguen se derivan de la discusión de Holmes sobre la naturaleza del conocimiento personal en *Faith Seeks Understanding*, pp. 125-31.

división entre los hombres —la maldición ilustrada en Babel— y crear un nuevo hombre caracterizado por "la unidad de la fe y del conocimiento del Hijo de Dios" —la nueva humanidad prefigurada por la iglesia de Pentecostés, compuesta por representantes de "todas las naciones de la tierra" (Hch 2.5). La plenitud del conocimiento de Jesucristo no es propiedad de un sector de la iglesia en una cultura dada: pertenece a la totalidad de la iglesia. En palabras de Eugene Ahner, "nuestra comprensión del evangelio no será completa hasta que la gente de cada nación y cada cultura dé expresión a esa fe".[13]

2. Nuestro conocimiento de Dios es personal y por lo tanto se da en el contexto de nuestra existencia corporal en el mundo. El Dios que el evangelio proclama es un Dios que ha entrado a la historia humana para ponerse al alcance de los seres humanos y participar en todas las contingencias de la vida común. La encarnación es una negación de todo intento de llegar a Dios por medio del misticismo, el ascetismo o la especulación racionalista: conocemos a Dios por medio de la Palabra que toma forma concreta en nuestra propia cultura.

3. Nuestro conocimiento de Dios es personal y por lo tanto envuelve la emoción tanto como la razón. La emoción también es parte constitutiva del ser humano hecho a imagen de Dios. Por eso, si hay lugar para la advertencia contra "la huida de la razón", también hay lugar para la advertencia contra la huida de la pasión. Con demasiada frecuencia la teología occidental se reduce a un análisis frío, científico, desinteresado, de la verdad de Dios; carece de una nota emotiva que ponga de manifiesto que el amor del hombre a Dios ha de ser también con todo el corazón. El aporte teológico de otras culturas en las cuales no se ha idealizado al científico desapasionado podría ser el correctivo necesario.

---

[13] Reacción a la ponencia de R. Pierce Beaver, "La imagen misionera de hoy", *Mission in the 70's*, ed. John T. Boberg y James A. Scherer, Chicago Cluster of Theological Schools, Chicago, 1972, p. 47.

Cuando se toma en cuenta debidamente la influencia que el contexto cultural del intérprete contemporáneo ejerce en su interpretación del evangelio, se hace obvio que aun en el mejor de los casos ésta es sólo una aproximación, más o menos exacta, al mensaje revelado. El intérprete no tiene acceso directo al evangelio, ni tampoco puede penetrar en el mundo de los autores bíblicos sustrayéndose a su propia situación histórica. Sin embargo, el conocimiento del Dios que se revela en el evangelio no le está vedado como un *conocimiento personal* en los términos que hemos descrito y que es posible gracias al Espíritu Santo, por cuya acción el evangelio se contextualiza.

La comunicación del evangelio

Ni la interpretación, ni la comunicación del evangelio se realizan en el vacío: siempre se realizan en un contexto cultural y son condicionados por el mismo.

Cualquier persona acostumbrada a hablar en público es consciente de las dificultades que plantea la comunicación aun cuando el orador y los oyentes tengan una cultura en común. El hecho es que las palabras no trasmiten el mismo mensaje a todos los oyentes. Cada uno de éstos les adscribe significado según sus propias definiciones, prejuicios, conceptos y experiencias previas. ¡No es de sorprenderse que en la comunicación haya tantos malentendidos!

El problema se complica en la comunicación intercultural. Más allá de los obstáculos que entraña la mera traducción verbal de cualquier mensaje de un idioma a otro, están las complejidades de la transmisión de ese mensaje de una cultura con sus propios patrones de pensamiento y conducta, su propio proceso cognoscitivo y estilo de aprendizaje, a otra cultura donde todo o casi todo es diferente. Obviamente, para que haya comunicación no basta el simple traslado de significados desde los términos de un idioma a los términos más o menos equivalentes del otro idioma. Como ha señalado Eugene A. Nida, para que haya comunicación se requiere que el comunicante establezca una relación efectiva entre el mensaje y el contexto cultural total.[14]

Si los elementos formales de la comunicación —las circunstancias, las técnicas y medios, y el papel que juegan los participantes— la facilitan u obstruyen, con mayor razón la comunicación será afectada a nivel del contenido por el acercamiento epistemológico y los símbolos que se usen para transmitir el mensaje en una situación concreta. Donde no haya una base conceptual común entre el comunicante y el receptor, en el mejor de los casos el mensaje del primero será reinterpretado por el segundo e integrado a su propia estructura ideológica.[15]

La toma de conciencia del papel crítico que juega la cultura en la comunicación es de particular importancia cuando se trata de la comunicación intercultural del evangelio. Para ello hay por lo menos tres razones:

1. La encarnación es un elemento constitutivo del evangelio. Desde que la Palabra se hizo hombre, la única posibilidad en cuanto a la comunicación del evangelio es aquella en que éste se encarna en la cultura para ponerse al alcance del hombre como un ser cultural. Cualquier intento de comunicar el evangelio sin una previa compenetración profunda por parte del sujeto comunicante en la cultura receptora es subcristiana. Toda la Biblia es un testimonio elocuente de la intención de Dios de encontrarse y dialogar con los seres humanos en su situación histórica concreta. A eso apunta su lenguaje antropomórfico: Dios se pasea

---

[14] Nida, *Message and Mission: The Communication of the Christian Faith,* Harper, Nueva York, 1960, pp. 1971-88. David J. Hesselgrave enumera siete aspectos de la cultura en el contexto de los cuales cada mensaje es "codificado" e interpretado: el concepto del mundo, el proceso cognoscitivo, la forma lingüística, el patrón de conducta, los medios de comunicación, la estructura social y las motivaciones ("Dimensiones de la comunicación intercultural", *Practical Anthropology* 19 [enero-febrero de 1972]: 1ss.)

[15] Cf. Charles Kraft, "Factores ideológicos en la comunicación intercultural", *Missiology: An International Review 2* (julio de 1974): 295-312.

en el jardín del Edén al fresco del día; Dios tiene ojos, manos y pies; Dios se arrepiente. A eso apunta la acción del *Logos* que levantó su tienda en un punto definido del tiempo y el espacio, como miembro de la nación judía. A eso apunta la diversidad de énfasis en la presentación del mensaje apostólico, puesta de relieve, por ejemplo, por el estudio comparativo del sermón de Pedro el día de Pentecostés y el de Pablo en el Areópago de Atenas, o de los Evangelios y las Epístolas. Toda comunicación auténtica del evangelio se modela en esa comunicación bíblica que busca el punto de contacto con el hombre dentro de su propia cultura.

2. Sin una traducción que va más allá de las palabras a una inserción en la materia prima de la vida histórica en la cultura receptora, el evangelio es una fantasía. El evangelio involucra la proclamación de Jesucristo como Señor de la totalidad del universo y la existencia humana. Si esa proclamación no se dirige a necesidades y problemas específicos de los oyentes, ¿cómo pueden éstos experimentar el señorío de Jesucristo en su situación de vida? Contextualizar el evangelio es traducirlo de tal manera que el señorío de Jesucristo no sea un principio abstracto o una mera doctrina, sino el factor determinante de la vida en todas sus dimensiones, el criterio fundamental en relación al cual se juzguen los valores culturales que están en el meollo mismo de la persona. Sin esa contextualización el evangelio será un mensaje tangencial y hasta irrelevante.[16]

3. Para que haya una respuesta inteligente frente al evangelio, sea de signo positivo o de signo negativo, se requiere una co-

[16] Jacob A. Loewen concuerda con que, para que el mensaje sea relevante, debe dirigirse a necesidades específicas en la cultura, pero correctamente observa que el "mensaje realmente relevante no sólo habla a la necesidad inmediata, sino a una variedad de problemas prácticos. Como el verdadero mensaje de Dios, proveerá una nueva y renovada razón de ser tanto para el individuo como para la sociedad" ("La iglesia: autóctona y ecuménica", *Practical Anthropology* 11 [noviembre-diciembre de 1964]: 244, mi traducción.

municación efectiva, una comunicación que tome en serio el punto de contacto del mensaje con la cultura de los oyentes. Sin una confrontación que encare los valores y modos de pensamiento de la cultura, no hay evangelización verdadera. En palabras de David Hesselgrave, "la comunicación intercultural es tan compleja como la suma total de las diferencias humanas".[17] Si tal es el caso, la evangelización no puede reducirse a la repetición de fórmulas doctrinales traducidas literalmente, cuyo éxito haya sido comprobado en otras latitudes. Para que la evangelización vaya más allá del nivel consciente y su llamado sea más que una invitación al asentimiento intelectual deberá incluir la contextualización del evangelio como uno de los elementos integrantes. De lo contrario dará base a conversiones espurias o a respuestas negativas que reflejarán una comunicación irrelevante más bien que un rechazo de Jesucristo.

En conclusión, sin una contextualización del evangelio no hay comunicación real de la Palabra de Dios. La comunicación del evangelio sólo puede llevarse a cabo con referencia a la totalidad de los factores culturales que intervienen en la comunicación. No es asunto de una mera traducción literal, sino de una interpretación que requiere la dirección del Espíritu Santo.

II. El evangelio en el Mundo de los Dos Tercios

Uno de los hechos más sobresalientes de nuestro tiempo es que el evangelio de Jesucristo ha sido predicado prácticamente en todas las naciones de la Tierra. El movimiento misionero con base en Occidente ha escrito alguna de las páginas más gloriosas de la historia cristiana. Y es en gran parte gracias a él que hoy la iglesia es una comunidad mundial.

Cabe, sin embargo, preguntarse: ¿En qué medida la extensión geográfica del evangelio ha sido acompañada por una encarnación del mismo en las múltiples culturas humanas? ¿Se puede

---

[17] Hesselgrave, p.1.

afirmar que los cristianos alrededor del mundo están demostrando que el evangelio es un mensaje universal, cuya relevancia no se limita al mundo occidental? ¿Cuál es el aporte de la iglesia en el Mundo Mayoritario a la tarea de elaborar una teología que refleje el propósito de Dios de que todos lleguemos a "la unidad de la fe y del conocimiento del Hijo de Dios"?

A continuación ensayaremos una breve respuesta a estas preguntas, dando particular atención a la situación en América Latina.

Una iglesia sin teología

Sucedió durante una conferencia internacional sobre la comunicación del evangelio en América Latina. En la magna reunión estaban presentes varios centenares de líderes, todos ellos comprometidos con la difusión de la Palabra. Se discutía, entre otros temas, la relación de la teología y la evangelización. Alguien observó que sin teología la evangelización se torna en proselitismo y la fe en ideología. La respuesta no se hizo esperar: un evangelista de renombre tomó la palabra para hacer lo que él veía indudablemente como una "defensa" de la evangelización contra la teología. "¿Qué sentido tiene invertir tiempo y energía en la teología, cuando la demanda de la hora es predicar el evangelio?" Ésa era su pregunta.

El inolvidable episodio pone de relieve un hecho que no se puede negar: la iglesia en América Latina es, en términos generales, una iglesia sin reflexión teológica. La afirmación es categórica y mal se puede esperar que sea aceptada sin reparos. Después de todo —dirá alguien—, ¿no se está predicando el evangelio, y no es la predicación por sí sola un discurso teológico? Así es, en efecto. En cierto sentido, dondequiera que se predique las buenas nuevas de salvación en Jesucristo, allí hay teología. La teología está implícita en la comunicación del evangelio aun al nivel más elemental, y sin la primera no puede existir la segunda. Si el evangelio no es teológico, entonces no es evangelio. Y en este sentido cabe también aquello de que "hay teología sin iglesia, pero no puede haber iglesia sin teología".[18] Además, no se debe pretender que la única teología que merece el calificativo de tal sea la especulativa, escrita por algún teólogo encerrado en una torre de marfil. Quien pretenda esto hará bien en notar que en la Biblia misma la única teología que se conoce es la teología "funcional", teología fraguada en medio de la lucha y para la lucha. ¡Ninguno de los escritores sagrados fue un teólogo profesional!

Cuando afirmamos que la iglesia en América Latina es una iglesia sin reflexión teológica, entonces, no queremos negar la presencia de una teología implícita ni lamentar la ausencia de una teología especulativa. La afirmación sólo tiene sentido dentro del marco de un análisis más profundo de la función de la reflexión teológica en relación con la vida y misión de la iglesia. Es el reconocimiento de que, como ha escrito José Miguez Bonino, "la iglesia cristiana tiene una larga deuda con América Latina: cuatro siglos y medio de Catolicismo Católico Romano y uno de Protestantismo han producido el mínimo del pensamiento creador que estos pueblos tienen derecho de esperar de quienes sostienen haber recibido la misión de anunciar la Palabra de Dios a los hombres".[19] En este sentido, nuestra afirmación sintetiza un fracaso de la iglesia en cuanto a su responsabilidad en relación con el evangelio: la de reflexionar desde la perspectiva de la revelación de Dios, en torno al significado que ésta tiene aquí y ahora, y en función de la obediencia a Jesucristo como Señor en esa situación.

Con más exactitud diríamos que la iglesia en América Latina es una iglesia sin reflexión teológica *propia*. ¿Alguien lo duda?

---

[18] Schuurman, *El cristiano, la iglesia y la revolución*. Editorial La Aurora, Buenos Aires, 1970, p. 87.

[19] Miguez Bonino, Prólogo a Rubem Alves, *Religión: opio o instrumento de liberación*, Tierra Nueva, Montevideo, 1968, p. i.

Que constate cuánta de nuestra literatura cristiana es traducida del inglés (y, ¡ay la pobreza de muchas de nuestras traducciones!) y cuán poca escrita por nosotros. Que note cuánta de nuestra predicación se reduce a una mera repetición de fórmulas doctrinales mal asimiladas, sin inserción en nuestra propia realidad histórica. Que observe cómo nuestras iglesias, sin más ni más, mantienen el colorido teológico fundamentalmente como el estudio de los énfasis doctrinales distintivos de las iglesias a las cuales se remonta su origen. Que examine el cuerpo docente y el programa de nuestros seminarios e institutos bíblicos. Que pase revista a nuestra himnología y nuestra "coritología". El análisis de todos estos aspectos de nuestra realidad eclesiástica le mostrará que nuestra "dependencia teológica" es tan real y tan acuciante como la dependencia económica que caracteriza a nuestros países.

Por cierto, los últimos años han visto el surgimiento en Latinoamérica de un movimiento teológico que ha desbordado las fronteras de este continente. Gustavo Gutiérrez, Hugo Assmann, Juan Luis Segundo, Leonardo Boff, José Miranda... (todos ellos autores católico-romanos) son ya nombres familiares a muchos lectores en Europa y Norteamérica. Sin intención de menospreciar su aporte, cabe sin embargo hacer las siguientes observaciones relativas al mismo: (a) Que el volumen de su producción es relativamente pequeño y su impacto muy limitado como para que altere significativamente el cuadro de la iglesia que acabamos de delinear. (b) Que aunque un sector de las iglesias protestantes, a falta de una teología propia con la cual encarar la tarea de contextualizar el evangelio, ha echado mano a su teología, es altamente dudoso que ésta llegue a trascender ampliamente al reducido grupo de sus adherentes católico-romanos.[20]

---

[20] Se debe aclarar aquí que antes de la teología de la liberación, en el campo protestante germinó una teología emparentada con aquélla, de la cual sería posible afirmar que fue uno de los primeros intentos de teologizar a partir de la situación latinoamericana. Su influencia ha sido muy limitada

Si la iglesia de América Latina —un continente tradicionalmente "cristiano"— adolece de una inveterada anemia teológica, no es de sorprenderse que el mismo cuadro se repita en Asia y África. Sin desconocer el trabajo que unos pocos pensadores están realizando con miras a dar expresión a la fe cristiana en el contexto de su propia cultura, hay que decir que el panorama total de la iglesia en el Mundo de los Dos Tercios sigue siendo el de una iglesia sin teología. Wilbert R. Shenk no exagera de ninguna manera cuando afirma que "a pesar de algunas señales superficiales de éxito, el movimiento misionero moderno ha fallado en un nivel profundo hasta hoy. La iglesia que es el producto de este movimiento histórico adolece seriamente de un desarraigo espiritual e intelectual".[21]

No hay posibilidad alguna de que esta situación cambie mientras que la tarea teológica de las misiones sea concebida en términos de la exportación de teologías elaboradas en Occidente. Especialmente en los campos de la educación teológica y la

---

y prácticamente ha desaparecido en los últimos años. Para una crítica de esta teología, ver mi ensayo "Iglesia y Sociedad en América Latina", *Fe cristiana y Latinoamérica hoy,* ed. C. René Padilla, Ediciones Certeza, Buenos Aires, 1974, pp. 119-47. Desde que escribí este ensayo en 1975, ha habido una sorprendente explosión teológica en círculos católico-romanos en América Latina, especialmente en Brasil. La influencia de los teólogos de la liberación se ha hecho sentir ampliamente en las comunidades de base, cuya multiplicación es uno de los desarrollos más significativos en la Iglesia Católica Romana hoy. En la primera edición de este libro afirmaba que, en contraste con lo dicho respecto a este desarrollo en la Iglesia Católica Romana, los evangélicos conservadores en esta región del mundo continuaba dependiendo casi totalmente de teologías importadas, a tal punto que menos del 3% de todos los libros publicados por editoriales evangélicas en castellano y portugués eran escritos por autores latinoamericanos. La situación hoy es muy diferente, en gran medida gracias al aporte de la Fraternidad Teológica Latinoamericana, varios de cuyos miembros se han destacado por sus publicaciones en las últimas décadas.

21 Shenk, "La teología y la tarea misionera", *Missiology: An International Review* 1 *(julio de 1973)*: 296.

literatura cristiana, urge una toma de conciencia del daño que causa en la iglesia alrededor del mundo el continuo bombardeo de formulaciones doctrinales y "respuestas cristianas enlatadas". Esa "mentalización" de los cristianos, a menudo apoyada por el poder económico,[22] no puede menos que retardar indefinidamente el desarrollo de iglesias autóctonas, enraizadas en su propia cultura y capaces de hacer su propio aporte teológico. Y mientras el evangelio no alcance una contextualización profunda en la cultura local, a los ojos de la gente en esa cultura seguirá siendo una "religión foránea".

Si se evalúa la obra misionera con base en Occidente, no desde la perspectiva de las intenciones expresas sino desde la de sus resultados, la conclusión obligada es que en lo que respecta a la formación de iglesias autóctonas en el Mundo de los Dos Tercios la práctica misionera está muy a la zaga de la teoría. Sin conciencia del papel de la cultura tanto en la interpretación como en la comunicación del evangelio, los misioneros occidentales en general han dado por sentado que su tarea es la de extraer el mensaje directamente del texto bíblico y transmitirlo directamente a sus oyentes sin más ni más. Su actitud se ajusta a un acercamiento simplista que no corresponde a la realidad.

---

[22] La vinculación del movimiento misionero y el poder de Occidente es un tema que desborda los límites de este estudio. Baste aquí mencionar que con demasiada frecuencia las misiones han usado su poder económico para imponer sus programas de educación teológica y literatura, y, consecuentemente, su teología. Mientras que el poder de decisión esté en manos de los misioneros o (lo que es peor) de los ejecutivos de las misiones, no hay ninguna posibilidad de que las iglesias en el Mundo de los Dos Tercios se desarrollen como iglesias realmente autóctonas. Sus necesidades seguirán definiéndose desde fuera de su situación y la labor misionera seguirá conduciéndose a la manera de las grandes empresas. Obviamente, el problema teológico es inseparable del problema del poder. Sobre la relación entre las misiones y el dominio colonial occidental, ver el artículo por Jacob Loewen, "Evangelización y cultura" *Certeza* No. 58 (abril-junio de 1975): 42-46.

Ésta es la actitud simplista detrás de la objeción común en círculos misioneros contra cualquier sugerencia relativa a la necesidad de formular una teología evangélica en América Latina, Asia o África. "¿Qué pasa con la teología bíblica?" —se dice: "No hay necesidad de muchas teologías. Una sola teología es suficiente y satisfactoria para todo el mundo". Éste es el acercamiento a la teología que ha mantenido a la iglesia en el Mundo de los Dos Tercios en completa dependencia de los modelos occidentales de pensamiento. Es el acercamiento que en nombre de la ortodoxia vez tras vez ha impuesto en la iglesia joven los énfasis doctrinales característicos de los fundadores de las misiones y ha cortado las raíces de una reflexión creadora que cale hondo en las culturas nativas. Es, en fin, el acercamiento que inadvertidamente está extendiendo un cristianismo-cultura en que los elementos bíblicos se combinan con elementos de la filosofía griega[23] y de la herencia cultural europeo-americana.[24]

La iglesia del mundo de las grandes mayorías carece de una teología que responda a sus propias necesidades. De las misiones occidentales ha recibido el evangelio reducido y envuelto en un

---

[23] Sobre el asunto de la inmortalidad del alma, como un ejemplo de los elementos de la filosofía griega que hicieron su ingreso en la teología cristiana occidental en una época temprana de la historia de la iglesia, ver Oscar Cullmann, *Inmortality of the Soul or Resurrection of the Dead? The Witness of the New Testament,* The Epworth Press, Londres, 1955. Otro ejemplo es el dualismo entre la materia y el espíritu que se da por sentado en la doctrina de la inmortalidad del alma. Es un hecho que la misma metodología teológica que el misionero occidental ha llevado consigo al resto del mundo no se deriva de la estructura misma de la fe cristiana, estrechamente vinculada con la tradición hebrea, sino de la filosofía griega.

[24] La epistemología racionalista, el individualismo, el pragmatismo, el materialismo y la atomización de la realidad son características que con frecuencia se reflejan en la teología y la labor misionera con base en el mundo occidental.

ropaje cultural que le resta mucho de su poder transformador.[25] Ésa es su mayor tragedia y su mayor desafío.

Causas de esta situación

Resultaría demasiado presuntuoso tratar de explicar las razones que han provocado el déficit teológico que aqueja a la iglesia en América Latina. Tenemos que limitarnos a sugerir dos que saltan a la vista.

1. La contraposición de la evangelización y la teología. Casi un cuarto de siglo ha transcurrido desde que, durante la celebración de la Primera Conferencia Evangélica Latinoamericana, el Dr. Gutiérrez Martín y el Dr. Marc Boegner, destacados representantes de las iglesias latinas en Europa, señalaron la ausencia de teología que caracterizaba a las declaraciones que surgieron de la asamblea. Más de un decenio después, recordando el incidente un escritor evangélico salía en defensa de la "posición teológica de los evangélicos latinoamericanos".[26] Esgrimía para ello una serie de argumentos tendientes a mostrar que en nuestro continente lo esencial para la iglesia es lograr la conversión de hombres y mujeres al evangelio y que esta tradición es por lo menos tan válida

[25] Cf. Samuel Escobar, "Una teología evangélica para Iberoamérica", *El debate contemporáneo sobre la Biblia,* varios autores, Ediciones Evangélicas Europeas, Barcelona, 1972, pp. 17ss.

[26] Adam F. Sosa, "Algunas consideraciones sobre la posición teológica de los evangélicos latinoamericanos", *Pensamiento cristiano* 8 (marzo de 1961): 232-41. El mismo divorcio entre la evangelización y la teología que se detecta en este artículo subyace en la observación que "los asuntos cruciales" que preocupan a la iglesia en América Latina se relacionan con "la comunicación efectiva del evangelio" y no "los énfasis teológicos europeos y norteamericanos acerca del cristianismo secularizado", en la obra de W. R. Read, V. M. Monterroso y H. A. Johnson, *Latin American Church Growth,* William B. Eerdmans, Grand Rapids, 1969, p. 351. Es paradójico que tal observación no aparezca en un estudio teológico de la comunicación del evangelio escrito desde una perspectiva latinoamericana, sino en un tratado pragmático representativo de la misionología norteamericana.

como la del Protestantismo europeo. Somos hijos —decía— no de la Reforma, sino del avivamiento evangélico del siglo XVIII y de movimientos derivados de él. Nuestra marca, consecuentemente, es la evangelización, no la teología ni la liturgia. Nuestro origen explica nuestro legítimo énfasis en la experiencia *versus* la creencia, en la acción evangelizadora de los laicos *versus* la indiferencia misionera de las "iglesias históricas", en "las iglesias multitudinarias" versus las "iglesias segregadas." Los mismos argumentos podrían haberse usado en Asia o África.

Desde ese entonces mucha agua ha pasado por debajo del puente. Los cambios que se han operado en el mundo son de conocimiento común. El crecimiento numérico del pueblo evangélico en el Mundo de los Dos Tercios ha llamado la atención de los técnicos en "crecimiento de la iglesia". Y sin embargo, esa defensa de "nuestra tradición" hecha por el mencionado escritor es todavía, para muchos líderes evangélicos, tan válida hoy como cuando fue redactada. Según ellos, todavía estamos en "la etapa de la fe y la pasión evangélica". Su deseo sigue siendo el de continuar esa etapa "por mucho tiempo". Cabe preguntar si el énfasis unilateral en la evangelización en términos de la comunicación oral del evangelio hace justicia tanto a la Palabra de Dios como a la situación de la iglesia de Cristo. ¡Bien pudiera ser que el mantenimiento de "nuestra tradición" de origen "avivamientista" sea precisamente el mayor obstáculo para el cumplimiento de la misión de la iglesia en este momento crítico de la vida de nuestros pueblos! Porque, al fin y al cabo, ¿qué evangelio es éste que predicamos, si nuestra predicación no se nutre del estudio concienzudo de la Palabra de Dios y de la reflexión sobre su significado en nuestra situación concreta? ¿Hemos hecho a la fe cristiana realmente *nuestra* mientras nos limitemos a repetirla según fórmulas doctrinales elaboradas en otras latitudes? ¿Puede haber una evangelización realmente bíblica —una presentación de todo el consejo de Dios— sin reflexión teológica que busque la comprensión de la pertinencia del evangelio a la totalidad de la vida humana en un contexto histórico definido?

La reducción del evangelio que caracteriza al pueblo evangélico latinoamericano es un reflejo de la tradición que ha sido impuesta por el movimiento misionero que le diera origen. Y temo que hay poca esperanza de cambio mientras la estrategia para el crecimiento de la iglesia siga siendo asunto de misioneros "expertos" en la materia, cuyas teorías perpetúen el divorcio entre la evangelización y la teología.

2. La concentración de la obra evangélica en el crecimiento numérico. En teoría, nadie niega que el crecimiento cualitativo de la iglesia es importante. El análisis de la situación, sin embargo, muestra una innegable concentración de la obra evangélica en la multiplicación del número de iglesias y de miembros de iglesias, como criterio final para medir el crecimiento de la iglesia. El daño que este énfasis (esta "numerolatría", como la hemos llamado en algún otro escrito) ha causado es incalculable. Además del execrable espíritu de competencia que más tiene que ver con el sistema capitalista que con la Palabra de Dios, ha hecho que casi todo el esfuerzo de evangelización en nuestro continente se vuelque en la difusión de una versión simplista del evangelio, de un mensaje que perennemente excluye las dimensiones más amplias de la fe, de un cristianismo-cultura que no percibe la necesidad de que la Palabra de Dios hable desde dentro de la situación humana. ¡Lo que interesa es multiplicar el número de "creyentes", aunque para ello haya que dejar de lado todo lo que no quepa dentro de un esquema completamente individualista y ultramundano! La evangelización deviene técnica de "ganar almas", para lo cual la reflexión teológica es innecesaria: basta el uso de métodos enlatados y fórmulas importadas de salvación.

Además, si el crecimiento numérico es lo único que importa, la estrategia misionera tendrá que dar prioridad a aquellos sectores de la población que sean más "productivos" en términos de conversiones. No habrá tiempo para la gente que demande respuestas elaboradas y más ajustadas a la situación histórica, respuestas que presuponen una reflexión teológica.

¿No será ésta una de las razones por las cuales se ha hecho relativamente tan poco entre los universitarios y los intelectuales en América Latina?

Consecuencias del déficit teológico en el Mundo de los Dos Tercios

Leopoldo Zea ha señalado que en América Latina no hay tiempo para crear sistemas filosóficos, pero que no por eso se podría afirmar que no hay filosofía. "La filosofía, una filosofía surgida frente a la urgencia de las circunstancias —dice—, se hace en la vida pública, en los campos de batalla, en los destierros o en las cárceles".[27] Sería deseable que un comentario similar pudiera hacerse respecto a la teología en América Latina: que la teología está haciéndose en contestación a situaciones concretas que la iglesia encara en el ejercicio de su misión. Por supuesto que, como ya se ha señalado, la existencia de una "teología implícita" es un hecho que nadie puede negar. Pero igualmente innegable es que, aun en el nivel elemental, la teología que domina en el "campo misionero" resulta ser generalmente un producto heredado de una reflexión ajena a nuestra propia situación, una colección de contenidos mentales que guardan poca relación con los problemas que el mundo subdesarrollado plantea a la fe cristiana. ¿Cuáles son las consecuencias de este lamentable déficit teológico? Sugerimos tres.

1. La falta de contextualización del evangelio en las culturas del Mundo de los Dos Tercios. Tanto en Asia como en África, el cristianismo es una religión étnica: la religión del hombre blanco. En América Latina, por otra parte, cumple la función de adorno cultural, del que se puede prescindir sin mayores consecuencias. Como lo expresa Miguez Bonino: "Ni el Catolicismo Romano ni el Protestantismo han tenido como iglesias el arraigo necesario en la realidad humana latinoamericana para alumbrar un

---

[27] Zea, "Sentido de la filosofía de Latinoamérica", *Revista de Occidente* No. 38 (mayo de 1966): 208.

pensamiento creador. En otros términos, ambas iglesias han permanecido marginales a la historia de nuestros pueblos".[28] Obviamente, no se trata de que el mensaje del evangelio sea una cosa aquí y otra allá. Ha sido dado "una vez para siempre" y su proclamación será fiel en la medida en que manifiesta la permanencia del dato revelado, sea aquí o allá.[29] Tampoco se trata de que haga falta una "teología autóctona" caracterizada por lo folklórico y totalmente condicionada por nuestra situación histórica. Menos aun quisiéramos una teología que en nombre de la contextualización del evangelio pasara por alto los resultados de largos años de investigación en el campo de las ciencias bíblicas realizada por teólogos europeos o norteamericanos. Sería ridículo pensar que en cada situación tenemos que comenzar desde cero, eliminando de un solo brochazo la contribución de otros a nuestra propia reflexión. Lo que es necesario, más bien, es una teología que, aprovechando los valores que hay en cualquier estudio, sea cual sea su procedencia, muestre la pertinencia de la revelación bíblica a nuestra cultura, la relación entre el evangelio y los problemas que la iglesia encara en nuestro medio ambiente. Mientras eso no suceda la Palabra de Dios será un *logos asarkos* ("verbo desencarnado"), un mensaje que tocará nuestra vida tangencialmente. Ésta es, precisamente, una de las más trágicas consecuencias de la carencia de reflexión teológica entre nosotros: que el evangelio tiene todavía un sonido extraño,

---

[28] Miguez Bonino, pp. i-ii. Sobre la naturaleza foránea del cristianismo en África, después de muchos años de labor misionera, ver el artículo de Dean S. Gilliland, "El concepto autóctono en África", *Missiology: An International Review* 1 (julio de 1973): 343-56.

[29] En el ensayo "¿Qué es el Evangelio?" (ver arriba, cap. 4) he tratado de establecer el contenido del evangelio a partir de la revelación bíblica. La normatividad de las Escrituras es un factor de control sin el cual el evangelio pierde toda especificidad. Para una ampliación del tema, ver mi ensayo "La autoridad de la Biblia en la teología latinoamericana", *El debate contemporánco sobre la Biblia*, varios autores, Ediciones Evangélicas Europeas, Barcelona, 1972, pp.123ss.

o no tiene ningún sonido, en relación con muchas de las aspiraciones o preocupaciones, problemas e interrogantes, valores y costumbres en nuestra propia situación. Es por eso que el protestante latinoamericano de clase media (y sospechamos que es lo mismo en Asia y Africa), en medio de las apremiantes necesidades materiales de la mayoría de la población, puede adoptar un estilo de vida que desentona totalmente con la situación, sin hacerse problemas.[30] Es por eso que por debajo de toda estructura doctrinal que acepta a nivel consciente, el africano puede mantener incólumes sus tradiciones y costumbres, se ajusten o no a la fe bíblica.[31]

Los que objetan a la contextualización del evangelio por temor al sincretismo[32] deberían tomar en cuenta que precisamente donde no hay reflexión consciente sobre la forma que ha de tomar la obediencia al Señor Jesucristo en la situación concreta, se posibilita que la conducta sea determinada por la cultura en vez

---

[30] Cf. Charles Denton, "La mentalidad protestante: un enfoque sociológico", *Fe cristiana y Latinoamericana hoy*, ed. C. René Padilla, Ediciones Certeza, Buenos Aires, 1974, pp. 67-79. El problema de la falta de asimilación del evangelio en la vida, por supuesto, no se limita a la clase media. En su estudio de las actitudes características de la comunidad protestante en la ciudad de México, William L. Wonderly y Jorge Lara-Braud consideran que uno de sus hallazgos más notables fue que "las diferencias en cuanto a actitudes *básicas* morales y sociales entre evangélicos y no-evangélicos no son tan notables como generalmente toman por hecho los primeros" (*¿Los evangélicos somos así?*, Casa Unida de Publicaciones, México, 1964, p. 53).

[31] El mismo fenómeno se registra entre los indígenas en América Latina, como lo ha señalado Samuel Ruiz García en "La encarnación de la iglesia en culturas indígenas", *Missiology: An International Review* 1 (julio de 1973): 21-27. Ruiz García afirma que "la religión sandwich", con su contenido pagano y su apariencia cristiana, resulta de una labor misionera que ha fallado en cuanto a presentar el evangelio en términos que hablen a las verdaderas ansiedades e interrogantes de la gente en su ambiente cultural (p. 21).

[32] Sobre la distinción entre contextualización y sincretismo, ver Nida, pp. 185-186.

de ser regida por el evangelio. Cuando la atención se concentra en formulaciones verbales o en los aspectos externos de la vida cristiana con el propósito de cerrar la puerta delantera al sincretismo, casi inevitablemente éste se introduce por la puerta trasera y produce un cristianismo-cultura que simplemente asimila los valores del medioambiente. En cada esfuerzo por comunicar el evangelio haciendo justicia al contexto cultural, el peligro del sincretismo está presente. La alternativa, sin embargo, no es lo que Charles Kraft[33] ha denominado "extraccionismo", en que el misionero trata de comunicar el mensaje según su propio marco de referencia, sino una nueva lectura del evangelio desde dentro de la situación histórica concreta y bajo la dirección del Espíritu Santo. Después de todo, no hay que olvidar que el acercamiento "extraccionista" que ha caracterizado al movimiento misionero con base en los Estados Unidos y Europa no ha podido evitar la persistencia de elementos paganos en las iglesias del Mundo de los Dos Tercios. No hay manera de evitar los peligros inherentes a la comunicación intercultural cuando la enseñanza se reduce al adoctrinamiento y no hay ni siquiera conciencia de que tales peligros existen.

2. La incapacidad de la iglesia para hacer frente a las ideologías de moda. La iglesia que no alimenta su fe mediante la reflexión fácilmente es hecha víctima de las ideologías. Carece de criterios para juzgar respuestas que se proponen en su medioambiente. El resultado es que se ajusta a las circunstancias del momento, y se convierte en sustentadora del *statu quo*, o por el contrario, es condicionada por la propaganda de una ideología de cambio y se deja instrumentar, se deja usar, inconscientemente. Creo que es en esta área, precisamente, donde reside el mayor peligro de una "iglesia de masas" sin orientación teológica, como es en general la iglesia en América Latina en esta coyuntura de la historia: el de dejarse arrastrar por el viento que sople, sin criterios

---

[33] Cf. Kraft, "Factores ideológicos en la comunicación intercultural", *Missiology: An International Review 2* (julio de 1974): 304.

para discernir lo que el evangelio demanda de ella. Esto es cierto particularmente en países donde los políticos podrían ver en la iglesia, dado el número de sus miembros, una fuerza "explotable" para sus propios intereses. Sin teología —sin un punto de referencia en relación al cual se pueda criticar a las ideologías— la iglesia termina absorbida por el mundo.[34] ¿No es esto lo que se ve, por ejemplo, en el caso de jóvenes criados en el evangelio, que cuando comienzan a pensar en el significado concreto del discipulado cristiano se encuentran incapaces de responder a la lectura de la realidad que les proponen sus amigos no creyentes. Urge que tengamos un armazón teológico que nos ayude a valorar los varios modos de interpretar nuestra situación (o de cambiarla) sin caer en la sacralización de ninguna ideología, sea de derecha o de izquierda.

3. La pérdida de la segunda y tercera generación "evangélica". El fenómeno es común. Lo he constatado a lo largo y lo ancho de América Latina. Sucede especialmente con los estudiantes. Gente que ha sido formada en hogares evangélicos, pero que hoy no tiene nada que ver ni con el evangelio ni con la iglesia. ¿Por qué? Decir que "el mundo los absorbió porque amaban más las tinieblas que la luz" no es suficiente. Un servicio valioso que algunos de los muchos "sociólogos" que hoy se dedican a estudiar el "fabuloso crecimiento de la iglesia en el Mundo de los Dos Tercios" haría a la misionología sería el incluir en sus estudios una investigación, no sólo de los que entran, sino también de los muchos que salen de la iglesia. Sospechamos, en base de la simple observación, que el estudio mostraría por lo menos

---

[34] Una elocuente ilustración del lugar que desempeña la teología en la resistencia de la iglesia al condicionamiento social la provee la "Iglesia Confesante" en su lucha contra el nacional-socialismo en la Alemania de Hitler. En palabras de E. H. Robertson, la resistencia cristiana a Hitler "requería una comprensión de la fe cristiana, una cuidadosa discriminación entre lo importante y lo trivial. Los que se resistían tenían que saber por qué valía la pena morir" (*Christians Against Hitler*, SCM Press, Londres, 1962, p. 9, mi traducción).

dos datos: (a) que el número de los "evangélicos" de la segunda y tercera generación que se han apartado en los últimos diez o quince años asciende a varios centenares; (b) que en muchísimos casos (sería aventurado sugerir un porcentaje) la razón de la separación fue una crisis de fe debida a la ausencia de base teológica y de la vivencia de Cristo que la teología busca. El joven cuyos conocimientos bíblicos no superan el nivel de la escuela dominical, tarde o temprano encuentra que su esquema del cristianismo se rompe, que su fe no tiene fundamento para soportar el peso de toda la problemática que le plantea la vida en sociedad. No es de sorprenderse que varios de los líderes jóvenes que participan en las guerrillas en algunos de nuestros países procedan de hogares evangélicos. Lo que la iglesia no les ha dado en términos de propósito para la vida y de una perspectiva para entender la historia, lo han encontrado en un ideal secular que termina por devorar su fe "ambiental". Ya lo ha dicho Juan A. Mackay: "Hemos de educar a los cristianos teológicamente explicándoles en la forma que les sea más inteligible, la dimensión total de la fe cristiana. Y si esto no hacemos, corremos el riesgo de que, sobre todo la juventud, se enamore de otras filosofías de vida".[35]

III. Hacia un evangelio contextualizado

Una fotocopia de alguna teología elaborada en Europa o Norteamérica jamás podrá satisfacer las necesidades teológicas de la iglesia alrededor del mundo. Ahora que la iglesia se ha transformado en una comunidad mundial, ha llegado el momento de que la universalidad del evangelio se manifieste en términos de una teología que no esté atada a ninguna cultura en particular, sino que muestre la multiforme sabiduría de Dios. Si se reconoce ampliamente que "los apéndices culturales europeos y norteamericanos del evangelio se han convertido en una carga

[35] Mackay, *Realidad e idolatría del cristianismo contemporáneo*, Editorial La Aurora, Buenos Aires, 1970, p. 25. Hay una edición más reciente publicada por Ediciones Kairós de Buenos Aires.

más y más pesada para quienes se sienten llamados a llevar el mensaje de Cristo a pueblos de tradiciones no europeas",[36] es hora de hacer algo al respecto. La tarea teológica ya no puede ser considerada como tarea de un sector de la iglesia: debe concebirse como la tarea de *toda* la iglesia en busca de "la unidad de la fe y el conocimiento del Hijo de Dios."

Pautas para una teología evangélica renovada

El presente momento histórico plantea un desafío a los cristianos en todo el mundo: el desafío a calar hondo en las Escrituras a fin de extraer la luz con que éstas pueden iluminar los problemas de hoy, por la acción del Espíritu Santo. Para que el evangelio no sea sólo aceptado intelectualmente sino también vivido, necesariamente tiene que tomar forma dentro de nuestro propio contexto cultural. El papel de la teología es interpretar y aclarar la Palabra de Dios con miras a la obediencia a Jesucristo en la situación histórica. En otras palabras, *la teología es un instrumento para la contextualización del evangelio.* Y para que cumpla su función debe tener como base la revelación bíblica, debe elaborarse en un contexto histórico definido y debe tener como meta la obediencia al Señor Jesucristo hoy. Consecuentemente, debe tomar en cuenta las siguientes pautas:

1. La base de la teología es la Palabra de Dios. Dios ha hablado en Jesucristo y lo que ha dicho en él (incluida su persona y su obra) es el tema central de las Sagradas Escrituras. La Palabra de Dios ha sido "escriturada" y como tal ejerce una función normativa, absolutamente imprescindible, por la acción de Espíritu Santo, en relación con la reflexión teológica. Sin ese control de la Palabra y del Espíritu que obra por medio de la Palabra, la teología deviene sabiduría humana. Una mera proyección del hombre. Antropología.

---

[36] Warren J. Roth, "La edificación de la iglesia universal sobre fundamentos culturales locales", *Mission in the 70's,* ed. John T. Boberg y James A. Scherer, Chicago Cluster of Theological Schools, Chicago, 1972, p. 86.

La normatividad de la Palabra, si ha de ser más que una mera teoría, implica seriedad en la labor exegética. Y es absurdo pretender que para hacer exégesis se puede prescindir, en nombre de "lo autóctono", de las herramientas básicas que la erudición bíblica desarrollada en Europa o Norteamérica ha puesto a nuestro alcance.

2. El contexto de la teología es la situación histórica concreta. La "teología pura", producida en una torre de marfil, está más emparentada con el escolasticismo que con la Biblia. La reflexión teológica no es básicamente un ejercicio intelectual, sino un descubrimiento de la voluntad de Dios relacionada con la práctica de la verdad en una situación específica. El estudio bíblico no es cuestión de asimilación de información tanto como cuestión de discernimiento del propósito de Dios en una situación de compromiso concreto. Dijo Jesús: "El que esté dispuesto a hacer la voluntad de Dios reconocerá si mi enseñanza proviene de Dios o si yo hablo por mi propia cuenta" (Jn 7.17).

3. El propósito de la teología es la obediencia al Señor Jesucristo. Ya lo dijimos antes, y lo repetimos: la única teología que la Biblia conoce es una teología "funcional", es teología que se hace en función de la realización del propósito de Dios por medio de su pueblo. Y la teología evangélica nunca puede, por lo tanto, carecer de una nota pastoral. En cierto sentido, es una homilía o una pastoral en la cual Dios se nos comunica como el Dios que nos usa como luz del mundo y sal de la tierra. Lo cual implica que la teología no puede quedarse con el individuo y su problemática, sino que tiene que ir más allá, al discernimiento de la voluntad de Dios en relación con el mundo en el cual la iglesia está llamada a vivir el evangelio.

La iglesia y la contextualización del evangelio

Al fin y al cabo, la contextualización del evangelio es posible por la acción del Espíritu Santo en el pueblo de Dios. En la medida en que la Palabra de Dios se encarna en la iglesia, el evangelio toma forma en la cultura. Y eso refleja el propósito de Dios: la intención de Dios no es que el evangelio se reduzca a un mensaje verbal, sino que se encarne en la iglesia, y a través de ella, en la historia. El Dios que siempre ha hablado a los hombres desde dentro de la situación histórica ha designado a la iglesia como el instrumento para la manifestación de Jesucristo en medio de la raza humana. La contextualización del evangelio jamás puede llevarse a cabo aparte de la contextualización de la iglesia en la historia.

Sin embargo, para que la iglesia revele a Jesucristo en el plano de la historia, debe primero experimentar la realidad de la muerte de Cristo con referencia a la cultura humana. En palabras de Hans Bürki, "la primera operación decisiva del evangelio al colocar al hombre-cultura frente a Dios es librarlo del cordón umbilical de su cultura".[37] En términos prácticos eso significa que la totalidad de la vida (incluso los modelos de pensamiento y conducta, los valores, hábitos y roles) debe ser sometida al juicio de la Palabra de Dios, de manera que sólo lo que es digno de Cristo permanezca y alcance su plenitud. Morir con Cristo es morir a nuestra propia cultura y, consecuentemente, reconocer más objetivamente los condicionamientos que ésta ejerce sobre nosotros a fin de aprender a apreciar los valores de otras culturas ajenas a la nuestra. Sólo así podemos ver la relevancia del evangelio para la vida humana en cualquier cultura y, por ende, la gloria del Cristo resucitado que transforma la cultura.

La iglesia realmente autóctona es aquella que en virtud de la muerte y resurrección de Cristo encarna el evangelio dentro de su propia cultura. Adopta un estilo de vida, pensamiento y acción en que sus propios patrones culturales son transformados y realizados plenamente por el evangelio. En cierto sentido, es la personificación cultural de Cristo, el medio a través del cual Cristo toma forma en una cultura dada. La tarea de la iglesia

---

[37] Bürki, "El evangelio y la cultura", *The Gospel Today*, IFES, Londres, 1975.

no es la extensión de un cristianismo-cultura por todo el mundo, sino la encarnación del evangelio en cada cultura. La obra misionera por lo tanto debe estar orientada hacia la formación de lo que Charles H. Kraft[38] ha denominado "iglesias de equivalencia dinámica", comparables —según él— a las traducciones dinámicas de la Biblia (como el caso de la *Versión Popular* en castellano). Las iglesias del Mundo de los Dos Tercios que permanecen atadas a la cultura occidental son "traducciones literales", alienadas de su propia cultura. Reducen la fe cristiana a una conformidad exterior a palabras y categorías transferidas de otras culturas. La iglesia autóctona es una "traducción dinámica" que produce en su propio medio ambiente la misma clase de impacto que la iglesia primitiva produjo en el mundo grecorromano. Usa las formas de la cultura local, pero la transforma en medios de expresión de la fe cristiana.

El evangelio puede contextualizarse únicamente por medio de "iglesias de equivalencia dinámica". Y tales iglesias son las que pueden generar una teología evangélica que refleja la multiforme sabiduría de Dios.

La contextualización del evangelio no consistirá en una adaptación de una teología ya existente en una cultura dada. No será meramente el resultado de un proceso intelectual. No será auspiciada por un benevolente paternalismo misionero cuya intención sea ayudar a la iglesia joven a seleccionar los elementos culturales de signo positivo. La contextualización del evangelio sólo puede ser un don de la gracia de Dios concedido a una iglesia que se esfuerza por colocar la totalidad de su vida bajo la soberanía de Jesucristo en una situación histórica. Más que un portento natural, la encarnación es un portento de la gracia de Dios.

---

[38] Kraft, "La iglesia como equivalencia dinámica, "*Missiology: An International Review* 1 (julio de 1973). 39-57.

6

Cristo y Anticristo en la proclamación del Evangelio

La sola mención del Anticristo nos coloca frente a un difícil problema de interpretación bíblica. ¿Quién (o qué) es el Anticristo? Desde los primeros siglos de historia de la iglesia muchos lo han concebido como un personaje apocalíptico cuya aparición en la historia precederá la segunda venida de Cristo. Actualmente en América Latina circulan varias versiones modernas de esa interpretación, cada una de las cuales pretende ser la única posible. Han pasado ya (o van pasando) los tiempos en que el Anticristo era identificado con el Papa, en línea con Lutero[1] y otros reformadores. Hoy el Anticristo halla su lugar en ciertos esquemas de interpretación literal en términos de un futuro dictador mundial que junto con sus ejércitos hará frente a Cristo en la batalla de Armagedón, o es una figura mitológica representativa de un apocalipticismo judío totalmente obsoleto.

[1] Esta identificación aparece con frecuencia en los escritos de Lutero. En *Los artículos de Esmalcada*, por ejemplo, dice que "así como no podemos adorar al diablo mismo como un señor y un dios, tampoco podemos admitir como cabeza o señor en su gobierno a su apóstol, el papa o Anticristo. Pues su gobierno papal consiste propiamente en mentiras y asesinatos, en corromper eternamente las almas y los cuerpos como ya he demostrado esto en muchos libros" (*Obras de Martín Lutero*, Paidós, Buenos Aires, 1971, V, p. 176). A juicio de George Milligan, "se puede decir que la ecuación 'el Papa, o el Papado, es el Anticristo', ha sido la posición dominante de los exégetas protestantes por un período de más o menos doscientos años" (*St. Paul's Epistles to the Thessalonians*, William B. Eerdmans, Grand Rapids, 1952, p. 169, mi traducción).

En la presente ponencia no pretendemos poseer la clave para comprender todas las afirmaciones que el Nuevo Testamento hace respecto al Anticristo. Preferimos dejar en suspenso la respuesta a las preguntas que plantea la escatología futurista, no porque las creamos sin importancia sino porque (además de dudar de nuestra competencia para responderlas) las consideramos ajenas al tema que tenemos entre manos. Dejando de lado esas preguntas concentraremos la atención en el sentido que tiene la proclamación del Evangelio en relación con el conflicto representado por el binomio Cristo- Anticristo. En la primera parte resumiremos la enseñanza del Nuevo Testamento sobre el Anticristo, destacando aquello que a nuestro parecer es claro en base al estudio de los textos. En la segunda parte nos esforzaremos por discernir las señales de los tiempos en la situación latinoamericana. En la tercera parte, finalmente, sugeriremos algunas consecuencias de toda la reflexión previa para la evangelización en nuestra situación.

I. El Anticristo en el Nuevo Testamento

Para explicar el origen de la figura del Anticristo a menudo se ha recurrido a la literatura apocalíptica y pseudoepigráfica del período intertestamentario y del primer siglo de nuestra era. No podemos detenernos aquí a analizar esta cuestión de particular interés para los estudiosos de los orígenes de las religiones. Nos limitamos a observar que las coincidencias entre el Anticristo del Nuevo Testamento y ciertas figuras míticas que aparecen en libros tales como *4 Esdras,* el *Testamento de los Doce Patriarcas,* el *Libro de Jubileos, La Asunción de Isaías* y los *Oráculos Sibilinos,* muestran que la figura neotestamentaria germinó en un terreno en el cual la expectativa del fin del mundo, enraizada en las profecías del Antiguo Testamento, se mezclaba con una lectura negativa de los acontecimientos históricos contemporáneos.

Mucho más obvia es la conexión del Anticristo del Nuevo Testamente con la profecía de Daniel, la cual se pondrá en evidencia al examinar los varios pasajes neotestamentarios relacionados con el tema, a saber, Marcos 13.2, Tesalonicenses 2.1-12, Apocalipsis 13, 1 Juan 2.18-29, 4.1-6, y 2 Juan 7.[2]

Marcos 13

El "pequeño Apocalipsis" de Marcos 13 (par. Mt 24 y Lc 21) hace referencia al "horrible sacrilegio" (v. 14) cuya aparición coincidirá con un período de intenso sufrimiento sin paralelo en la historia. Se trata de una descripción de una persona que encarna la más espeluznante idolatría. La terminología se deriva directamente de Daniel 9.27, 11.31 y 12.11, textos que tienen como trasfondo la profanación del Templo de Jerusalén cometida por Antíoco Epífanes en el año 167 a. C. al convertirlo en un centro de adoración a Zeus Olímpico, de quien el tirano pretendía ser una manifestación terrenal. En el contexto de Marcos 13 la referencia al "horrible sacrilegio" podría estar vinculada a la caída de Jerusalén (año 70 d. C.) cuando las legiones romanas rodearon la ciudad con sus estandartes adornados con el águila imperial tan abominada por los nacionalistas judíos.[3] Pero un curioso dato gramatical[4] sugiere que el Sacrilegio es una persona, de quien se dice que ocupa el lugar donde no debe estar (*estëkota opou ou dei,* v.14), es decir, el lugar que le pertenece a Dios. Esta última calificación coincide con la del Anticristo en 2 Tesalonicenses 2.4: "hasta el punto de adueñarse del templo de Dios y pretende ser Dios."

---

[2] El término *Anticristo* se usa únicamente en las cartas de Juan (cinco veces), pero es evidente que el concepto está presente también en los demás pasajes mencionados.

[3] Cf. Cole, *The Gospel According to St Mark: An Introduction and Commentary*, Tyndale Press, Londres, 1961, p. 202. Es clara la referencia a los ejércitos romanos en Lc 21.20.

[4] El sustantivo *abominación (to bdelugma),* de género neutro, es modificado por un participio masculino (*estëkota).*

Otro elemento importante en relación a la venida del Anticristo en Marcos 13 es la referencia a los falsos profetas (*pseudoprofëtai)* y los falsos cristos (*pseudocristoi)* que "harán señales y milagros para engañar, de ser posible, aun a los elegidos" (v. 22; cf. v.6). No se explica en el pasaje hasta qué punto la acción de estos maestros del engaño es inspirada directamente por el Anticristo. Pero es obvio que forma parte de un complejo cuadro de rebelión contra Dios y apostasía general que precederán la venida de Cristo y tendrán su máxima expresión en el Anticristo.

2 Tesalonicenses 2.1-12

No es difícil comprobar que la imagen paulina del Anticristo deriva su perfil de las visiones apocalípticas del profeta Daniel. Nótense los siguientes conceptos paralelos:

2 Tesalonicenses 2	**Daniel**
"la rebelión contra Dios" (v. 3); "con toda perversidad engañará a los que se pierden" (v. 10).	"Con su astucia propagará el engaño, creyéndose un ser superior" (8.25); "corromperá con halagos a los que hayan renegado del pacto" (11.32); "rendirá grandes honores a aquellos que lo reconozcan" (11.39).
"el hombre de maldad" (*anomias,* "sin ley) (v.3).	"tratará de cambiar las festividades y también las leyes" (7.25).
"se opone y se levanta contra todo lo que lleva el nombre de Dios o es objeto de adoración, hasta el punto de adueñarse del templo de Dios y pretender ser Dios" (v. 4).	"Este cuerno se veía más impresionante que los otros, pues tenía ojos y hablaba con insolencia" (7.20); "y el macho cabrío cobró gran fuerza" (8.8);"el rey hará lo que mejor le parezca. Se exaltará a sí mismo, se creerá superior a todos los dioses" (11.36).

"el destructor por naturaleza" (v. 3); "a quien el Señor Jesús derrocará con el soplo de su boca y destruirá con el esplendor de su venida" (v.8).	"se enfrentará al Príncipe de los príncipes, pero será destruido sin la intervención humana" (8.25).

En el contexto de 2 Tesalonicenses 2 el Anticristo es una figura escatológica cuya manifestación (su a*pocalypsis*, vv. 3, 6) precederá la segunda venida de Cristo. Su propia venida (*parusía, v. 9*) es una señal de la Parusía (segunda venida de Cristo). No ha sucedido todavía, según el apóstol, y consecuentemente sus lectores no deben dejarse engañar con la idea de que "el día del Señor" va a acontecer de inmediato o aun quizá ya ha acontecido (v. 3). Pero "el misterio de la maldad ya está ejerciendo su poder" (v. 7): ya hay señales que anticipan el Apocalipsis del anti-Mesías. Es obvio que el fin se acerca.

De las varias descripciones del Anticristo en este pasaje surge el retrato de un personaje siniestro. No se trata de una encarnación de Satanás, sino de un hombre investido con poderes satánicos que lo capacitan para realizar obras sobrenaturales. Sus señales y prodigios son "falsos" (v. 9) no porque carecen de realidad sino porque sirven para engañar (vv.10, 11). Son así la contraparte de los milagros que se realizan por el poder de Jesucristo; son, diríamos, los antimilagros que acompañan la difusión del error así como los milagros de Cristo acompañan la difusión del Evangelio. Toda la obra del Anticristo es una parodia de la obra de Jesucristo, con la cual el "hombre de maldad" (el "Sin-ley") fomenta la mentira. Pero la intención del Anticristo va más allá de ser un pseudo-Mesías, suplantando a Cristo; su intención es ocupar el lugar que le corresponde a Dios, pretendiendo ser Dios (v. 4). Su acción proyecta así la pretensión más abominable que pueda concebirse: la pretensión al culto universal. Por eso "se opone y se levanta contra todo lo que lleva el nombre de Dios o es objeto de adoración" (v. 4). "Los plagios adoptados son en esencia sólo herramientas para establecer exprofeso un programa abiertamente no-mesiánico, un programa que no sólo carece objetivamente sino que quiere carecer de todo reconocimiento y aspiración cristianos. El hombre-de-Maldad es un sujeto irreligioso y antirreligioso y antimesiánico por excelencia".[5] El Anticristo es así la manifestación suprema de la rebeldía humana contra Dios, manifestación con la cual culminará la historia de pecado que se inició en Edén.

Ciertos datos relativos al Anticristo contenidos en este pasaje sugieren a primera vista que su oposición a Cristo se da fundamentalmente en el plano moral y religioso: se hace pasar por Dios y seduce a sus seguidores con sus señales y prodigios falsos. Su venida es la causa de "la rebelión contra Dios" (v. 3), el abandono masivo de la fe cristiana que a su vez culmina con la aceptación de "la mentira" (v.11) por parte de aquellos que están en camino a la perdición (v.10).

Pero es claro que el escenario en el cual el Transgresor (el "Sin Ley") actúa es tan amplio y que su pretensión es tan absoluta, que ningún aspecto de la vida humana puede quedar exento de sus exigencias. Se trata de un poder totalitario dispuesto a organizar el mundo y la vida bajo un gobierno que es la negación misma del Reino de Dios. Se trata de un falso dios que establece un orden político, un imperio, sobre la base de la Mentira.

La exégesis de 2 Tesalonicenses es insuficiente para responder varias preguntas que podrían haberse hecho en cuanto al Anticristo. Nada se dice, por ejemplo, sobre dónde el tétrico personaje hará su aparición. Y es evidente que los lectores originales habían recibido de Pablo, con anterioridad a la carta, cierta información que les ayudaría a entender lo que el apóstol decía, pero que nosotros desconocemos. "¿No recuerdan que ya les hablaba de esto cuando estaba con ustedes?" (v. 5), les pregunta. Y añade: "Bien saben que hay algo que detiene a este hombre (*to*

---

[5] Vos, *The Pauline Eschatology,* William B. Eerdmans, Grand Rapid, 1961, p. 118.

katecon)" (v. 6); "falta que sea quitado de en medio el que ahora lo detiene (*'o katecön*)" (v. 7). Dada nuestra distancia geográfica y cronológica, nosotros ignoramos qué y quién detiene al Anticristo. Lo único que entendemos es que para Pablo hay algo y alguien que está dilatando el advenimiento del Hombre de Maldad, alguien que tendrá que ser "quitado de en medio" a fin de que luego, de inmediato (*tote*), aquél se manifieste y sea destruido por Jesucristo "con el soplo de su boca" (v. 8). Con el juicio de Dios que se descarga sobre "el destructor por naturaleza" (v. 3) y todos "los que se pierden por haberse negado a amar la verdad y así ser salvos" (v. 10) el drama de la historia habrá llegado a su acto final.

I Juan 2.18, 22, 4.3; 2 Juan 7

En contraste con los lectores de Pablo, los de Juan no encaran el problema de discernir el cumplimiento de expectativas relativas a la venida de Cristo. Encaran más bien el problema de herejías en la iglesia que atentan contra el Evangelio. El enfoque se desplaza del futuro al presente, de un personaje apocalíptico a una enseñanza falsa. El contexto, sin embargo, sigue siendo escatológico, ya que Juan entiende que "ésta es la hora final" (2.18) y que de ello da evidencia el surgimiento de muchos anticristos, precursores del Anticristo.

Los anticristos que han surgido son personas que quieren hacerse pasar por Cristo, no son los pseudocristos de la predicación de Jesús (cf. Mr 13.22), sino adversarios de Cristo que niegan al Padre y al Hijo (2.22). Son maestros humanos que han dejado la iglesia a la cual se dirige el apóstol (2.19) y están difundiendo una mentira que se define como una negación de que "Jesús es el Cristo" (2.22), una negación del Hijo (y consecuentemente del Padre) (2.23) y una negación de que "Jesucristo ha venido en cuerpo humano" (4.2, 3; 2Jn 7). El que niega que el hombre Jesús es el Hijo eterno de Dios —dice el apóstol— es "el mentiroso" (2.22), "el engañador y el anticristo" (2Jn 7). La verdad de la encarnación es la verdad central de la fe cristiana; su negación es, por lo tanto, la mentira por antonomasia, y el que la mantiene y la propaga está indiscutiblemente poseído por el espíritu del Anticristo (4.3).

Es evidente que cuando Juan escribe sus cartas, los herejes han salido de la iglesia, demostrando así que no pertenecen al pueblo de Dios (2.19). Sin embargo, el peligro de la seducción por parte de la herejía está todavía presente (2.26). De ahí su advertencia a sus lectores, en primer lugar, a que permanezcan en lo que han oído "desde el principio" (es decir, en la enseñanza apostólica) (2.24), lo cual equivale a permanecer en Dios (2.24); en segundo lugar, a que permanezcan en el Espíritu, la Unción que han recibido (2.27, 28) y, en tercer lugar, a que no crean a todo espíritu sino prueben los espíritus en base a la confesión de que Jesús es el Cristo venido en carne (4.1-3).

Así como para Pablo "el misterio de la maldad" que precede a la manifestación final del Anticristo ya está en acción (2Ts 2.7), para Juan ya está presente el espíritu del Anticristo (1Jn 4.3). El futuro advenimiento del Anticristo no será un acontecimiento único, aislado y repentino; será, más bien, la culminación de todo un proceso en el cual el mal irá en aumento hasta que todas sus fuerzas se desaten en la gran apostasía y luego se concentren en la tétrica figura del Anticristo. El Anticristo será el paradigma de la oposición que el Evangelio tiene que encarar a lo largo de la historia en el período entre la resurrección y la segunda venida. Será la revelación final de la rebelión contra Dios que caracteriza la vida humana aparte de la redención en Cristo. Será la culminación de la Negación de Cristo con la cual el mundo hace frente a la proclamación de las Buenas Nuevas. Será la Antítesis de Cristo, prototipo de todas las antítesis que el Evangelio encuentra dondequiera y cuando quiera que es anunciado con integridad.

Apocalipsis 13

La bestia que sube del mar y la bestia que sube de la tierra según Apocalipsis 13 (vv. 1-10 y 11-18 respectivamente) completan el cuadro del Anticristo en el Nuevo Testamento. Otra vez domina la nota apocalíptica: ha sonado la séptima trompeta, la trompeta que anuncia el acto final del drama de la historia.

La bestia que sube del mar es concebida en concordancia con la visión de Daniel 7, donde aparecen cuatro bestias que suben del mar. La cuarta de ellas, "extremadamente horrible" (v. 7), tenía diez cuernos, entre los cuales surgió otro cuerno pequeño, el mismo que en Apocalipsis 13 provee los lineamientos de la primera bestia. En Daniel, la bestia cuyo poder se concentra posteriormente en el pequeño cuerno tiene diez cuernos y sale del mar (vv. 1, 7; cf. Ap 13.1). El paralelismo se prolonga en los siguientes datos:

Apocalipsis 13	**Daniel 7**
"se le permitió hablar con arrogancia y proferir blasfemias" (v. 5).	"El cuerno pequeño parecía tener... una boca que profería insolencias" (v. 8; cf. v. 11.20)
"se le confirió autoridad para actuar durante cuarenta y dos meses" (v. 5).	"y los santos quedarán bajo su poder durante tres años y medio" (v. 25).
"Abrió la boca para blasfemar contra Dios, para maldecir su nombre" (v. 6).	"Hablará en contra del Altísimo" (v. 25).
"se le permitió hacer la guerra a los santos y vencerlos" (v. 7).	"este cuerno libró una guerra contra los santos y los venció" (v. 21).

Se trata de un poder totalitario que actúa con la autoridad del Dragón (v. 2) del mismo modo que el "Hombre de Maldad" de la concepción paulina viene "por obra de Satanás" (2Ts 2.9).

Es, en efecto, un ser demoníaco y lleva sobre sus cabezas —símbolo de poder absoluto— un nombre blasfemo (v. 1). Qué nombre blasfemo es éste, no se explicita, pero es obvio que refleja la pretensión más audaz que puede concebirse: la de ser Dios y merecer como tal la adoración universal (vv. 3, 4).

Los únicos que se niegan a rendirle culto son los cristianos, contra los cuales el monstruo desata su implacable persecución (vv. 7, 8). Esta bestia que sube del mar es la encarnación misma del "horrible sacrilegio" predicho por Jesucristo para el final de los tiempo (Mr 13.14). Sus rasgos de leopardo, oso y león (v. 2) combinan los de las cuatro bestias de la visión de Daniel (cap. 7), representativas de cuatro imperios mundiales sucesivos (Babilonia, Persia, Grecia y Roma). Y esta combinación muestra claramente que la bestia no se identifica con un gobierno en particular sino simboliza al Estado que exige de sus súbditos la lealtad debida solamente a Dios y que se opone a Jesucristo y su iglesia.

La bestia que sube de la tierra, por otra parte, tiene la apariencia de cordero pero habla como dragón (v. 11). Es, pues, una parodia del Cordero de Dios. Deriva su autoridad de la primera bestia, a la cual sirve haciendo que los moradores de la tierra le rindan el culto que aquella exige (v. 12). Para lograrlo realiza señales milagrosas que evocan las "*señales y prodigios falsos*" del Inicuo según 2 Tesalonicenses 2.9 (v. 13). Su acción contra quienes se niegan a adorar a la primera bestia es decisiva: son condenados a muerte (v. 15) y excluidos de las actividades económicas, sea cual sea su posición social (vv. 16, 17). Esta segunda bestia, llamada también "*el falso* profeta" (Ap 19.20, 20.10), es el símbolo de la religión puesta al servicio del Estado. Junto con la primera representa cualquier sistema de gobierno que intenta controlar la vida de sus ciudadanos de manera absoluta y hace de la religión un instrumento de sometimiento a su régimen totalitario.

Conclusiones

Aunque el cuadro del Anticristo en los pasajes que hemos analizado brevemente no es claro en todos sus detalles, las siguientes conclusiones son posibles en base a la exégesis:

1. El tema del Anticristo formaba parte de la enseñanza oral de los apóstoles en la iglesia del siglo I (2Ts 2.5; 1Jn 2.18).

2. Los escritores del Nuevo Testamento conciben al Anticristo como una figura apocalíptica cuya manifestación final precederá la Parusía, pero de ninguna manera limitan su acción al futuro. Por el contrario, la detectan en eventos y personajes contemporáneos que afectan la vida y misión de la iglesia, y que apuntan a una encarnación futura del mal. Ni la interpretación futurista ni la interpretación preterista del Anticristo hacen justicia a los datos bíblicos, según los cuales en el presente hay una tensión escatológica entre el "ya" y el "todavía no" que condiciona la historia humana en el período entre la resurrección y la segunda venida de Cristo. La aparición del Anticristo pertenece al fin, pero "ésta es la hora final" (1Jn 2.18) y el Anticristo se hace presente en anticristos que anticipan su rebelión final. Ningún tirano del pasado, ni siquiera los emperadores romanos que impusieron el culto imperial y se hicieron llamar *Dominus et Deus* (Señor y Dios) o *Dominus et Soter* (Señor y Salvador), agota el horrible sacrilegio del anti-Rey del acto final de la historia. Ningún falso maestro del pasado —ni siquiera los herejes que niegan la encarnación— agota la mentira del Falso Profeta, autor de la Gran Apostasía. Pero "el misterio de la maldad ya está ejerciendo su poder" que prefigura la Oposición Final al Evangelio y se hace visible aquí y ahora en todo gobierno totalitario y toda religión que niega a Jesucristo.

3. La pretensión central del Anticristo es la de ocupar el lugar que le pertenece a Dios y recibir el culto que sólo Dios merece. Su exigencia es absoluta y por lo tanto coloca a toda la humanidad y a cada individuo frente a la alternativa

entre el culto a Dios y el culto a la Negación de Dios y, consecuentemente, entre la Vida y la Muerte.

4. El Anticristo está construyendo su reino en base del error, el engaño, la mentira. Tiene el poder de hacer señales y prodigios que son una parodia de los milagros de Jesucristo y logran persuadir a los que no han recibido el amor de la verdad para ser salvos.

5. La intención del Anticristo es destruir la iglesia, sea mediante la persecución desde afuera por parte del gobierno anticristiano, o mediante la seducción al error desde adentro por parte de la religión anticristiana. La realidad de su acción presente nos impide que pensemos que hay una ruta por la cual la humanidad puede transitar directamente desde la historia hasta el Reino de Dios. El peregrinaje hacia el Reino se realiza en medio de un conflicto en que los poderes de las tinieblas se oponen constantemente al cumplimiento del propósito de Dios en Jesucristo. De ahí que no hay misión sin sufrimiento.

6. La acción del Anticristo no puede ir más allá de los límites determinados por Dios, la fuente de todo poder, en cuya mano está el juicio final (Ap 20.10). Jamás podrá frustrar la realización última del propósito de Dios. Mientras tanto, la iglesia está llamada a ser fiel a la verdad de Jesucristo tanto en lo que hace como en lo que proclama, aun hasta el martirio. "¡En esto consisten la perseverancia y la fidelidad de los santos!" (Ap 13.10).

II. Señales de los tiempos en América Latina hoy

La historia de la interpretación del Anticristo desde Justino el Mártir e Ireneo hasta Hal Lindsay y Tim La Haye es por sí una advertencia contra el peligro del dogmatismo en lo que atañe al intento de relacionar la enseñanza bíblica sobre esta figura apocalíptica con los acontecimientos contemporáneos. Sin embargo, no se puede echar por la borda la nota apocalíptica del

Nuevo Testamento sin perder un importante elemento del mensaje del Evangelio. Los símbolos apocalípticos de los escritores neotestamentarios, entre ellos la figura del Anticristo, encierran una visión de la acción de Dios en la historia, de la dimensión cósmica de la obra de Jesucristo y del significado trascendente de la misión de la iglesia, sin la cual la fe cristiana sufriría una pérdida irreparable.[6] Vale la pena, por lo tanto, correr el riesgo de equivocarnos e intentar una lectura de las señales de los tiempos en nuestro propio contexto histórico.

En 1969, en la *Declaración Evangélica de Bogotá,* que surgió del Primer Congreso Latinoamericano de Evangelización (CLADE I), reconocíamos que "el proceso de evangelización se da en situaciones humanas concretas" y hablábamos de la necesidad de encarnar el ejemplo de Jesucristo "en la crítica realidad latinoamericana de subdesarrollo, injusticia, hambre, violencia y desesperación" (párrafo 6). Desde entonces nuestra realidad se ha tornado mucho más compleja, y cada una de las características con que la calificábamos ha cobrado dimensiones de tragedia. Cualquier observador puede comprobar, además, que a la vez que la población ha aumentado de los 200 a los 300 millones esta última década, nuestro continente ha estado moviéndose masivamente hacia regímenes que están dispuestos a imponer un modelo definido de crecimiento económico a cualquier costo. Son gobiernos que se conciben como motores de la modernización[7] a la que hoy aspiran las naciones "subdesarrolladas" o

[6] Tiene razón Leon Morris cuando afirma: "Es mucho mejor ver lo apocalíptico como sólo un aspecto del mensaje de la iglesia. Expresa bien algunas cosas, especialmente la ansiosa expectativa del fin" (*Apocalyptic,* William B. Eerdmans, Grand Rapids, 1972, p. 86, mi traducción). Después de admitir la verdad de su afirmación, sin embargo, hace falta recobrar el valor de lo apocalíptico en relación con las implicaciones *presentes* de la obra de Jesucristo, la misma que mira simultáneamente al pasado y al futuro.

[7] Para nuestro propósito, aceptamos la definición de *modernización* según la cual ésta "consiste en el crecimiento y difusión de una serie de instituciones enraizadas en la transformación de la economía por medio de la tecnología"

"en vías de desarrollo". Dan por sentado el mito del progreso —versión secularizada de la escatología bíblica— y aceptan como modelo para el cambio social el modelo de crecimiento económico ejemplificado especialmente por los Estados Unidos. Se valen para ello de una élite en la cual los fenómenos propios de la modernización, como son la producción tecnológica y la burocracia, van creando una nueva conciencia caracterizada entre otras cosas por la "actitud racional", la separación de los fines y los medios, la segregación entre la vida privada y la vida pública, el anonimato en las relaciones sociales.[8] Y usan los medios de comunicación social para difundir a nivel de las masas una visión de la realidad que concuerda con sus propósitos económicos.

A los planes gubernamentales que buscan implementarse a toda costa corresponde una sociedad que progresivamente adopta los valores típicos de las "sociedades avanzadas": el aumento ilimitado de la producción, el confort, la eficacia, el éxito. Si se reconoce, sin embargo, que "en el nivel social y económico, todos los países de todas las latitudes y orígenes raciales expresan las mismas aspiraciones fundamentadas en valores básicamente iguales",[9] es obvio que la sociedad que va tomando forma en América Latina hoy (y que está en varios estados de desarrollo en los varios países del continente) es sólo una versión de la moderna sociedad industrial que poco a poco va imponiéndose a nivel planetario sin respetar las fronteras ideológicas.[10] En palabras de Raymond Aron, "la

---

(Peter Berger, Brigitte Berger, Hanifried Kellner, *The Homeless Mind,* Vintage Books, Nueva York, 1973, p. 9, mi traducción).

[8] Cf. *Ibid.*

[9] Aron, *La era tecnológica*, Alfa, Montevideo, 1968, p. 59.

[10] Lo que ha sucedido en la China a partir de la muerte de Mao ilustra bien la "convergencia de los sistemas" que se está dando en nuestro día. No se trata aquí de negar la diferencia radical entre el modelo capitalista y el modelo socialista a nivel ideológico. En la práctica, sin embargo, ambos sistemas persiguen valores materiales y definen el "nivel de vida" básicamente en

sociedad industrial... está lejos de ser universal, pero lo es potencialmente, en el sentido de que hoy ya se ha convertido en una condición *sine qua non* de poder y de prosperidad".[11]

Ya en 1974, en el Congreso Internacional sobre Evangelización Mundial (Lausana I), señalé la importancia de recuperar el concepto bíblico del pecado y ver que el hombre es víctima de un orden que lo trasciende y le impone un estilo de vida que le resulta contraproducente. Señalé además, que en el mundo moderno ese orden está marcado por el materialismo, es decir, "la absolutización de la era presente en lo que ella ofrece: los bienes de consumo, el dinero, el poder político, la filosofía, la ciencia, la clase social, la raza, la nación, el sexo, la religión, la tradición...; el egoísmo colectivo (para usar la expresión de Niebuhr) que condiciona al hombre para que busque su realización en las cosas deseables de la vida; la Gran Mentira de que el hombre deriva su sentido de 'ser como Dios', en autonomía de Dios".[12] Posteriormente, en un ensayo sobre el párrafo 12 del *Pacto de Lausana* volví al tema y dije que todo el mundo se está transformando en una "aldea global" unida por la ideología del consumismo.[13] Hoy añadiría que para mí el "misterio de la maldad" está en acción en nuestra época en ese gigantesco esfuerzo de todas las naciones por convertirse en "sociedades avanzadas" según la imagen propuesta en términos de la sociedad de consumo y por medio de la racionalidad científica, tecnológica y administrativa.

---

términos económicos. Lo que Octavio Paz dice acerca de la situación de México se aplica igualmente a muchos otros países latinoamericanos: "En el México contemporáneo, salvo algunos excéntricos que desconfiamos del 'desarrollo' y que quisiéramos un cambio de orientación de nuestra sociedad, lo mismo las facciones de derecha que las de izquierda, aunque irreconciliables, coinciden en el mismo culto suicida al progreso" (*El Ogro Filantrópico*, Joaquín Mortiz, México, 1979, p. 65).

[11] Aron, *La era tecnológica*, p. 65.

[12] Ver arriba, "El evangelio y la evangelización", cap. 2.

[13] Ver arriba, "Conflicto espiritual", cap. 3.

Al hacer tal afirmación no estoy abogando por un utópico "retorno a la naturaleza" o una identificación de la fe cristiana con la sociedad rural. Estoy simplemente señalando que el modelo de la sociedad que domina en el mundo moderno es la sociedad dedicada a la conquista del *confort* físico como si la vida consistiera en la cantidad de bienes que uno posee. Y estoy proponiendo que detrás del materialismo de esa sociedad de consumo está el espíritu del Anticristo. Para atar cabos entre esta tesis y la exégesis de la sección anterior, me permito hacer las siguientes observaciones.

El período entre la resurrección y la segunda venida está caracterizado por la oposición a la Buena Nueva, oposición en la cual se anticipa la manifestación final del Anticristo. Pero no siempre la oposición se da en términos de persecución. También puede tomar la forma de seducción. De ahí la importancia de esta advertencia que consta en el *Pacto de Lausana:* "Necesitamos vigilancia y discernimiento para salvaguardar el evangelio bíblico. Reconocemos que nosotros mismos no estamos inmunes a la mundanalidad en el pensamiento y en la acción, es decir, a una contemporización con el secularismo" (párrafo 12). El espíritu del Anticristo se hace presente hoy en día en cualquier esfuerzo que hace la iglesia por cumplir su cometido usando para ello las reglas de juego y los valores de la sociedad que la rodea. Eso sucede, por ejemplo, cuando en la evangelización se reemplaza el Evangelio bíblico, centrado en Jesucristo, Señor y Salvador, por un mensaje sin las demandas del discipulado cristiano, adaptado al consumo masivo. A ese peligro me referí en el Congreso de Lausana de 1974 al hablar del *cristianismo-cultura.* La advertencia sigue en pie, tanto más necesaria cuanto más condicionados estamos hoy por el acercamiento racionalista a la vida humana característica del secularismo de la sociedad moderna.[14]

[14] Una de las características principales de la sociedad dominada por el secularismo es su fe en la razón. Desde este punto de vista se puede afirmar que la sociedad moderna no es irreligiosa sino entregada a la fe en la razón.

Por momentos parecería que *1984*, la novela de George Orwell, ha cesado de ser ficción para convertirse en realidad, especialmente en su descripción del carácter totalitario de la sociedad. También aquí se hace visible el Anticristo, y más aun cuando se observa el papel que el Estado desempeña, con su abrumadora concentración de poder político y económico, en casi todos los países latinoamericanos. Bien dice Octavio Paz refiriéndose al Estado:

> Su realidad es enorme. Lo es tanto que parece irreal: está en todas partes y no tiene rostro. No sabemos qué es ni quién es. Como los budistas de los primeros siglos, que sólo podían representar al iluminado por sus atributos, nosotros conocemos al Estado sólo por la inmensidad de sus devastaciones. Es el Descarnado; no es una presencia sino una dominación. Es la Impersona.[15]

El materialismo contemporáneo, con su visión unidimensional de la realidad, impone sus valores y ofrece una salvación que es una negación de la salvación en Cristo: una anti-salvación. Es en esencia la Mentira de que el hombre puede ser como Dios en autonomía de Dios. Por eso no se presenta directamente como una negación de la fe cristiana, sino como un plan de salvación individual y social. Es una religión secularista que domina todo aspecto de la vida de sus adherentes y constantemente hace uso de los medios de comunicación social para difundir su mensaje y ofrecer esperanza sea en términos de crecimiento económico o

---

En palabras de Eduard Heimann, "el concepto fundamental de la sociedad moderna blanca es el de la razón. Porque hace de la razón y de las ciencias creadas por la razón las guías en la construcción de la sociedad, la era moderna se distingue de las eras anteriores y de la sociedad no-occidental contemporánea. Y es fundamentalmente el reconocimiento de la razón científica como la guía en la vida social lo que une a Oriente y Occidente, la rama liberadora y la rama igualitaria de la sociedad moderna" (*Reason and Faith in Modern Society*, Wesleyan University Press, Middletown, Conn., 1961, p. 20, mi traducción).

[15] Paz, *El Ogro Filantrópico*, p. 10

en términos de revolución. Y viene acompañada por las señales y prodigios de la técnica moderna y apoyada por gobiernos que hacen de ella el pegamento que mantiene unida a la sociedad. Como afirma Jacques Ellul, "un estado está inseguro a menos que haya una religión de estado. La política necesita a la religión como aliado".[16] Para los gobiernos de nuestros países, llámense o no cristianos, el materialismo de la sociedad de consumo cumple el papel de la religión.

Los últimos años proveen elocuentes ilustraciones en nuestro propio contexto histórico de la manera en que el Estado puede erigirse en Dios y avasallar a sus ciudadanos sin ningún respeto por los más elementales derechos humanos. Los asesinatos políticos, las torturas, todo ello a nombre de la seguridad nacional,[17] son señales del Anticristo en América Latina.

III. La proclamación en el contexto latinoamericano

Nos hemos detenido en la reflexión sobre la enseñanza neotestamentaria respecto al Anticristo y sobre las señales de los tiempos en nuestra situación porque hemos querido ver con mayor claridad qué significa proclamar a Jesucristo en el contexto la-

[16] Ellul, *The Politics of God and the Politics of Man,* William B. Eerdmans, Grand Rapids, 1972, p. 126.

[17] La misma ideología ha ganado fuerza en otros países del mundo. Refiriéndose a los Estados Unidos, por ejemplo, Richard J. Barnet escribe: "La seguridad nacional es un hechizo moderno. Como cualquier otro hechizo, las palabras tienen poder y misterio. En nombre de la seguridad nacional se puede atentar contra todas las cosas, se puede correr todos los riesgos, se puede demandar todos los sacrificios. Irrupciones en reuniones, interferencia con las líneas telefónicas, engaño en el Congreso… todo en nombre de la seguridad nacional" ("Desafío a los mitos de la seguridad nacional", *The New York Times Magazine,* 1 de abril de 1979, mi traducción). Con la doctrina de la seguridad nacional se vinculan los gastos militares. En 1977 los gastos mundiales en este rubro alcanzaron el nivel record de 533.000 millones de dólares. Y esto a pesar de que Estados Unidos tiene ya suficientes bombas nucleares como para destruir el mundo doce veces.

tinoamericano. La enseñanza escatológica del Nuevo Testamento no tiene como propósito satisfacer nuestra curiosidad en cuanto al futuro ni proveernos materiales para la elaboración de una futurología imaginativa. Su propósito es más bien invitarnos a discernir los tiempos en función de la fidelidad a Jesucristo en la vida y misión de la iglesia en la situación actual.

El reconocimiento de la acción del Anticristo destaca la importancia de mantener una actitud vigilante para no ser engañados por el Enemigo. La *Declaración de Bogotá* señala: "Las estructuras sociales influyen sobre la iglesia y sobre los receptores del evangelio. Si se desconoce esta realidad, se desfigura al evangelio y se empobrece la vida cristiana" (párrafo 6). El *Pacto de Lausana* va más allá: advierte, como ya hemos indicado anteriormente, que "no estamos inmunes a la mundanalidad en el pensamiento y la acción, es decir, a una contemporización con el secularismo," y detecta esta contemporización en la manera en que, "en el deseo de asegurar una respuesta al evangelio, hemos acomodado nuestro mensaje, hemos manipulado los corazones por medio de técnicas de presión y nos hemos preocupado demasiado por las estadísticas y hasta hemos sido deshonestos en el uso de ellas" (sección 12). Detrás de todas estas formas de mundanalidad, que asumen valores de la sociedad secular, está el espíritu del Anticristo. En contraste, la fidelidad al Evangelio demanda la proclamación de Cristo como Señor de la totalidad de la vida. Como bien dice el *Pacto de Lausana*, "al hacer la invitación del evangelio no tenemos la libertad de ocultar o rebajar el costo del discipulado" (sección 4).

En el ínterin entre la resurrección y la segunda venida de Cristo la proclamación se lleva a cabo en un contexto de conflicto espiritual en que el poder del Anticristo se organiza para impedir la realización del propósito de Dios. Como dice Lesslie Newbigin, "desde el punto de vista de la revelación del fin y significado de la historia en Jesucristo, podemos entender que precisamente porque sólo en Cristo la historia puede tener significado, los últimos y mayores esfuerzos de los poderes de este mundo deben ser organizar la historia humana en su totalidad aparte de la obediencia a Cristo, es decir, en términos del reino del Anticristo".[18]

Si en América Latina el reino del Anticristo toma la forma de una sociedad que absolutiza los bienes materiales, con gobiernos que están dispuestos a pagar un elevado costo social y ecológico para obtener sus propósitos de desarrollo económico, la proclamación del Evangelio tiene que incluir el anuncio de las Buenas Nuevas de salvación en Jesucristo a la vez que la denuncia de todo aquello que en esta sociedad atente contra la plenitud de la vida humana. La demanda de la hora no es criticar a los gobiernos en lenguaje religioso, sino confrontar los valores y actitudes que hacen posible que nuestros pueblos sean domesticados por la propaganda; no es oponer los mitos oficiales con otros mitos seculares, sino señalar el juicio de Dios respecto a todo intento de construir el Reino de Dios. Desde la venida de Cristo la clave de la historia se encuentra en su muerte y resurrección, y la proclamación del Evangelio coloca a la humanidad frente a una sola alternativa: Cristo o Anticristo.

El reconocimiento de la acción del Anticristo en la presente etapa de la historia de la salvación impide que adoptemos una actitud triunfalista respecto a la misión cristiana. La venida de Cristo desató los poderes de las tinieblas en un esfuerzo por contrarrestar los efectos de su presencia y su obra redentora. El conflicto desembocó en la crucifixión del Rey de gloria. Ése no fue el fin, pero estableció una pauta para la misión de la iglesia a través de los siglos. En adelante, la misión estaría indudablemente marcada por el sufrimiento. Por eso escribe Pedro: "Queridos hermanos, no se extrañen del fuego de la prueba que están soportando, como si fuera algo insólito. Al contrario, alégrense de tener parte en los sufrimientos de Cristo, para que también

[18] Newbigin, *A Faith for This One World?*, SCM, Londres, 1961, pp. 112-13.

sea inmensa su alegría cuando se revele la gloria de Cristo" (1P 4.12-13). Como señala el *Pacto de Lausana*, según la advertencia de Cristo la persecución es inevitable.

Como seguidores del Cristo crucificado, no puede tomarnos por sorpresa que con demasiada frecuencia la reacción del mundo frente a la proclamación del Evangelio sea hostil. Sin embargo, nuestra fe descansa en la resurrección de Jesucristo y por lo tanto sabemos que Dios tiene la última palabra en la confrontación entre Cristo y el Anticristo. La victoria final le pertenece a Aquél que venció al mundo por el poder de su sacrificio. Consecuentemente podemos vivir esperando el cumplimiento del propósito de Dios de colocar todas las cosas, en el cielo y en la tierra, bajo en mando de Cristo (Ef 1.10). Del día y la hora de ese triunfo final nadie sabe, excepto el Padre (Mt 24.36). Pero mientras lo esperamos no nos cruzamos de brazos, sino nos ocupamos de vivir y anunciar el Evangelio con fidelidad a Jesucristo.

Hay señales que indican que el fin se acerca. No podemos evitar el sentir que las fuerzas del mal están juntándose para la rebelión final contra Dios y su Ungido. Y, sin embargo, porque Cristo resucitó nos atrevemos a creer que la causa del Evangelio es la única causa que tiene futuro. Jesucristo dice: "Sí, vengo pronto." Y nosotros respondemos: "Amén. ¡Ven, Señor Jesús!" (Ap 22-20).

7

Misión integral

La expansión del cristianismo en el Mundo de los Dos Tercios con posterioridad a la II Guerra Mundial es realmente impresionante. Jamás antes en la historia ha habido una religión que se difundiera tan amplia y rápidamente como el cristianismo en estas últimas décadas. Como resultado, la iglesia se ha convertido en un movimiento mundial. Y si es verdad que, como Emilio Brunner lo expresara, la iglesia existe para la misión como el fuego existe para quemar, se sigue que ya no cabe la tradicional distinción entre "iglesias que envían" e "iglesias que reciben". En palabras de Stephen Neill, "la era de las misiones ha llegado a su fin, ha comenzado la era de la misión".[1]

Es posible usar las estadísticas del crecimiento de la iglesia para pintar un cuadro luminoso de la iglesia en estos últimos años. Esto es, en efecto, lo que se ha hecho en círculos donde el crecimiento cuantitativo de la iglesia es considerado como "la tarea principal" de la misión. El cuadro será más sobrio si junto a los avances numéricos se colocan los problemas que afectan a la iglesia y que plantean un interrogante sobre el futuro del cristianismo en ciertas regiones del mundo. Desde esa perspectiva, el mayor desafío que la iglesia enfrenta es el desafío de una misión integral.

---

1 Neill, A *History of Christian Missions*, Penguin Books, Harmondsworth, Middlesex, 1964, p. 572.

I. El desafío de la evangelización y el discipulado

Una evaluación honesta de los avances numéricos de la iglesia después de la II Guerra Mundial no debe desconocer el hecho de que los mayores avances se han dado entre pueblos animistas y las clases menos privilegiadas en las ciudades. ¿Cómo se puede evitar la sospecha de que son parte del avivamiento religioso que se constata hoy en todo el mundo? El florecimiento del ocultismo y las religiones asiáticas en Occidente; el resurgimiento del Islam en algunas áreas del África, Malasia y Pakistán, del budismo en Tailandia, Vietnam, Cambodia, Birmania y Sri Lanka, del hinduismo en India, y del shintoismo en Japón; la vitalidad del espiritismo (especialmente de *umbanda*) en Brasil y del s*okka gakkai* en Japón —todos estos fenómenos no están desconectados del surgimiento de "people's movements" (movimientos de gente) en los cuales los optimistas estrategas norteamericanos de la misión basan sus teorías acerca del crecimiento de la iglesia. El cuadro general del avivamiento religioso en un momento en que el mundo está unificándose bajo el impacto de la tecnología occidental muestra que en el ser humano hay un "vacío metafísico" que la tecnología moderna no puede llenar. Los movimientos masivos hacia el cristianismo, como otros movimientos religiosos que están creciendo a un ritmo fantástico en el Mundo de los Dos Tercios, parecen ser el resultado del impacto de la civilización occidental a la vez que una reacción contra la misma.

En cuanto se toma en cuenta que el sorprendente crecimiento de la iglesia en varias áreas del mundo hoy tiene su paralelo en un avivamiento religioso fuera del contexto cristiano, es obvio que este tipo de crecimiento tiene que ser evaluado a la luz del propósito de Dios para la vida y misión de la iglesia. Tarde o temprano es necesario plantear la pregunta sobre *qué* es lo que cree, a fin de ver si las iglesias que se multiplican son expresiones genuinas del evangelio. Cuando se hace esto, es claro que el crecimiento numérico de la iglesia en el Mundo de los Dos Tercios es sólo el lado luminoso de un cuadro que también tiene un lado oscuro representado por los problemas que colocan a la iglesia frente a un gran desafío.

En primer lugar, algunos de los movimientos masivos con un alto índice de crecimiento no son más que un "paganismo bautizado". En el siglo XVI la Iglesia Católica Romana trató de cristianizar todo un continente (América Latina) en base de un acercamiento masivo. El resultado de esa aventura se ve ahora en sus verdaderos colores inclusive dentro del propio catolicismo. Como un escritor identificado con esa tradición afirma, "en realidad, América Latina es un continente de bautizados, no de evangelizados".[2] La posibilidad de que hoy se repita el mismo tipo de problema en conexión con movimientos masivos hacia el cristianismo es muy real. Obviamente, para mucha gente en el Mundo de los Dos Tercios el cristianismo se ha convertido en un símbolo de modernidad, junto al cual se permite que sobrevivan conceptos y costumbres totalmente no cristianos. Una ilustración de esta actitud es la provista por los "cargo cults" (cultos de carga) asociados con Papua Nueva Guinea y otras áreas, donde los nuevos cristianos construían instalaciones sobre la playa con la esperanza de que Dios (el "alto poder" que, en su opinión, había enviado a los blancos con sus muchos objetos materiales, por aire y mar) los hiciera ricos. En algunas áreas de América Latina la adhesión al cristianismo no significa necesariamente un rompimiento con el espiritismo. El sincretismo es una amenaza real que con frecuencia acompaña a los movimientos masivos y plantea una pregunta respecto a la medida en que el cristianismo ha sido efectivamente recibido por la gente que lo profesa. Quizá la necesidad más urgente en relación con el rápido crecimiento de la iglesia es un nuevo énfasis en un discipulado cristiano que incluye el sometimiento de toda la vida al señorío de Jesucristo.

---

[2] Auletta y otros, *Misión nueva en un mundo nuevo,* Editorial Guadalupe, Buenos Aires, 1974, p.34.

En segundo lugar, aun después de tomar en cuenta la expansión del cristianismo en las últimas décadas, queda el hecho de las muchas áreas que todavía no han sido evangelizadas, particularmente los países musulmanes y la China, la nación más populosa del mundo, donde la iglesia ha sido reducida a un movimiento "subterráneo" de células.[3] En Asia, un continente con más de dos mil millones de personas, no hay más de cincuenta millones de cristianos, lo cual parece ratificar la afirmación de K. M. Panikkar en su libro *Asia and Western Dominance* (1953) según la cual el intento de convertir el Asia al cristianismo ha fracasado totalmente. Aunque Asia es el continente menos evangelizado, el hecho es que en casi todos los países del mundo los cristianos son todavía una pequeña minoría.

Finalmente, no debemos olvidar que Europa, el continente que sirvió como la primera base del movimiento misionero moderno, se ha convertido en un nuevo "campo misionero". En su evaluación de la situación y perspectivas actuales del cristianismo en el mundo, Stephen Neill asevera que "la mirada del observador cae sobre Europa con la más grave ansiedad. Al parecer estamos viendo una disminución constante del capital espiritual de Europa, la desaparición de la vieja síntesis europea de la religión y la cultura, y un rompimiento del espíritu humano, como resultado del cual la gente no es meramente irreligiosa, sino que no ve razón para preocuparse de algo que esté más allá del

[3] Se calcula que en 1947 la Iglesia Católica Romana, por ejemplo, contaba con tres millones de miembros en China. Había 5.441 misioneros extranjeros, 2.798 sacerdotes chinos, 5.112 hermanas chinas, 257 orfanatos, 29 editoriales, 20 obispos y 1 cardenal. Sobre la situación actual del cristianismo en China, ver *El cristianismo llega a China,* Editorial Guadalupe, Buenos Aires, 1983, pp. 202-05. Según Leslie T. Lyall, "China tiene la nada envidiable distinción de ser el único país comunista del mundo, junto con Albania, que ha reducido a toda la iglesia cristiana a un movimiento subterráneo (*New Spring in China*, Zondervan, Grand Rapids, 1980, p. 178, mi traducción). Es un hecho, sin embargo, que a pesar de la persistente persecución el cristianismo ha sobrevivido en la China rural y urbana.

mundo de los sentidos".[4] La evangelización y el discipulado son, pues, un desafío que la iglesia tiene que encarar hoy en todas partes, y encararlo en contraposición a la visión secularista derivada de la civilización occidental. El impresionante crecimiento de la iglesia en algunas áreas del mundo es ciertamente pequeño en comparación con la expansión del materialismo moderno que ha erigido al *homo consumens* como el modelo de la vida ideal.[5] Una de las necesidades más urgentes en la iglesia de hoy es la fe en el poder del evangelio como un mensaje de liberación del mundo visto como un sistema bajo el dominio de los dioses de la sociedad de consumo creada por la tecnología occidental. No hay mayor contribución que la iglesia pueda hacer a la humanidad que el evangelio de Jesucristo y su poder liberador.

Un concepto algo romántico de la obra misionera ha impulsado a las misiones a concentrar su esfuerzo en pequeñas tribus en las selvas, olvidándose de las ciudades.[6] Como David Sheppard afirma, "la misión urbana es una de las prioridades de la tarea misionera hoy. Si fallamos aquí, si nos olvidamos de la ciudad y sus presiones, no hay evangelio que podamos predicar en ninguna otra parte con integridad".[7] La afirmación de Sheppard es tan válida en América Latina, Asia y África como lo es en Inglaterra. La "explosión urbana" es un fenómeno mundial. La misión urbana es, por lo tanto, una prioridad en todas partes. Allí, en la ciudad con todo su poder deshumanizante, se ve con claridad la necesidad de un evangelio con poder para

---

[4] Neill, pp. 564-565.

[5] Sobre este tema, ver el capítulo "Conflicto espiritual" de este libro.

[6] Esta afirmación no debe interpretarse como si sugiriera que no es importante evangelizar a los salvajes. Simplemente se requiere destacar la desproporción que hay cuando los misioneros concentran su esfuerzo para alcanzar pequeñas tribus aisladas y se olvidan de los millones de personas en las grandes ciudades, como parece ser el caso en Brasil.

[7] Sheppard, *Built as a City: God and the Urban World Today,* Hodder & Stoughton, Londres, 1974, p.16, mi traducción.

transformar la totalidad de la vida. En un mundo que se está urbanizando rápidamente, la ciudad es, sin duda, el símbolo del desafío que la evangelización y el discipulado plantean a la iglesia.

II. El desafío de la colaboración y la unidad

En una reunión ampliada del Consejo Misionero Internacional realizada en Whitby (Ontario) en 1947, la iglesia encaró de manera singular la necesidad de deponer la distinción entre "iglesias antiguas e iglesias nuevas" y encarar su responsabilidad global. El énfasis en Whitby que los misioneros son "agentes de la iglesia universal", cuya responsabilidad está al mismo nivel con la de sus colegas nacionales, fue una característica del pensamiento misionero del momento.

Hoy no muchos refutarían abiertamente la afirmación de A. J. Boyd: "Las iglesias antiguas y las iglesias nuevas ya no pueden ser vistas como patrones y beneficiarios respectivamente, o aun como las que envían y las que reciben. Deben ser vistas como colaboradoras no meramente en un sentido contractual, sino puestas por Dios en esa relación. Se unen por la voluntad de Dios, para hacer la voluntad de Dios; son colaboradoras *en la obediencia*".[8] El hecho real, sin embargo, es que el llamado de Whitby a la colaboración en la obediencia todavía mantiene tanta vigencia como cuando se hiciera. Sus recomendaciones no han sido llevadas al campo práctico por muchas de las agencias involucradas en la tarea misionera. Basta ver el creciente período numérico de las misiones protestantes estadounidenses (casi totalmente dependientes de personal, liderazgo y finanzas provenientes de Estados Unidos) después de la II Guerra Mun-

---

[8] Boyd, *Christian Encounter*, Saint Andrews Press, Edimburgo, 1961, p. 19, mi traducción.

dial[9] y la persistente separación de las "misiones extranjeras" e "iglesias locales" alrededor del mundo. Basta ver la prevalencia de políticas y patrones de la obra misionera que presuponen que el liderazgo de la misión cristiana está en manos de estrategas y especialistas occidentales. Basta ver las "escuelas de misión mundial" basadas en Occidente, sin participación de profesores locales. Basta ver, finalmente, la frecuencia con que una iglesia establecida (o, con más frecuencia, una sociedad misionera) en Occidente mantiene una relación unilateral con una iglesia joven (independiente o no). Mientras prevalezca esta situación, la colaboración no es más que un mito.

En muchos casos la obra misionera continúa realizándose desde una posición de poder político y económico y dando por descontada la superioridad del mundo occidental en asuntos de cultura y de raza. Muchas iglesias, instituciones y movimientos cristianos en el Mundo de los Dos Tercios continúan funcionando en una situación "colonial", muy dependientes de personal foráneo y sujetos a un control foráneo. A pesar del progreso que se ha hecho hacia una independencia genuina, los cristianos en los "países en desarrollo" están presos de una situación en que el imperialismo económico y cultural persiste, aunque su apariencia externa haya cambiado. Por otro lado, la mentalidad de la dependencia colonial continúa en muchas "iglesias jóvenes" hasta tal punto que un observador africano (John Mbiti) se siente en libertad de decir que la iglesia en África ha tenido una actitud misionera, pero sólo en términos de recibir misioneros y depender de ellos. El movimiento misionero ha sido muy lento en reconocer la importancia de una real colaboración en la obediencia y ha fomentado ente las "iglesias jóvenes" una

[9] El extraordinario crecimiento del número de misioneros extranjeros en las últimas décadas se debe en gran parte al crecimiento en el número de misioneros norteamericanos, como lo comprueban las varias ediciones del *Mission Handbook: North American Protestant Ministries Overseas*, publicado por MARC, Monrovia, California.

actitud que difícilmente se puede cambiar. Como resultado, aun después de la era colonial, el cristianismo en muchos lugares alrededor del mundo es visto generalmente como una religión occidental y la misión cristiana es identificada con la raza blanca.

La gran renuencia de las sociedades misioneras para aceptar el llamado a la colaboración mutua, pese a la nueva situación que hoy existe en el mundo, es suficiente para explicar la "Convocatoria a una moratoria" hecha por la Comisión de Misión Mundial y Evangelización del Consejo Mundial de Iglesias en su asamblea realizada en Bangkok en enero de 1973. La recomendación era que las agencias misioneras consideraran la posibilidad de suspender el envío de fondos y personal a ciertas iglesias por un tiempo, como "posible estrategia misionera en ciertas situaciones". El debate que siguió estuvo más caracterizado por el calor que por la luz. La Conferencia Panafricana de Iglesias añadió calor al adoptar la moratoria en su reunión de Lusaka en mayo de 1974, con la siguiente observación: "Si la moratoria hiciera que las agencias misioneras se derrumben, la iglesia africana podría haber realizado un servicio redimiendo al pueblo de Dios del hemisferio norte de un concepto distorsionado de la misión de la iglesia en el mundo".

Por otra parte, el Congreso Internacional sobre Evangelización Mundial llevado a cabo en Lausana en julio de 1974, añadió luz al reconocer que "la reducción del número de misioneros y de fondos precedentes del exterior puede ser a veces necesaria a fin de facilitar en un país ya evangelizado el crecimiento de la iglesia nacional en autoconfianza y para desplazar recursos a otras áreas no evangelizadas," como se afirma en el *Pacto de Lausana*, párrafo 9. Después del Congreso de Lausana, en el cual varios oradores del mundo mayoritario pusieron sobre la mesa un conjunto de asuntos críticos, es más y más obvio que aun las agencias misioneras más tradicionales ya no pueden evadir el tema de una colaboración en la misión a nivel mundial. Lentamente está ganando terreno la convicción expresada en el *Pacto de Lausana* de que se ha iniciado "una nueva era misionera" y de que en la medida en que crezca la colaboración entre las iglesias "se manifestará con mayor claridad el carácter universal de la iglesia de Cristo" (párrafo 8).

El fin de la era colonial ha introducido a la iglesia en una etapa en que es posible discernir con claridad los verdaderos problemas de la misión cristiana. Ya no se puede dar por sentado que la gente del Mundo de los Dos Tercios aceptará el cristianismo por razón de su asociación con el poder político, económico y cultural de Occidente. Por el contrario, muchos interpretarán esa asociación como un gran estorbo. Consecuentemente, la misión cristiana hoy tiene que llevarse a cabo a partir de una posición de debilidad. Se ha creado una nueva posibilidad de que el evangelio sea presentado como un mensaje centrado en Jesucristo y no como la ideología en Occidente. Libre de sus enredos con Europa y Estados Unidos, la misión cristiana puede ser vista ahora como una tarea motivada por el deseo de que Jesucristo sea reconocido como el Señor del universo y el Salvador de todas las naciones.

Un evangelio universal exige una iglesia universal en que todos los cristianos participen efectivamente en la misión global como miembros iguales del cuerpo de Cristo. La colaboración mutua en la misión no es meramente cuestión de conveniencia práctica sino la consecuencia necesaria del propósito de Dios para la iglesia y para toda la humanidad revelado en Cristo Jesús. Cuando los cristianos fracasan como colaboradores en la misión, también fracasan en cuanto a manifestar concretamente la nueva realidad que proclama el evangelio. Porque hay un mundo, una iglesia y un evangelio, la misión cristiana no puede ser otra cosa que misión realizada en colaboración mutua. El cumplimiento de la oración de Jesús de que sus seguidores sean uno para que el mundo crea requiere hoy una comunidad cristiana supranacional que lleve al mundo unificado por la tecnología un evangelio centrado en Jesucristo, el Señor de todos. La misión es inseparable de la unidad, y ésta es mucho más que una cuestión de estructuras. Tiene que ver con la voluntad de gozarse con los que se gozan y llorar con los que lloran; tiene que ver (en palabras de Tillich) con "escuchar, dar y perdonar".

¿Cómo pueden los cristianos unirse en la misión cuando muchos de ellos (especialmente en Occidente) adoptan un estilo de vida ostentoso mientras la gran mayoría de ellos (especialmente en los países pobres) están incapacitados para satisfacer necesidades humanas básicas? La pobreza del Mundo de los Dos Tercios coloca un signo de interrogación sobre el estilo de vida de la gente (y especialmente de los cristianos) en el mundo occidental. Y la respuesta apropiada al mismo es, para empezar, un estilo de vida sencillo y una reestructuración radical de las relaciones económicas entre cristianos en todas partes, basada en el concepto cristiano de la mayordomía. Como Ronald Sider ha dicho: "Si sólo una parte de los cristianos europeos y norteamericanos comenzaran a aplicar principios bíblicos sobre la práctica de compartir económicamente en el pueblo de Dios a nivel mundial, el mundo se sorprendería grandemente".[10] Es hora de que los cristianos ricos tomen en serio la "pobreza evangélica", es decir, la pobreza inspirada por nuestro Señor Jesucristo, quien siendo rico, por nosotros se hizo pobre (2Co 8.9).

Sin embargo, la vida en comunidad no puede ser concebida en términos de una situación en que una sección de la iglesia siempre está en posición de dar mientras otra siempre recibe. Debe entenderse, más bien, como una situación en que todos los cristianos en todas partes están dispuestos a compartir con los demás *lo que tienen*, reconociendo que el propósito de dar no es que algunos tengan abundancia y otros escasez. El propósito "es más bien cuestión de igualdad", que la abundancia de quienes tengan más supla la escasez de quienes tengan menos porque

[10] Sider, *Rich Christians in an Age of Hunger: A Biblical Study*, Intervarsity Press, Downers Grove, Illinois, 1984, p. 99, mi traducción.

"así habrá igualdad" (2Co 8.12-13). La posibilidad de compartir recíprocamente entre las iglesias es una premisa básica sin la cual no será posible una relación saludable entre las iglesias ricas y las pobres. Como David Auletta afirma: "Todas las iglesias son pobres de un modo u otro. Todas se hallan en estado de misión y son responsables por la misión. Todas deberían llevar en sí la solicitud de las unas por las otras, auxiliarse, enriquecerse con sus riquezas recíprocas. Todas las iglesias deberían dar y recibir".[11]

No se puede mantener el dar y el recibir a menos que entre las iglesias haya una relación madura basada en el evangelio. Si la iglesia deja de ser una comunidad en que la gente comparte una visión común de la vida derivada del evangelio, tarde o temprano habrá un retorno a los viejos senderos del paternalismo y la dependencia. El paternalismo no se corrige con independencia sino con interdependencia, y la interdependencia viene con una comprensión más profunda de la naturaleza de la unidad en Cristo y de la situación en que viven otros miembros del cuerpo de Cristo. Si los cristianos han de tomar en serio su interdependencia tendrán que tomar conciencia de que comparten una vida común —la vida de la resurrección— y tendrán que crear canales de comunicación que les permitan ver a la gente de otras culturas bajo una luz diferente.

En el esfuerzo por fomentar un mutuo dar y recibir entre las iglesias nada será tan efectivo como lograr que algunos cristianos vengan de otras naciones e interpreten, para bien de sus colaboradores al otro lado del mundo, las necesidades y luchas de sus propias iglesias. Con demasiada frecuencia el conocimiento que las iglesias de Occidente tienen de la situación de las iglesias en otras partes del mundo se limita a los informes que reciben de sus propios misioneros. Estos son, a la vez, la única fuente de información que las "iglesias jóvenes" tienen respecto a la situación de las iglesias en Occidente. Ha llegado el momento de en-

[11] Auletta, p. 87.

contrar maneras de reducir la distancia entre las iglesias en Occidente y en el Mundo de los Dos Tercios. Ya hay experimentos útiles que se están llevando a cabo con este propósito, pero hace falta hacer mucho más para desarrollar modelos de solidaridad por encima de las barreras políticas, económicas, sociales y culturales, y para estimular la colaboración mutua entre las iglesias.

De importancia particular en conexión con este propósito son aquellos proyectos que hacen posible que jóvenes del mundo occidental vivan, al menos por un período limitado, en estrecho contacto con las necesidades humanas en un país pobre. Tal vez nada haga más para despertar la conciencia de la nueva generación respecto a las desigualdades en el mundo moderno y la urgencia de la colaboración en la misión que una experiencia de primera mano entre la gente menos privilegiada. No sorprende que la mejor sugerencia que un profesor de filosofía estadounidense haya podido hacer a sus amigos cristianos respecto a lo que podrían hacer en relación con los problemas que él había visto en América Latina fuera la siguiente:

> Quizá la mejor cosa que los jóvenes podrían hacer es simplemente ir allá. No para enseñarles lo que pensamos que deben saber, sino para ser enseñados por ellos respecto a lo que debe hacerse, y entonces ser simplemente el recurso humano, muscular y cerebral necesario para hacerlo. Y hacerlo sin pago; sólo a cambio de vivienda, agua y algo de comer. Y si entonces sobra energía, escuchar, animar, consolar, levantar y amar de muchas maneras. Y en base a todo esto, finalmente decir que la verdadera *shalom* viene del Señor Jesucristo.[12]

Hace más de veinte años, Max Warren afirmó que "la colaboración mutua es una idea que todavía no ha tenido plenamen-

[12] Hendrik Hart en una carta circular fechada el 20 de julio de 1975 e intitulada "Latinoamérica: informe de una visita", mi traducción.

te su momento".[13] La cuestión hoy es si la colaboración mutua tendrá que sobrevivir otros veinte años como idea, o si la iglesia está lista para ponerla en práctica por causa del evangelio *ahora*, por fin.

III. El desafío del desarrollo y la justicia

Según un informe de las Naciones Unidas emitido en 1974, más de 460 millones de personas en el mundo padecen de hambre crónica. La FAO ha calculado que, si se amplía la definición de hambre para incluir a quienes no ingieren suficientes proteínas como para funcionar con toda su capacidad, el número de gente hambrienta en el mundo oscilaría entre uno y dos mil millones.

La crisis alimentaria ha empeorado desde 1971, cuando la producción de alimentos rebajó en 1% en los países pobres. Por otra parte, en la década de 1970 los países ricos (especialmente Estados Unidos, Canadá, los países europeos, la Unión Soviética y Japón) han visto una "explosión de afluencia" que ha incrementado el índice de consumo a niveles sin precedente. Si algo es claro en base a la crisis alimentaria es que los pobres no pueden esperar que los ricos hagan su parte para solucionar el problema, a menos que la actitud y los valores de los ricos cambien radicalmente. Como el senador Mark Hatfield dijera en la Convención Bautista Conservadora en 1974,

> Como americanos ya no debemos dar por sentado que nuestra gran abundancia puede alimentar a los hambrientos del mundo. Nuestras reservas no son suficientes. Más bien, el mundo será alimentado sólo compartiendo recursos que los ricos han dado por sentado que son de posesión suya incuestionablemen-

[13] Warren, *Partnership: The Study of an Idea*, SCM Press, Londres, 1956, p. 11, mi traducción.

te, y ese compartir involucra un cambio de valores y de prácticas alimentarias que los ricos casi no han cuestionado.[14]

El desafío del Mundo de los Dos Tercios es un desafío a los ricos, a sus valores e ideales, sus ambiciones y normas, sus presupuestos y estilo de vida. Y la respuesta a ese desafío no puede darse meramente en términos de actividades caritativas y programas de ayuda; tiene que darse en términos de una redistribución de las riquezas que responda a las demandas de la justicia social. Los países pobres de Asia, África y América Latina tienen en común un sistema económico basado en el intercambio de productos industriales por productos agrícolas, un sistema que les fue impuesto por Europa durante los siglos XVIII y XIX y que los dejó relegados. No hay salida para ellos a menos que las naciones ricas vean que el crecimiento económico no es un fin en sí; que la vida económica tiene sentido sólo en el contexto de solidaridad, mayordomía y responsabilidad humanas.

Tal cambio sólo podría darse si la iglesia estuviese dispuesta a seguir el camino de arrepentimiento y autodisciplina. Como Alejandro Solzhenitsyn ha argumentado elocuentemente en un ensayo,[15] es dudoso que el mundo sobreviva sin arrepentimiento. Su llamado a Rusia a arrepentirse, no sea que "perezca y... arrastre consigo a todo el mundo",[16] es más vigente para Estados Unidos que para cualquier otra nación del mundo. Y también lo es su llamado a limitarse por una prudente restricción autoimpuesta. "Tal cambio —dice— no será fácil para la economía libre de Occidente. Es una demolición revolucionaria y una reconstrucción total de todas nuestras ideas y objetivos. Debemos pasar de un progreso ininterrumpido a una *economía estable*, con

---

[14] Hatfield en *Eternity* 25 (nov. 1974): 38, mi traducción.

[15] Solzhenitsyn en "Arrepentimiento y autolimitación en la vida de las naciones," *From under the Rubble*, Little, Brown, Boston, 1975, pp. 105-43.

[16] *Ibid.*, p. 121, mi traducción.

crecimiento nulo en territorio, parámetros y ritmo, con un desarrollo logrado únicamente por medio de tecnología mejorada".[17]

El arrepentimiento genuino debe expresarse en acciones, y la acción principal que se requiere de la iglesia en el mundo rico es dar prioridad al crecimiento interior más bien que al externo. Entonces, y sólo entonces, la iglesia podrá contribuir positivamente a la solución de los problemas del subdesarrollo sin caer en la trampa de una "benevolencia agresiva".

Lo que el Mundo de los Dos Tercios necesita no es un desarrollo modelado en el del mundo occidental rico, como si el desarrollo equivaliera a la imposición de una sociedad de consumo en todas las naciones de la tierra. No hay recursos económicos suficientes para satisfacer las demandas del mercado con el nivel de consumo al cual se ha acostumbrado la gente en Occidente. Además, ningún desarrollo es verdadero si se concentra en lo económico pero no da atención adecuada a las cuestiones más profundas que afectan a la humanidad y que tienen que ver con el significado último de la vida humana. *La misión cristiana se orienta hacia el desarrollo pleno de toda la persona y de todas las personas.* Por lo tanto, incluye la formación de un nuevo estilo de vida —"un estilo de vida diseñado para permanecer"[18]— basado en nuevos métodos de producción y nuevos patrones de consumo. Incluye también la creación de una nueva tecnología subordinada al ser humano y respetuosa de la naturaleza. Ha llegado el momento de dar atención a las palabras de Ernesto Sábato: "Será menester, ahora, recuperar aquel sentido humano de la técnica y la ciencia, fijar sus límites, concluir con su religión".[19]

---

[17] *Ibid.*, p. 138, mi traducción, énfasis del autor.

[18] E. F. Schumacher, *Small is Beautiful*, Abacus, Londres, 1975, p. 16, mi traducción.

[19] Sábato, *Hombres y engranajes: obras y ensayos*, Editorial Sudamericana, Buenos Aires, 1974, p. 269.

El desafío que la iglesia encara en el campo del desarrollo hoy es fundamentalmente el desafío de un desarrollo *humano* en el contexto de la justicia. Hacen falta modelos de misión plenamente adaptados a una situación marcada por una distancia abismal entre ricos y pobres. Los modelos de misión basados en la riqueza de Occidente contemporizan con esta situación de injusticia y condenan a las iglesias del mundo pobre a una permanente dependencia. Al fin y al cabo, por lo tanto, son contraproducentes para la misión.

El desafío tanto a los cristianos en Occidente como a los cristianos en los países pobres es crear modelos de misión centrados en un estilo de vida profético, modelos que apunten a Jesucristo como el Señor de la totalidad de la vida, a la universalidad de la iglesia, y a la interdependencia de los seres humanos en el mundo.

8

La unidad de la iglesia y el principio de las unidades homogéneas

Todo el Nuevo Testamento da por sentado que la unidad del pueblo de Dios trasciende todas las distinciones externas. La idea es que con la venida de Jesucristo se han derribado las barreras que dividen a la humanidad y se ha puesto en marcha un proceso por el cual, *en la iglesia y por medio de la iglesia*, está tomando forma una nueva humanidad. El propósito de Dios en Cristo Jesús incluye la unidad de la raza humana, y esa unidad se hace visible en la iglesia. En la primera parte de este capítulo examinaremos la enseñanza del Nuevo Testamento respecto a esa unidad de la iglesia en la cual se expresa el propósito de Dios de unir todas las cosas en Cristo Jesús. En la segunda parte examinaremos la realización histórica del propósito unitivo de Dios en tiempos apostólicos. Finalmente, en la última parte evaluaremos el principio de unidades homogéneas formulado por Donald McGavran, según el cual "a la gente le gusta hacerse cristiana sin cruzar barreras raciales, lingüísticas o de clase",[1] a la luz del análisis de la enseñanza bíblica y de la práctica apostólica hecho anteriormente.

I. El propósito unitivo de Dios en Cristo Jesús

La Biblia nunca mira al ser humano como un individuo aislado: lo mira como un ser en sociedad, una persona en relación con otras personas. Mucha de la enseñanza bíblica está coloreada por el concepto hebreo de la solidaridad humana, para

---

1 McGavran, *Understanding Church Growth*, William B. Eerdmans, Grand Rapids, 1970, p. 198.

referirse al cual H. Wheeler Robinson acuñó la expresión "personalidad corporativa". Desde este punto de vista, en el Nuevo Testamento la iglesia es una solidaridad creada en Cristo Jesús y contrastable con la vieja humanidad representada por Adán. La solidaridad de Adán es la humanidad bajo el juicio de Dios, unida en el pecado y la muerte. "Pero allí donde abundó el pecado, sobreabundó la gracia" (Ro 5:20). Consecuentemente, la solidaridad de Adán ya no puede ser considerada en aislamiento de la obra de Cristo, en base de la cual Dios justificó a los pecadores. En oposición a la oscuridad de la muerte en que se sumió la humanidad a causa del primer Adán, la luz de la vida ha irrumpido en el mundo por medio del último Adán (cf. Ro 5.12-21). En el reino de la muerte se estableció en la humanidad por medio del primer Adán; toda la humanidad cayó en el abismo de una existencia sin sentido, separada de Dios y bajo su juicio. Por medio del último Adán ha sido creada una nueva humanidad en la cual se anulan los resultados de la caída y se restaura el propósito original de Dios para la humanidad.

La carta a los Efesios reúne varios conceptos relativos a la nueva humanidad creada por medio de Jesucristo. Comienza con una doxología (1.3-14) en la cual se contempla la unidad de judíos y gentiles en la iglesia a la luz del propósito eterno de Dios, que incluye la creación de un nuevo orden con Cristo como cabeza. Se afirma que, según la intención de Dios, todo el universo será "resumido" o "recapitulado" en Cristo: está avanzando hacia una *anacefalaiosis,* una armonía en que "todas las partes encontrarán su centro y lazo de unión en Cristo".[2] En este contexto, la unidad de judíos y gentiles (vv. 13-14) puede entenderse únicamente como un cumplimiento anticipado de lo que Dios va a realizar cuando se cumpla el tiempo (v. 10).

---

[2] Lightfoot, citado por F. F. Bruce, *The Epistle to the Ephesians,* Pickering y Inglis, Londres, 1961, p. 33, mi traducción.

Tanto judíos como gentiles pueden ahora recibir el sello del Espíritu por la fe. La circuncisión, que antes era la señal de participación en el pacto de Dios con Abraham, en el nuevo orden se torna irrelevante: es una mera señal externa y ha sido superada por la circuncisión que viene de Cristo, "la circuncisión que consiste en despojarse del cuerpo pecaminoso" (Col 2.11). Con la venida de Cristo, "para nada cuenta estar o no estar circuncidados; lo que importa es ser parte de una nueva creación" (Gá 6.15; cf. 5.6). Dios ha formado una nueva humanidad en la cual se han derribado las paredes que separaban a judíos y gentiles (Ef 2.11ss). De las dos grandes unidades homogéneas cuya enemistad era proverbial en el mundo antiguo, Dios ha creado "una nueva humanidad" (v. 15). Por medio de su muerte Jesucristo ha removido la pared que separaba los dos sistemas en los cuales "el pueblo" (*'am*) y "las naciones" (*goyim*) habían vivido antes. Ahora "los dos pueblos" son iguales delante de Dios; son miembros de una comunidad que puede describirse como "uno solo" (v. 14), "un solo cuerpo" (v. 16), una ciudad (v. 19), "la familia de Dios" (v. 19), un edificio (v. 20). Así, la unidad que Dios desea para todo el universo, según el primer capítulo de Efesios, se hace visible históricamente en una comunidad donde la reconciliación de judíos y gentiles con Dios y la reconciliación de los dos pueblos entre sí es posible sobre la base de la obra de Cristo.

Más adelante, en el capítulo 3, Pablo afirma que el propósito unitivo de Dios en Cristo Jesús le ha sido dado a conocer "por revelación" (v. 3). El es el administrado o mayordomo de un "misterio" —un "plan secreto"— que hasta ese momento apenas había sido conocido vagamente, pero que ahora ha sido revelado, a saber, que en Cristo "las naciones" participan sobre una base común que es la gracias de Dios. De manera inequívoca aquí se afirma que esta unidad de judíos y gentiles es el *evangelio*; no meramente un resultado que debe hacerse presente cuando la iglesia sea "perfeccionada", sino un aspecto esencial del mensaje que el Apóstol proclama en base a las Escrituras (vv. 8-9). La iglesia es, por lo tanto, una lección objetiva de la multiforme sabiduría de Dios, exhibida con el fin de instruir a los habitantes de las esferas celestiales, tanto buenos como malos (v. 10).

La unidad que resulta de la obra de Cristo no es una unidad abstracta, sino una nueva comunidad en la cual la *vida en Cristo* es el factor decisivo. El único "vínculo racial" que tiene validez en el nuevo orden es el que tiene que ver con la iglesia como "linaje escogido, real sacerdocio, nación santa, pueblo que pertenece a Dios" (1P 2:9). Aunque está formada por judíos y gentiles, la comunidad de fe forma un tercer grupo distinto: "la iglesia de Dios" (1Co 10.32). Es la "descendencia de Abraham" en la cual, puesto que uno pertenece a ella sin otra condición que la fe en Jesucristo, "no hay judío ni griego, esclavo ni libre, hombre ni mujer", porque todos son "uno solo en Cristo Jesús, son la descendencia de Abraham y herederos según la promesa" (Gá 3.28-29). Nadie en base de este pasaje sugeriría que los gentiles tienen que hacerse judíos, las mujeres tienen que hacerse hombres y los esclavos tienen que hacerse libres a fin de participar de las bendiciones del evangelio. Pero no se hace justicia al pasaje si no se lo interpreta como una afirmación de que en Cristo Jesús ha aparecido una nueva realidad: una unidad basada en la fe en él, una comunidad a la cual uno se vincula sin que se tome en cuenta su raza, posición social o sexo. No es una mera unidad "espiritual", sino una comunidad concreta formada por judíos y gentiles, esclavos y libres, hombres y mujeres, todos ellos miembros de la solidaridad en Cristo. Tal es el énfasis del pasaje. Y, como dice Donald Guthrie, "Pablo no está expresando una esperanza, sino un hecho".[3]

Hay una idea similar en Colosenses 3.11, donde Pablo afirma que para quienes han sido incorporados en la nueva humanidad creada en Cristo Jesús, las divisiones que afectan a la vieja humanidad han sido superas: "En esta nueva naturaleza no

---

[3] Guthrie, *Galatians*, Thomas Nelson & Son, Londres, 1969, p. 115, mi traducción.

hay griego ni judío, circunciso o incircunciso, culto ni inculto, esclavo ni libre, sino que Cristo es todo y está en todos". La raza pierde su importancia porque todos los creyentes, judíos o gentiles, pertenecen al "Israel de Dios" (Gá 6.16). El trasfondo religioso es irrelevante porque "la circuncisión" (Fil 3.3) está compuesta por judíos y gentiles que lo son "interiormente", cuya circuncisión es "la del corazón, la que realiza el Espíritu, no el mandamiento escrito" (Ro 2.28).

La estratificación social no tiene razón de ser puesto que en la nueva humanidad el esclavo se convierte en "hermano querido", "hermano en el Señor" para su amo (Flm v.16); el esclavo está llamado a servir "a Cristo, el Señor", no a un amo humano (Col 3.24), y el que es libre debe vivir como quien tiene Amo en el cielo (Col 4.1). Aquí, en la nueva humanidad, en la nueva unidad homogénea que ha tomado forma por medio de Jesucristo, lo único que interesa es que "Cristo es todo y está en todos". Los que han sido bautizados para formar un solo cuerpo (cf. 1Co 12.13) son miembros de una comunidad en la cual las diferencias que separan a la gente en el mundo han perdido vigencia.

Es cierto que "a la gente le gusta hacerse cristiana sin cruzar barreras raciales, lingüísticas o de clase", pero en la iglesia esto es irrelevante: la pertenencia al cuerpo de Cristo no es asunto de gustos o preferencias humanas: se define sobre la base de la incorporación a la nueva humanidad bajo la soberanía de Jesucristo. Guste o no guste, el mismo acto por el cual la persona es reconciliada con Dios también hace posible su ingreso simultáneo a una comunidad donde la gente encuentra su identidad en la identificación con Jesucristo, no en su raza, cultura, clase social o sexo y, consecuentemente, experimenta una reconciliación mutua. "El agente de la unidad es Cristo Jesús y el principio de unión es el 'evangelio'".[4]

[4] Mackay, *God's Order: The Ephesian Letter and the Present Time,* Nisbet y Co., Londres, 1953, p. 84, mi traducción.

El propósito de Dios es "unir bajo el mando de Cristo todas las cosas, tanto en el cielo como en la tierra" (Ef 1.10). Ese propósito está todavía por consumarse. Sin embargo, *ya*, en anticipación del fin, ha sido creada una nueva humanidad en Cristo Jesús y los que son incorporados en ella forman una unidad en la cual desaparecen todas las divisiones que separan a la gente en la vieja humanidad. La unidad original de la raza humana es así restaurada, y el propósito unitivo de Dios en Cristo Jesús se hace visible históricamente.

II. La unidad de la iglesia y la práctica apostólica

Un breve análisis del Nuevo Testamento pone en claro la manera en que los apóstoles pusieron en práctica su propia enseñanza sobre la unidad de la iglesia. Muestra, además, las dificultades que la iglesia del primer siglo tuvo que encarar al intentar vivir a la luz del propósito unitivo de Dios en Cristo Jesús.

La superación de las barreras entre judíos y gentiles, entre esclavos y libres y entre hombres y mujeres en el primer siglo no fue más fácil que la superación de las barreras entre negros y blancos, entre ricos y pobres y entre hombres y mujeres en el presente siglo. Sin embargo, toda la evidencia neotestamentaria apunta a una práctica apostólica perfectamente consecuente con el objetivo de formar iglesias en las cuales el propósito de Dios fuera una realidad concreta.

El ejemplo de Jesús

Los apóstoles no tuvieron que especular en cuanto a cómo sería una comunidad en la cual la lealtad a Jesucristo relativizara todas las diferencias existentes entre sus miembros: para saberlo les bastaba recordar la comunidad que Jesús había reunido a su alrededor durante su ministerio terrenal. Por supuesto, él no había demandado una uniformidad estructurada rígidamente, pero había logrado formar una comunidad unida por una común entrega a él, en la cual se habían superado todas las diferencias que podían haber separado a sus seguidores. Miembros del partido revolucionario (como "Simón el celote", Lc 6.15) se habían juntado con publicanos, encargados de cobrar los impuestos para el gobierno de la nación invasora (como Levi, Mt 9.9-13; cf. Lc 19.1-10). Mujeres humildes, de dudosa reputación (cf. Lc 7.36-39), se habían mezclado con mujeres ricas cuyos bienes habían facilitado el ministerio itinerante de Jesús y sus discípulos hombres (cf. Lc 8.1-3). Las mujeres habían sido aceptadas en pie de igualdad como los hombres, pese a la idea común, expresada por Josefo, de que la mujer "es en todo aspecto de menor valor que el hombre".[5]

Por cierto, Jesús había limitado su misión a los judíos y había impuesto la misma limitación a sus apóstoles, antes de la resurrección. Sin embargo, como ha demostrado Jeremías, había previsto que los gentiles participarían de la revelación dada a Israel y serían incorporados en el pueblo de Dios.[6] De acuerdo con esto, había mandado a sus discípulos a proclamar el evangelio a "todas las naciones": la misión a los gentiles seria el medio por el cual estos serian aceptados como huéspedes en la mesa de Dios (Mt 8.11; cf. Is 25.6-8).

La iglesia en Jerusalén

El día de Pentecostés el evangelio fue proclamado a una gran multitud de peregrinos que habían venido a Jerusalén para un gran festival judío: la Fiesta de las Semanas (Hch 2.1-3). En la narración se da énfasis a la naturaleza heterogénea de la multitud de peregrinos presentes para el festival. En la narración se da énfasis a la naturaleza heterogénea de la multitud haciendo referencia a la variedad de idiomas (vv. 6-8), países y culturas (vv. 9-11) representados allí. Lo que Lucas quiere destacar es que

---

[5] Jeremías, *New Testament Theology: the Proclamation of Jesus*, S. C. M. Press, Londres, 1971, p. 223ss. Hay traducción castellana: *Teología del Nuevo Testamento*, Ediciones Sígueme, Salamanca, 1974.

[6] Jeremías, *Jesus' Promise to the Nations*, S. C. M. Press, Londres, 1958.

"todas las naciones de la tierra" estaban representadas, y que las maravillas de Dios fueron proclamadas en los idiomas y dialectos de muchos países. Ese evento, en el cual se rompió inclusive la barrera de los idiomas, milagrosamente, a fin de hacer posible la comunicación del evangelio, anticipa la proclamación de las buenas nuevas de Jesucristo —proclamación de la cual se ocupan los siguientes capítulos del libro de los Hechos— "hasta los confines de la tierra" (Hch 1.8). En Pentecostés, muchos de los que se convierten a Cristo eran "visitantes llegados de Roma", tanto judíos como prosélitos, es decir, gentiles convertidos al judaísmo (2.10). Consecuentemente, Pedro entendió Pentecostés —el don del Espíritu— como el medio por el cual la promesa del evangelio (que en Abraham serían benditas "todas las naciones de la tierra", Gn 12.3) se hacía extensiva no sólo a los presentes sino también a sus descendientes y a "todos los extranjeros" (v. 39).

Por supuesto, la comunidad que surgió de Pentecostés estaba formada mayormente por cristianos de origen judío. ¿Qué otra cosa se podía esperar antes de la misión a los gentiles? Sería un gran error, sin embargo, concluir que esta comunidad encontró su identidad en lo judío. La base de su unidad no fue homogeneidad racial, sino Pentecostés. Sólo a la luz del derramamiento del Espíritu se puede entender cómo fue posible que entre los miembros de la iglesia temprana en Jerusalén hubiera "gente sin estudios ni preparación" (*agrammatoi... kai idiotai,* Hch 4.13; *'amme hā'āretz*, "gente de tierra", según la terminología rabínica) y sacerdotes educados (6.7) e incluso (más tarde) fariseos (15.5; cf. 11.2); gente pobre, necesitada de ayuda, y terratenientes (2.44-45, 4.32-37), posiblemente miembros de una pudiente comunidad extranjera;[7]7 judíos de habla aramea en su mayoría nativos de la Palestina, judíos de habla griega procedentes de la

[7] Judge, *The Social Patterns of Christian Group in the First Century,* Tyndale, Londres, 1960, p. 55.

Diáspora (6.1ss.) y por lo menos un gentil de Antioquia de Siria (v. 5).

Es obvio que la unidad eclesiástica básica tanto para la predicación como para la comunión y la enseñanza era la iglesia casera (Hch 2.46. 5.42; cf. 12.12, 17; 21.18). Sin embargo, no hay en Hechos nada que sugiera que "la iglesia mixta en Jerusalén se dividió según unidades homogéneas"[8]8 o que nos conduzca a pensar que había iglesias caseras para los educados y para los ignorante, para los ricos y para los pobres, para los judío palestinos y para los judíos de la Diáspora. Toda la evidencia apunta en una dirección contraria. Uno de los énfasis principales de Lucas en su descripción de la iglesia que surgió el día de Pentecostés es, en efecto, que los creyentes estaban "juntos" o "muy unidos" (*epi to auto*, con un sentido casi técnico; 2.44); que "tenían todo en común" (2.44, 4.32); que "eran de un solo sentir y pensar" (4.32). ¿Qué pruebas pueden aducirse a favor de la tesis según la cual la iglesia de Jerusalén se organizó de acuerdo con ciertas "unidades homogéneas"?

Un problema que surgió en la iglesia de Jerusalén poco después de Pentecostés se debió precisamente a la naturaleza heterogénea de la comunidad: los "griegos" se quejaron de los "hebreos" porque sus viudas no estaban recibiendo suficiente del fondo común que se había constituido (Hch 6.1). La solución que los apóstoles dieron al problema ilustra bien la manera en que se encaraban los problemas de división en la iglesia en ese entonces.

Un experto en el crecimiento de la iglesia hoy día probablemente hubiera sugerido la creación de dos denominaciones

---

[8] Wagner, *Our Kind of People: The Ethical Dimensions of Church Growth in America,* John Knox, Atlanta, 1979, pp. 122-23. Si tanto judíos como gentiles estaban divididos en "numerosas unidades homogéneas importantes" (p. 114), ¿por qué argumenta Wagner que la iglesia en Jerusalén estaba dividida en dos grupos solamente, los hebreos y los helenistas?

distintas: una para los judíos palestinos, otra para los judíos de habla griega. Ciertamente, esa hubiera sido una solución *práctica* para las tensiones que existían entre las dos unidades homogéneas. Sin embargo, se nos dice que los apóstoles reunieron a la comunidad y pidieron la elección de los siete hombres que se encargaran de la distribución diaria de ayuda (vv. 2-6). La unidad de la iglesia por encima de las barreras culturales debía preservarse.

La iglesia de Antioquia de Siria

A raíz del martirio de Esteban se levantó una gran persecución contra la iglesia en Jerusalén, al parecer principalmente contra los creyentes helenistas con los cuales se había identificado Esteban (Hch 8.1). Sin embargo, uno de los resultados inesperados de la persecución fue el lanzamiento de una evangelización a gran escala —la primera fuera de la Palestina— por parte de creyentes exiliados que huyeron a Fenicia, Chipre y Antioquia de Siria (11.19).

Según Lucas, estos exiliados, a excepción de unos pocos, anunciaban el evangelio a los judíos, pero no a los demás (v. 19). ¿Por qué? En la narración no se da razón alguna. A pesar de ello, Donald McGavran usa la afirmación de Lucas para apoyar su tesis de que en los años posteriores a Pentecostés la iglesia hizo "ajustes" que favorecieron la difusión del evangelio y dieron como resultado "congregaciones de una raza", las cuales "surgieron por docenas, tal vez por cientos".[9] Los datos provistos por Lucas de ninguna manera dan pie a la idea de que los apóstoles hayan fomentado deliberadamente la formación de "congregaciones de una raza" y hayan tolerado prejuicios judíos contra los gentiles con mira al crecimiento numérico de la iglesia. Para hallar base en Hechos para una idea tan peregrina, se requiere que

---

[9] MacGavran, *The Clash Between Christianity and Culture,* Canon, Washington, D. C., 1955, p. 23, mi traducción.

por anticipado uno acepte: (a) que los apóstoles compartían la teoría moderna de que el prejuicio racial "puede entenderse y debe ser usado como ayuda en la cristianización",[10] y (b) que la multiplicación de cristianos invariablemente requiere un ajuste al principio de las unidades homogéneas. Sin estos presupuestos, para los cuales no existe ninguna evidencia, no se puede pasar por alto la insistencia de Hechos en que la extensión del evangelio a los gentiles fue un paso tan difícil para la iglesia de Jerusalén que sólo fue posible con la ayuda de visiones y mandatos (cf. 8.26ss., 10.1-16) o bajo la presión de la persecución (cf. 8.1ss., 11.19-20). Ningún texto sugiere, ni aun remotamente, que los cristianos de origen judío predicaron el evangelio a gente de su raza pero no a los demás *debido a consideraciones estratégicas.* Toda la evidencia apunta en dirección contraria: las restricciones que se impusieron aun los judíos de habla griega en la proclamación del evangelio se debía a escrúpulos que tendrían que ser superados (como en el caso de Pedro cuando fue enviado a la casa de Cornelio) si es que los gentiles iban a recibir la Palabra de Dios y si los judíos iban a entender que "Dios no hace diferencia entre una persona y otra" (como en el caso de aquellos en Judea que oyeron que Cornelio y sus familiares y amigos habían creído). Mientras los cristianos de origen judío dieron cabida a sus prejuicios heredados de sus antepasados, probablemente por el temor de que su contacto con los gentiles fuera interpretado por sus conciudadanos como un acto por el cual estaban "uniéndose traidoramente a un pueblo extraño" (para usar una frase de McGavran), se limitaron a predicar a personas de su propia raza, pero no a los demás. ¿Quién iba a imaginar que este acercamiento, basado en una visión tan limitada, sería usado como modelo para la evangelización en el siglo XX?

Los evangelistas que al fin rompieron con el esquema impuesto por el etnocentrismo judío y se atrevieron a proclamar el

---

[10] McGavran, *The Bridges of God: A Study in the Strategy of Missions,* World Dominion, Londres, 1955, p. 10, mi traducción.

evangelio a los gentiles en Antioquia de Siria eran "algunos creyentes de Chipre y de Cirene" (11.20). No se puede exagerar la importancia de este paso. Antioquia era, en cuanto a tamaño, la tercera ciudad del mundo, "casi un microcosmos de la antigüedad romana del primer siglo, una ciudad que abarcaba casi todas las ventajas, los problemas y los intereses humanos que la nueva fe tendría que encarar".[11] Muy pronto la iglesia allí se convertía en la base para la misión a los gentiles.

No hay evidencia de que los que recibieron el evangelio en Antioquia eran parientes de los exiliados que venían de Jerusalén. Quizás lo eran, pero ésta es una mera conjetura y no da base firme a la idea de que "en Antioquia, tanto para los refugiados de Jerusalén como para los cristianos residentes, tenemos puentes de relación con los gentiles".[12] Además, nada dice Lucas que nos lleve a la conclusión de que la evangelización de los gentiles en esta ciudad se llevó a cabo en la sinagoga. Es posible que así fuera, pero si la lectura correcta en el versículo 20 es *hellēnas*, más bien que helenistas, la referencia es a gentiles de cultura griega. Floyd Filson tal vez tenga razón cuando propone que los evangelizados fueron "gentiles que no habían tenido ningún contacto previo con la sinagoga".[13] El mensaje que se les predicó estaba centrado en Jesús como Señor (*Kyrios*) y guardaba, por lo tanto, cierta similitud formal con los mensajes que la gente en una ciudad cosmopolita escuchaba cotidianamente, en que se les ofrecía salvación por parte de cultos y religiones paganas en nombre de otros "señores". El poder de Dios estaba en los evangelistas; como resultado, muchos creyeron. A menos que supongamos que, para fomentar el crecimiento numérico de la iglesia,

---

[11] Michael Green, *Evangelism in the Early Church*, Hodder and Stoughton, Londres, 1970, p. 114.

[12] McGavran, *The Bridges of God*, p. 24, mi traducción. Los "puentes de relación" a que MacGavran hace referencia serían en base de parentesco.

[13] Filson, A *New Testament History*, S. C. M., Londres, 1965, p. 191, mi traducción.

los muchos que creyeron (11.21) se separaron inmediatamente en iglesias caseras formadas en base de unidades homogéneas,[14] se sigue que la iglesia que se constituyó incluía a judíos y gentiles en pie de igualdad y que los gentiles no tuvieron que aceptar prácticas judías para ser miembros de ella.

En un período posterior, como veremos más adelante, la cuestión del lugar de la ley judía en la iglesia sería debatida acaloradamente. Pero no hay ninguna evidencia de que al comienzo de la iglesia de Antioquia los evangelistas hubieran recurrido al principio de unidades homogéneas a fin de realizar su propósito. ¿Cómo se preservó la unidad, tomando en cuenta que había muchos miembros que no guardaban la ley ceremonial judía y había otros que sí? No se nos dice. Podemos suponer que surgieron problemas. Pero, como bien ha dicho Adolf Schlatter, "la iglesia primitiva nunca le sacó el cuerpo a las dificultades: las encaró con coraje. Así que nada se dice sobre las dificultades, y no sabemos cómo se logró la comunicación en esas comunidades mixtas".[15]

La lista de líderes provista por Lucas en Hechos 13.1 nos da un atisbo de la manera en que gente de trasfondo muy variado trabajaba en unidad: "Bernabé, Simón el que se llamaba Níger, Lucio de Cirene, Manaén el que se había criado junto con Herodea el tetrarca, y Saulo". ¡Imposible sugerir un grupo más heterogéneo! Bernabé era levita, nativo de Chipre (4.36). Simón, alias "el negro", era aparentemente un judío (¿o prosélito?) de color oscuro, y ha sido a veces identificado con Simón de Cirene, el que llevó la cruz de Jesús. Lucio era gentil (¿o judío con nombre romano?), nativo de la ciudad africana de Cirene, posiblemente uno de los primeros evangelistas en Antioquía. Manaén era un hermano de lecho (*synthrophos*) de Herodes Antipas, tetrarca de Galilea, con quien había sido criado. Saulo era

[14] Wagner, p. 124.

[15] Schlatter, *The Church in the New Testament Period*, SPCK, Londres, 1961. p. 59, mi traducción.

un exfariseo, un "hebreo de hebreos" y (como ciudadano romano) miembro de una pequeña minoría privilegiada de la costa mediterránea oriental.[16] ¿Qué podía unir a estas personas aparte de una común experiencia cristiana?

Las primeras iglesias gentiles y el "partido de la circuncisión"

Mientras la iglesia estaba constituida mayormente por judíos, aparentemente no era difícil que los creyentes judíos aceptaran a los gentiles como miembros plenos de la iglesia, sin exigirles que primero se hicieran judíos, es decir, que se circuncidaran. El informe de Pedro sobre cómo Cornelio y su casa habían recibido la Palabra de Dios fue suficiente para acallar las críticas que el partido de la circuncisión había levantado contra el apóstol en Jerusalén (Hch 11.1-18). Más tarde la "iglesia madre" recibió con satisfacción la noticia del crecimiento numérico de la iglesia de Antioquía de Siria, y envió a uno de sus líderes más destacados para que instruyera a los nuevos creyentes (v. 22ss.). Cuando los líderes de la misión de los gentiles (Bernabé y Saulo) visitaron a Jerusalén en conexión con la ayuda material enviada desde Antioquía a los hermanos en Judea (vv. 27-30), se reunieron con Santiago (hermano de Jesús), Pedro, y Juan. Como resultado, éstos les dieron "la diestra en señal de compañerismo", para que se encargaran de la misión a los gentiles, en tanto que ellos (Santiago, Pedro y Juan) se dedicarían a la misión a los judíos. La presencia de un joven converso de origen griego, llamado Tito, con la delegación de Antioquía, podía interpretarse en ese momento como una confirmación adicional de que los creyentes judíos no esperaban que los creyentes gentiles fueran circuncidados (cf. Gá 2.1-10).

La difusión del evangelio en Galacia del sur, resultante de los viajes realizados por Pablo y Bernabé, y el aumento masivo del número de creyentes gentiles terminaron por plantear el proble-

[16] Judge, *Social Patterns*, pp. 52, 58.

ma relativo a la base sobre la cual los gentiles podían participar en el pueblo de Dios como miembros plenos. ¿Era la fe suficiente, conforme predicaban los misioneros? Si bien el evangelio debía predicarse a todos, fuesen judíos o gentiles, ¿no debían ser circuncidados los creyentes gentiles? ¿No se les debía exigir el cumplimiento de las leyes ceremoniales y regulaciones dietéticas de los judíos? ¿No se debía esperar que tomaran "el yugo de los mandamientos", como en el caso de los gentiles que se convertían al judaísmo? El problema fue planteado por el partido de la circuncisión que formaba parte de la iglesia en Jerusalén, en el cual participaban personas que antes habían pertenecido a la secta de los fariseos (cf. Hch 15.1, 5).

Lo más probable es que el episodio que Pablo narra en Gálatas 2.11-14 esté vinculado con la visita que, según Hechos 15.1, los miembros del partido de la circuncisión hiciera Antioquía. Antes de su llegada a ésta, Pedro se había sentido en libertad de compartir la mesa con los creyentes gentiles, puesto que en Jope había aprendido que no debía considerar a nadie "impuro" o "profano" (cf. Hch 10.15, 28). Cuando ellos llegaron, "comenzó a separarse, y dejó de comer con los gentiles, porque tenía miedo de los fanáticos de la circuncisión" (Gá 2.12). Su actitud puede entenderse mejor cuando es vista a la luz del contexto histórico, una situación en la cual los judíos que compartían una mesa donde la comida no era *kosher* se exponían a la acusación de traición a su propio pueblo. Según Pablo, los que introdujeron a Pedro a violar la unidad con sus hermanos gentiles habían sido enviados por Santiago. Esto no significa necesariamente que habían sido comisionados por Santiago para espiar las relaciones entre judíos y gentiles, pero por todo lo que sabemos es probable que el partido conservador haya forzado a Santiago a definirse en contra de una práctica con la cual ellos no estaban de acuerdo por razones religiosas. Hay, por lo tanto, buena base para la sugerencia de T. W. Manson, de que el mensaje que Santiago envió a Pedro habría sido más o menos el siguiente: "A Jerusalén ha llegado la noticia de que estás comiendo alimentos gentiles con personas judías, y esto está causando mucho escándalo entre muchos hermanos devotos y convirtiéndonos en el blanco de una seria crítica por parte de escribas y fariseos. Te ruego que pongas fin a esa práctica que resulta tan nociva para nuestra obra entre nuestros conciudadanos".[17]

Fuese como fuese, la acción de Pedro, que sin duda él podía justificar invocando la necesidad de las buenas relaciones con los judíos, fue interpretada por Pablo como una "comedia" (*hypokrisis*) que ponía en juego la verdad del evangelio (Gá 2.13). Por cierto, Pedro no había transigido con el partido conservador respecto a requerir que los hermanos creyentes gentiles cumplieran la ley judía. Lo que había estado mal en su conducta había sido el dejar de comer con los creyentes gentiles no por razón de sus propias convicciones sino debido a consideraciones pragmáticas frente al peligro de ser calificado de traidor a su propia raza. Aunque compartía con Pablo la convicción de que lo que cuenta delante de Dios no es la circuncisión sino la nueva creación (cf. Gá 6.15), por temor a otros había adoptado una actitud totalmente contraria a esa convicción. Además, por razón de su influencia había arrastrado consigo a los demás creyentes judíos incluyendo a Bernabé (Gá 2.13), destruyendo así la comunión cristiana y negando la verdad del evangelio según la cual para quienes han sido incorporados en Cristo Jesús todas las barreras que separan a los seres humanos han sido eliminadas (cf. 3.28).

La actitud de Pedro muestra lo real que era el peligro de que la iglesia apostólica se viera dividida en dos "denominaciones": la iglesia cristiana judía y la iglesia cristiana gentil, cada una con sus propios énfasis y al servicio de su propia unidad homogénea. Tan seria era la situación que fue necesario hacer una reunión especial en Jerusalén para tratar el tema, con los apóstoles y ancianos de la iglesia local y con Pablo y Bernabé como delega-

[17] Manson, *Studies in the Gospels and Epistles*, ed. M. Black, Manchester University Press, Manchester, 1962, p. 181, mi traducción.

dos de Antioquía (Hch 15,1ss.). El partido de la circuncisión, el mismo que había provocado el desagradable incidente entre judíos y gentiles en Antioquía, presentó su caso, pero el "concilio" vindicó a Pablo y Bernabé y los envió de regreso a Antioquía con una carta en que se sintetizaba el acuerdo a que se había llegado (vv. 22-29).

El "decreto" de Jerusalén proveyó la base para que los cristianos judíos y gentiles vivieran en unidad, como miembros del cuerpo de Cristo. Ilustra muy bien la práctica de los apóstoles frente a los problemas que surgían de las diferencias raciales, culturales y sociales existentes entre cristianos. En primer lugar, disponía que los conversos gentiles no tenían que ser circuncidados para ser aceptados como miembros plenos del pueblo de Dios. Establecía así que la fe en Jesucristo era la única condición para la salvación. Su repudio del intento por parte del partido conservador de imponer la circuncisión a los cristianos gentiles es el prototipo del repudio cristiano de toda forma de "racismo asimilacionista" (para usar una expresión de Wagner). Obviamente, los apóstoles habrían estado de acuerdo con la afirmación de que "cualquier enseñanza según la cual el cristianismo requiere que una persona adopte la cultura de otra unidad homogénea para ser un cristiano auténtico es contraria a la ética porque es deshumanizante".[18]

En segundo lugar, se dio por sentado que los cristianos judíos y gentiles continuarían relacionándose regularmente como miembros de congregaciones locales interraciales y consecuentemente se hizo provisión para evitar los conflictos que surgirían debido a las diferencias culturales. No hay absolutamente nada en Hechos o en las Epístolas que dé pie a la teoría de que los apóstoles hubieran considerado la posibilidad de adoptar la actitud de Pedro descrita en Gálatas 2.11-14: la separación de judíos y gentiles en diferentes iglesias "monorraciales" que tra-

[18] Wagner, p. 99, mi traducción.

tarían de demostrar su unidad en Cristo exclusivamente en "la relación supracongregacional de creyentes en el cuerpo cristiano total sobre el cual Cristo mismo es cabeza".[19] *Los apóstoles rechazaron la uniformidad imperialista pero también la uniformidad segregada.* Precisamente porque dieron por sentado que los cristianos, fuesen judíos o gentiles, normalmente comerían y adorarían *juntos*, tomaron medidas para remover el mayor estorbo de la comunión cristiana en iglesias interraciales. Como bien dice F. F. Bruce:

> El decreto de Jerusalén trató dos preguntas: una principal ("¿Deben los cristianos gentiles ser circuncidados y proponerse cumplir las leyes mosaicas?") y otra secundaria ("¿Cuáles son las condiciones que los cristianos gentiles deben aceptar para que los cristianos judíos tengan buenas relaciones sociales con ellos?"). La segunda pregunta no habría surgido si la respuesta a la primera pregunta hubiera sido afirmativa. Si a los cristianos gentiles se les hubiera exigido seguir el ejemplo de los prosélitos del judaísmo, entonces, una vez cumplidos los requisitos, la práctica de comer juntos en comunión y otras cosas similares habrían sido aceptadas sin discusión. Pero ya que la decisión fue que los cristianos gentiles no debían ser compelidos a someterse a la circuncisión y a otras obligaciones generales de la ley judía, era necesario considerar el asunto relativo a la práctica de comer juntos en comunión, la misma que recientemente había causado problemas en Antioquía.[20]

La decisión a que se arribó en el "concilio" de Jerusalén fue que los gentiles se abstuvieran de prácticas que resultaban particularmente ofensivas para los judíos, a saber (según la lectura más probable), de la carne de animales que habían sido ofrecidos a ídolos, de carne con sangre (incluyendo, por lo tanto, la carne de animales que habían sido estrangulados) y de "inmoralidad

[19] Wagner, p. 132, mi traducción.

[20] Bruce, *New Testament History,* Doubleday y Co., Garden City, Ny, 1969. p. 288, mi traducción.

sexual" juzgada como tal desde el punto de vista de los grados de consanguineidad y afinidad definidos en Levítico 18.6-18.[21] Habiendo comenzado con la cuestión de la circuncisión, el "concilio" terminó con regulaciones para la comunión a la mesa. La razón es obvia: una vez que la cuestión de principio había quedado definida, interesaba ese esfuerzo por proveer un *modus vivendi* para iglesias en las cuales judíos y gentiles continuarían comiendo juntos. Y lo más probable es que las regulaciones incluidas en el "decreto" hayan sido esencialmente las mismas que siempre habían dado base a las relaciones entre judíos y gentiles "temerosos de Dios" en las sinagogas de todo el imperio.[22]

Según Alan R. Tippett, el "decreto" de Jerusalén "contra la imposición de los patrones culturales de los evangelistas a los evangelizados, está escrito en el fundamento de la iglesia y protesta contra el misionero que trata de imponer su cultura occidental".[23]23 Es cierto, pero el estudio cuidadoso del contexto histórico muestra que el "decreto" de Jerusalén también protesta contra todo intento de resolver los problemas que surgen de las diferencias culturales entre cristianos, mediante la formación de congregaciones separadas, cada una representativa de una unidad homogénea. Las regulaciones emanadas del "con-

---

[21] Bruce, p. 287.

[22] W. M. Ramsay, St. *Paul the Traveller and the Roman Citizen*, Baker Book House, Grand Rapids, 1949, p. 169, mi traducción. C. Peter Wagner reconoce que "la mayoría de las sinagogas en las provincias romanas estaban formadas por un meollo de residentes judíos helenistas, algunos prosélitos romanos que se habían convertido al judaísmo, y unos cuantos temerosos de Dios (así llamados), que eran gentiles atraídos a la fe judía pero no estaban dispuestos a ser circuncidados ni a guardar la ley mosaica" (p. 127). Si esa clase de pluralismo era posible en las sinagogas judías, la tesis de Wagner de que "las iglesias del Nuevo Testamento eran iglesias formadas en base de unidades homogéneas" podría descartarse sin mayor análisis, a no ser que se crea que lo que era posible para el judaísmo no lo era para el cristianismo.

[23] Tippett, *Church Growth and Word of God*, William B. Eerdmans, Grand Rapids, 1970, p. 34, mi traducción.

cilio" de Jerusalén presuponen que la comunión a la mesa entre cristianos judíos y gentiles continuaría, a pesar de los problemas. *La unidad en Cristo es mucho más que una unidad expresada ocasionalmente a nivel de "la relación supracongregacional" de creyentes en el cuerpo de Cristo que ha de hacerse visible en la vida en comunidad en las congregaciones locales.*

El arreglo delineado por el "decreto" de Jerusalén está en completa armonía con la actitud de Pablo que se expresa más tarde en 1 Corintios 8.7ss. y Romanos 14.13ss. No se transige en cuestiones de principio, pero se pide a los gentiles que limiten su libertad respecto a prácticas que resultan ofensivas para los hermanos judíos. Por lo menos para Pablo la manera de solucionar los conflictos no eran ni la uniformidad imperialista ni la uniformidad segregada sino el amor, ya que el amor es "el perfecto lazo de unión" (Col 3.14, VP).

La misión a los gentiles

Un hecho comprobado por la evidencia en el Nuevo Testamento es que la evangelización en la iglesia primitiva casi siempre se realizaba en reuniones en las sinagogas, con la presencia conjunta de judíos y gentiles. Lucas no da ningún dato que demuestre la tesis de McGavran según la cual las conexiones familiares jugaron un papel importante en la extensión de la fe en el Imperio Romano.[24]24 Sin embargo, no hay duda de que los "temerosos de Dios" que estaban en la periferia de la congregación judía sirvieron en cada ciudad importante como punto de contacto con el mundo gentil.[25]25 No es de sorprenderse que estos gentiles que simpatizaban con el judaísmo estuvieran abiertos al mensaje cristiano. Si —como afirma la Mishnah— aún los prosélitos sólo podían referirse a Dios indirectamente ("¡Oh Dios de vuestros padres!"), menos aún podían los "temerosos de Dios", que no estaban dispuestos a ser circuncidados ni

[24] McGavran, *The Bridges of God*, pp. 27-31.

[25] Bruce, pp. 147.

a someterse a las leyes dietéticas judías, ser considerados aptos para pertenecer al pueblo de Dios. Bien dice F. F. Bruce:

> Dado que asistían a la sinagoga y escuchaban allí la lectura de las sagradas escrituras, estos gentiles, que ya eran adoradores del "Dios vivo y verdadero", estaban familiarizados con la esperanza mesiánica en alguna de sus formas. No podían heredar esta esperanza y las bendiciones que la acompañaban hasta después de convertirse completamente al judaísmo, y esto era algo par lo cual la mayoría de ellos no estaban listos. Pero cuando se les decía que la esperanza mesiánica se cumplía en Jesús, que en él había sido abolida la vieja distinción entre judíos y gentiles y que la plena bendición de la gracia salvadora de Dios era accesible tanto a gentiles como a judíos, aquella gente no podía menos que recibir esas buenas nuevas, así como cada instinto ancestral movía a los judíos a rechazarlas en tales términos.[26]

Un estudio superficial de la misión paulina muestra que, vez tras vez, al llegar a una ciudad el apóstol primeramente visitaba la sinagoga y luego, al producirse la ruptura con las autoridades judías, comenzaba una congregación cristiana con los nuevos creyentes gentiles y un puñado de judíos convertidos (cf. Hch 13.5, 14.1, 10, 17, 18.4, 19, 19.8). Tal acercamiento tenía una base teológica: el evangelio debía proclamarse "al judío primeramente" (Ro 1.16, 2.9, 10; cf. Hch 3.26), en línea con una convicción cuyo origen remontaba a Jesús mismo: que los gentiles podían ser incorporados al Reino únicamente después de que Israel hubiera tenido la oportunidad de volverse al Señor.[27] Pero también hacía posible que casi siempre la iglesia local comenzara con un núcleo de creyentes que contaban en su haber con el trasfondo provisto por el judaísmo, con todas las claras ventajas que el mismo representaba. A partir de ese núcleo el evangelio

---

[26] Bruce, pp. 276-77, mi traducción.

[27] Ver Jeremías, *Jesus' Promise to the Nations,* pp. 71-72, y T. W. Manson, *Jesus and the Non-Jews,* Athalone, Londres, 1955.

podía entonces difundirse entre gentiles con un punto de vista completamente pagano.

Sería ridículo sugerir que judíos y gentiles escuchaba el evangelio *juntos* en la sinagoga, para luego a quienes creían se les obligara a formar iglesias caseras segregadas, a fin de favorecer así la expansión del evangelio. Tal procedimiento hubiese sido una abierta negación de la enseñanza apostólica respecto a la unidad de la iglesia. Hubiese significado, además, que la puerta de la iglesia era más estrecha que la de la sinagoga, donde judíos y gentiles podían adorar a Dios juntos. La sugerencia es tan absurda que no vale la pena tomarla en serio. Toda la evidencia del Nuevo Testamento apunta, sin embargo, en dirección contraria, es decir, en el sentido de una práctica apostólica cuyo propósito era la formación de iglesias que vivieran la unidad de la nueva humanidad en Cristo Jesús. Los apóstoles sabían muy bien que para que se diese una genuina aceptación de la gente "tal cual es", y no una aceptación de labios para afuera, tenía que haber una comunión real, por encima de todas las barreras, a nivel de la congregación local. Consecuentemente, se esforzaron por crear comunidades en las cuales *desde el comienzo* judíos y gentiles, esclavos y libres, pobres y ricos adorarían a Dios juntos y aprenderían el significado de su unidad en Cristo, aunque fuese necesario encarar dificultades que surgirían de las diferencias de trasfondo cultural o clase social entre los miembros. Que así fue, en efecto, está comprobado por el estudio de la enseñanza de los apóstoles a las iglesias en el mundo gentil, según el Nuevo Testamento. Por razones de espacio nos limitaremos aquí a dos ejemplos.

La iglesia en Corinto. En el contexto de un capítulo que encara la diversidad entre los *miembros* de una congregación, no entre *iglesias* constituidas por unidades homogéneas, Pablo afirma: "De hecho, aunque el cuerpo humano es uno solo, tiene miembros, y todos los miembros, no obstante ser muchos, forman un solo cuerpo. Así sucede con Cristo. Todos fuimos bautizados por un solo Espíritu para constituir un solo cuerpo —ya seamos judíos o gentiles, esclavos o libres— y a todos se nos dio a beber de un mismo Espíritu" (Co 12.12-13). El énfasis en la naturaleza de la unidad de cristianos que representaban varios grupos raciales y sociales puede entenderse cuando se lo mira a la luz de la situación de la iglesia en Corinto.

Según el registro de Lucas en Hechos, la formación de la iglesia en esa ciudad siguió el patrón característico de la misión a los gentiles: Pablo comenzó su ministerio en la sinagoga, donde judíos y gentiles escucharon el evangelio *juntos* (cf. Hch 18.4). Más tarde se le obligó a dejar la sinagoga, pero para entonces ya había un núcleo de creyentes que incluía a gentiles "temerosos de Dios" como Gayo llamado Justo (Hch 18.7, 1Co. 1.14) y Estéfanas y su familia (1Co 1.16; según 16.15, "los primeros convertidos de Acadia") y a judíos como Crispo, el principal de la sinagoga, y su familia (Hch 18.8; 1Co 1.14). La casa de Gayo estaba junto a la sinagoga (Hch 18.7) y se constituyó en la vivienda de Pablo y el lugar de reuniones de "toda la iglesia", formada por judíos como Lucio, Jasón, Sosípater, y gentiles como Erasto y Cuarto (Ro 16.21, 23).

En 1 Corintios hay otros atisbos de la diversidad que había entre los miembros de la iglesia en Corinto. De 1.26 se infiere que la mayoría de ellos procedían de los estratos sociales inferiores: pocos de ellos eran "sabios según criterios meramente humanos" y no muchos eran de "los poderosos... [o] de noble cuna". Por lo menos algunos de los miembros eran esclavos, otros eran libres (7.21-22). Por otro lado la comunidad cristiana también incluía uno que otro miembro pudiente económicamente; por ejemplo, Gayo (probablemente un ciudadano romano), Crispo (exjefe de la sinagoga), Erasto ("tesorero de la ciudad", Ro 16.23) y posiblemente Cloé (tomando en cuenta que la expresión "los de Cloé" quizá se refiere a esclavos de la misma).

Sería absurdo interpretar la exhortación de Pablo a que cada creyente en Corinto "permanezca en la condición en que estaba cuando Dios lo llamó (1Co 7.20) de tal manera que dé apoyo a la idea que cada cual debía permanecer a una iglesia formada con gente de una sola unidad homogénea representativa de su raza o clase social.[28] El énfasis central de todo el pasaje (1Co 7.17-24) es que en consideración del llamado de Dios tanto la raza o como el status social han perdido todo su valor: lo único que interesa es la fidelidad a Jesucristo. La enseñanza del apóstol aquí no es que los esclavos deben seguir sumidos en la esclavitud ni que deben liberarse si su manumisión es posible, sino que la existencia cristiana ya no está determinada por el estado legal de la persona sino por el hecho de haber sido llamada por Dios. La esclavitud del esclavo es irrelevante, ya que el esclavo es "un liberto del Señor"; la libertad del hombre libre es, asimismo, irrelevante, ya que el hombre libre es "un esclavo de Cristo" (v. 22). No se trata, entonces, de un consejo a favor o en contra de la manumisión —a favor o en contra de permanecer en la unidad homogénea a la cual pertenezca— sino de una exhortación a ver que, sea cual sea el status social que la persona tenga, debe permanecer "ante Dios".[29] Y esta relación con Dios sería a la vez la base de la relación entre cristianos.

La diversidad racial, social y cultural entre los miembros de la iglesia en Corinto explica en gran medida los problemas de disensión a los cuales hace referencia el apóstol Pablo en 1.10ss. Aunque los creyentes continuaban reuniéndose en casa de Gayo (Ro 16.23), estaban divididos en cuatro grupos, cada cual con la pretensión de seguir a un líder diferente (1Co 1.12). No podemos estar seguros acerca de las pretensiones distintivas de cada grupo, pero por lo menos podemos afirmar que el partido petrino estaba formado por judíos que insistían en las regulaciones dietéticas formuladas por el "concilio" de Jerusalén (cf. 1Co 8.1ss., 10.25ss.), mientras que el partido "de Cristo" estaba

---

[28] Wagner, p. 133.

[29] Bartchy, First *Century Slavery and I Corinthians 7.21,* University of Montana Press, Missoula, Mont., 1973, p. 182, mi traducción.

compuesto probablemente por gentiles que se consideraban "espirituales", se oponían al legalismo judío y negaban la doctrina judía de la resurrección.[30] Para complicar las cosas todavía más, las comidas comunitarias, durante las cuales los creyentes celebraban la cena del Señor, se habían convertido en una triste muestra de la división de la iglesia según la posición económica de los miembros. C. K. Barret está probablemente en lo correcto al inferir del texto que "se esperaba que los miembros de la iglesia compartieran sus recursos; los ricos, se suponía, traerían más de lo que necesitaban, a fin de proveer para los pobres".[31] En lugar de compartir, sin embargo, los ricos comían hasta saciarse, e incluso se emborrachaban, mientras que los pobres se quedaban con hambre. Como resultado, los pobres se sentían avergonzados y la comida comunitaria se convertía en un despliegue de falta de amor fraternal (1Co 11.20-22).

A pesar de tales divisiones, toda la comunidad cristiana en Corinto continuaba reuniéndose en una sola asamblea (11.17, 20, 14.23, 26; cf. Ro 16.23). La descripción de la iglesia en Corinto como "la iglesia sin facciones" tal vez sea una exageración, pero es indudable que —como afirma Munck[32]— la evidencia apunta en la dirección de desunión y riña, pero no en la dirección de iglesias homogéneas separadas, representativas de las varias posiciones en conflicto.

Lo importante aquí es notar que toda la carta ejemplifica de nuevo la práctica apostólica frente a los problemas de división causados por las diferencias raciales, culturales y sociales entre los miembros de la congregación. En ningún momento

---

30 Manson, *Studies in the Gospel and Epistle,* Manchester University Press, Manchester, 1962, pp. 190-209, mi traducción.

31 Barret, *A Commentary on the First Epistle to the Corinthians,* Adam & Charles Black, Londres, 1971. p.263.

32 Munck, *Paul and the Salvation of Mankind,* SCM, Londres, 1959; John Knox, Atlanta, 1971, pp. 135-67, mi traducción.

hay ni siquiera la menor sugerencia que la solución de tales problemas es formar iglesias basadas en las unidades homogéneas que luego traten de desarrollar "actividades y relaciones intercongregacionales".[33] Una y otra vez el énfasis está en el hecho de que todos los creyentes han sido incorporados en Cristo Jesús, como resultado de lo cual todas las diferencias derivadas de sus respectivas unidades homogéneas han sido relativizadas hasta tal punto que en la comunidad cristiana pueden ser consideradas como inexistentes. En efecto, el llamado a la unidad es central en toda esta carta.

La iglesia en Roma. Esta iglesia, en contraste con la de Corinto, al parecer estaba dividida en varios grupos separados, algunos de los cuales pueden haber estado constituidos por personas representativas de las varias unidades homogéneas presentes en la sociedad. En palabras de Bruce: "Quizás algunos grupos locales estaban formados por cristianos judíos y otros por gentiles cristianos, y había pocos, tal vez ninguno, en que judíos y gentiles estuvieran juntos".[34] Es posible que esto explique por qué Pablo dirige la carta a los Romanos "a todos ustedes, los amados de Dios que están en Roma" (1.7) y no "a la iglesia de Dios que está en Roma" (cf. 1Co. 1.2). Una mejor prueba de la situación, sin embargo, es la mención que Pablo hace en el capítulo 16 de por lo menos cinco iglesias caseras, asociadas a los nombres de Priscila y Aquila (vv. 3-5), Aristóbulo (v. 10), Narciso (v.11), Asíncrito (v. 14) y Filólogo (v. 15).

Si esta construcción de la situación de la iglesia de Roma es correcta, ¿hemos de concluir, entonces, que da pie a la teoría de que la práctica apostólica estaba orientada a la formación de iglesias basadas en unidades homogéneas? Tal conclusión desconocería totalmente el propósito que, a todas luces, tenía Pablo al escribir esta carta: promover "la obediencia a la fe" (cf. 1.5) en

---

[33] Wagner, p. 150.

[34] Bruce, p. 394.

congregaciones en las cuales —como ha argumentado Paul S. Minear[35]— los cristianos de una posición no adoraban a Dios lado a lado con cristianos de otra posición. Para usar la evidencia usada por Minear como base para la teoría de que la iglesia apostólica consistía mayormente en congregaciones representativas de unidades homogéneas,[36] o que la situación de la iglesia en Roma reflejaba la práctica apostólica, es necesaria una lectura parcial de su obra. En oposición a esa teoría, Minear afirma que la carta a los Romanos fue escrita con la esperanza de que "un mayor número de iglesias caseras segregadas se uniera en adoración a Dios; que judíos alabaran a Dios con su pueblo".[37]

En conformidad con esto, muestra que toda la carta desarrolla la idea de que por medio de la venida de Jesucristo todas las distinciones humanas han sido superadas, y concluye que la fe requerida de los varios grupos en Roma debe aceptar a los demás, a pesar de los diferentes puntos de vista respecto a alimentos y días. Así pues, para Minear la situación que Pablo contempla en los capítulos 14 y 15 era "el objetivo de toda la carta".[38]

El acercamiento de Pablo al problema en Roma fue consecuente con la práctica apostólica en relación con iglesias amenazadas por la división. No hay ninguna evidencia de que él habría dado su aprobación al plan moderno para solucionar el problema de división en la iglesia: la formación de congregaciones segregadas. Todas sus cartas muestran con claridad meridiana que él concebía la unidad en Cristo como un aspecto esencial del evangelio y, por lo tanto, hacía todo lo posible para que los cristianos vivieran "juntos en armonía, conforme al ejemplo de

---

35 Ver Minear, *The Obedience of Faith: The Purpose of Paul in the Epistle to the Romans*, SCM, Londres, 1971.

36 Wagner, pp. 130-31.

37 Minear, pp. 16-17, mi traducción.

38 Minear, p. 33, mi traducción.

Cristo Jesús, para que con un solo corazón y a una sola voz glorifiquen al Dios y Padre de nuestro Señor Jesucristo" (Ro 15.5-6).

Otros escritos del Nuevo Testamento reflejan la misma preocupación de los apóstoles por la unidad de la iglesia, por encima de las barreras que separan a la gente en la sociedad. Y no hace falta una investigación a fondo para verificar que las iglesias que resultaron de la misión a los gentiles normalmente incluían a judíos y gentiles, esclavos y libres, ricos y pobres, y eran enseñadas que en Cristo se eliminaban todas las diferencias derivadas de sus respectivas unidades de la congregación (cf. Ef 6.5-9; Col 3.22-41; 1Ti 6.17-19; Flm v. 16; Stg 1.9-11, 2.1-7; 1P 2.18; 1Jn 3.17).

No se puede exagerar el impacto que la iglesia primitiva produjo en los no-cristianos a causa de la fraternidad cristiana por encima de las barreras naturales. La abolición de la ancestral separación entre judíos y gentiles fue indudablemente uno de los grandes logros del evangelio en el primer siglo.

Igualmente maravillosa, sin embargo, fue la superación de la distinción de clases entre amos y esclavos. Bien lo expresa Michael Green:

> Cuando los misioneros cristianos proclamaban que en Cristo había sido cancelada la distinción entre el esclavo y el libre de la misma manera definitiva en que había desaparecido la distinción entre el judío y el gentil, y no sólo lo proclamaban sino que efectivamente vivían en armonía con esos principios, entonces, esto llamaba poderosamente la atención.[39]

En palabras de F. F. Bruce: "Tal vez ésta fue la manera en que el evangelio produjo la más profunda impresión en el mundo pagano".[40]

---

[39] Green, pp. 117-18, mi traducción.

[40] Bruce, *Commentary on the Epistle to the Colossians*, Marshall, Morgan & Scott, Londres, 1957, p. 277, mi traducción.

III. Una evaluación del "principio de unidades homogéneas"

¿Cómo evaluar el principio de unidades homogéneas defendido por MacGavran y sus seguidores, a la luz de la enseñanza y la práctica apostólica en relación a la unidad de la iglesia?

Antes de intentar una respuesta a esa pregunta, cabe hacer dos observaciones para evitar malentendidos. En primer lugar, no se puede negar que desde una perspectiva bíblica el crecimiento (cuantitativo) de la iglesia es una preocupación legítima en la misión cristiana.[41] Si es cierto que Dios "quiere que todos sean salvos y lleguen a conocer la verdad" (1Ti 2.4), entonces uno no puede estar en armonía con Dios a menos que anhele ver que todos vengan a Jesucristo. Además, es claro que ese anhelo tendrá que expresarse en términos prácticos (lo cual podría incluir el uso de observaciones sociológicas y antropológicas), de tal manera que el evangelio sea en efecto difundido ampliamente. Consecuentemente, lo aquí está en discusión no es el uso de principios que podrían ayudar en la expansión del evangelio. En segundo lugar, casi no es necesario verificar que el crecimiento de la iglesia se realiza en un contexto social y cultural específico y que la gente generalmente prefiere hacerse cristiana sin tener que cruzar barreras entre un contexto y otro. De nuevo, esto tampoco está en discusión aquí.

El tema que nos preocupa es si la formación de iglesias debe llevarse a cabo de tal modo que a la gente se le facilite la con-

[41] Ver Orlando E. Costas, "Church Growth as a Multidimensional Phenomenon", *Christ Outside the Gate: Mission Beyond Christendom*, Orbis Books, Maryknoll, 1982, pp. 43-57. Costas muestra que, para ser bíblico e integral, el crecimiento de la iglesia tiene que ser numérico, orgánico, conceptual y diaconal. Ver también sus trabajos "Dimensiones del crecimiento integral de la iglesia, " *Misión* 1 (julio-septiembre de 1982): 8-14, y "Crecimiento integral y la palabra de Dios", *Misión* 2 (enero-marzo 1983): 6-13.

versión cristiana sin tener que cruzar barreras;[42] si este principio es "esencial para la difusión del evangelio" y defendible como tal desde un punto de vista bíblico y teológico. Todo lo dicho en las dos secciones anteriores sobre la enseñanza y la práctica apostólicas sobre el tema me permiten ahora bosquejar las siguientes conclusiones, todas ellas con una amplia base exegética:

1. En la iglesia primitiva se proclamaba el evangelio a todos, fuesen judíos o gentiles, esclavos o libres, ricos o pobres, sin distingos. Con mucha frecuencia durante la misión a los gentiles *judíos y gentiles escuchaban el evangelio juntos.* No hay la menor indicación en el Nuevo Testamento de que la iglesia apostólica haya tenido una estrategia misionera basada en la premisa de que la formación de iglesias "sería más efectiva" si se llevaba a cabo en base de unidades homogéneas separadas y debía, por lo tanto, realizarse según las divisiones raciales o sociales.

2. Se consideraba que la superación de barreras que separan a la gente en el mundo era un *aspecto esencial del evangelio* no meramente un resultado secundario y prescindible del mismo. La evangelización, consecuentemente, envolvía un llamado a incorporarse a una nueva humanidad que incluía todo tipo de personas. La conversión nunca era una experiencia religiosa meramente: era también la manera de hacerse miembro de una comunidad en la cual la gente encontraba la base de su identidad en Cristo más bien que en su raza, status social o sexo. Los apóstoles habrían estado de acuerdo con la afirmación de Clowney: "El punto donde se superan las barreras es el punto en que el creyente se une a Cristo y a su pueblo".[43]

---

[42] McGavran, *Understanding Church Growth*, pp. 198-215.

[43] Clowney, "The Missionary Flame of Reformed Theology", *Theological Perspectives on Church Growth*, ed. Harvie M. Conn, Presbtyterian and Reformed Publishing Co., Nutley, Nj, 1976, p. 145, mi traducción.

3. La iglesia no sólo crecía: *crecía por encima de las barreras culturales y a pesar de ellas.* El nuevo Testamento no provee ni un solo ejemplo de una iglesia local cuyos miembros hayan sido tomados por los apóstoles de una sola unidad homogénea, a no ser que tal expresión quiera indicar únicamente un grupo de personas con un idioma en común. Por otra parte, provee múltiples ejemplos de cómo en las iglesias locales desaparecían las barreras de la separación.
4. El Nuevo Testamento muestra claramente que los apóstoles rechazaron todo "racismo asimilacionista", pero nunca contemplaron la posibilidad de formar iglesias basadas en unidades homogéneas en que expresaran su unidad en términos de relaciones intereclesiásticas y nada más. Cada iglesia tenía que manifestar *la unidad de los miembros por encima de sus diferencias raciales, culturales y sociales*, y, a fin de alcanzar este objetivo, los apóstoles sugerían medidas prácticas. Si es cierto que "la unidad auténtica es siempre unidad de diversidad",[44] entonces la unidad fomentada por los apóstoles jamás podía ser una unidad que eliminase la diversidad entre los miembros de la congregación local. La unidad no debía confundirse con la uniformidad ni en lo relativo a las múltiples congregaciones locales ni en lo que atañe a los miembros de cada congregación local. Como decía Ignacio: "Donde está Jesucristo, allí está toda la iglesia". Cada congregación local, consecuentemente, tenía que manifestar tanto la unidad como la diversidad del cuerpo de Cristo.
5. Es posible que haya habido momentos en que los creyentes fueran acusados de abandonar traidoramente su propia cultura a fin de unirse a otra, pero no hay evidencia de que los apóstoles hayan dado su aprobación a ajustes que se hicieran a fin de evitar esa acusación. Para ellos *la comunión cristiana por encima de las barreras culturales pertenecía a la esencia misma del compromiso cristiano,* no era una bendición de la

[44] Wagner, p. 96, traducción y énfasis míos.

cual los cristianos podrían disfrutar cuando las condiciones fuesen favorables o un apéndice que podía dejarse de lado si se pensaba que eso era necesario para hacer del evangelio más asimilable. Para ellos cualquier acomodo en cuanto a la unidad cristiana habría tenido que calificarse como un ajuste que violaba "enseñanzas cristianas esenciales".[45]

A la luz de estas conclusiones, es evidente que el uso del principio de unidades homogéneas para el crecimiento de la iglesia no tiene fundamento bíblico. Sus defensores han tomado como punto de partida una observación sociológica y han desarrollado una estrategia misionera; luego, *a posteriori*, han tratado de encontrar una base bíblica. Como resultado, no han dejado que las Escrituras determinen su estrategia. Un crítico que mira con simpatía al movimiento "Iglecrecimiento" (*Church-Growth*) ha observado que "la falta de integración con la revelación es el mayor peligro de la antropología del Iglecrecimiento".[46] El análisis anterior nos conduce a la conclusión que el énfasis del Iglecrecimiento en las unidades homogéneas está, en efecto, en directa oposición a la enseñanza y la práctica apostólica en relación con el crecimiento de la iglesia. No es posible edificar una metodología misionera correcta sin contar con una misionología bíblica sólida como base. ¿Qué se puede esperar de una misionología que cuenta en su haber con docenas de libros y disertaciones representativos del acercamiento de Iglecrecimiento, pero carece de una obra de envergadura sobre la teología de la misión?

---

[45] MacGavran, *The Clash Between Christianity and Culture*, p. 20, mi traducción.

[46] McQuilkin, *How Biblical is the Church Growth Movement?*, Moody, Chicago, 1973, p. 43. "Iglecrecimiento" es el movimiento iniciado por Donald McGavran y promovido por la "School of World Mission and Institute of Church Growth" vinculada al Fuller Theological Seminary de Pasadena, California, Estados Unidos. Sobre este tema, ver los artículos de Orlando E. Costas, "Origen y desarrollo del movimiento de crecimiento de la iglesia", *Misión* 3 (marzo de 1984). 7-13, e "Iglecrecimiento, el movimiento ecuménico y el 'evangelicalismo'", *Misión* 3 (junio de 1984): 56-60.

Tenemos que admitir que a veces "el testimonio de congregaciones en una misma área geográfica separadas en base del idioma y la cultura tal vez tenga que aceptarse como una medida necesaria pero provisoria en aras de cumplimiento de la misión de Cristo".[47] Pero la estrategia de formar iglesias en base de unidades homogéneas en aras del crecimiento (cuantitativo) de la iglesia no tiene nada que decir frente a lo que C. Peter Wagner ha llamado "el temor a la diversidad y el deseo chauvinista de desconocer, apenas, tolerar, subordinar o eliminar el pluralismo" y que, según el mismo autor, "ha causado más daño en la iglesia en los Estados Unidos que lo que hasta aquí se ha querido reconocer".[48] Debido a su negligencia respecto a la enseñanza bíblica sobre la unidad de la iglesia, se ha convertido en una misionología hecha a medida para iglesias e instituciones cuya función principal en la sociedad es apoyar el *statu quo*. ¿Qué puede decirle esta misionología a una iglesia en un suburbio de clase media, donde los miembros se sienten cómodos con sus valores propios de la burguesía pero están esclavizados por el materialismo de la sociedad de consumo y ciegos frente a las necesidades de los pobres? ¿Qué puede decirle a una iglesia donde el racista "se siente bien" gracias a la censurable alianza entre el cristianismo y la segregación racial? ¿Qué puede decir en situaciones de conflicto de tribu, casta o clase? Claro, puede decir que "a la gente le gusta hacerse cristiana sin cruzar barreras raciales, lingüísticas o de clase". Pero ¿qué tiene esto que ver con el evangelio acerca de Jesucristo, quien vino para reconciliar a todos con Dios en un *solo cuerpo* por medio de la cruz?

La misionología que la iglesia necesita hoy no es la que conciba al pueblo de Dios como una cita tomada de la sociedad que la rodea, sino la que lo conciba como "un signo de interrogación hecho carne" que cuestiona los valores del mundo. Como dice

---

47 Newbigin, "What Is a Local Church Truly United?", *The Ecumenical Review* 29 (abril de 1977): 124.

48 Wagner, p. 147.

John Poulton refiriéndose al impacto de la iglesia del primer siglo en la sociedad antigua: "Cuando los amos podrían llamar ´hermanos´ a sus propios esclavos, y cuando muchos se dieron cuenta de los factores que despersonalizaban a éstos, algo tenía que cambiar. El cambio demandó tiempo, pero se realizó. Y mientras tanto, el pueblo de Dios era un signo de interrogación hecho carne puesto que aquí había gente que podía vivir otro tipo de relaciones en medio de un sistema social determinado".[49] Sólo una misionología en línea con la enseñanza y la práctica apostólicas en relación a la extensión del evangelio puede contribuir a la edificación de esta clase de iglesia como las primicias de una nueva humanidad constituida por personas "de toda raza, lengua, pueblo y nación" (Ap 5.9).

[49] Poulton, *People Under Presure,* Lutterworth Press. Londres, 1973, p. 112

9

Perspectivas neotestamentarias para un estilo de vida sencillo

Una ponencia sobre cualquier tema relacionado con el estilo de vida probablemente muestre más acerca del autor que acerca del tema en cuestión. El estilo de vida no puede separarse de la persona misma. Al escribir al respecto, por lo tanto, uno casi no puede evadir el descubrirse con todos sus valores y ambiciones.

Siendo así, es legítimo preguntar si es posible dar una palabra definitiva respecto a la cuestión del estilo de vida. Muéstreseme el estilo de vida de una persona y yo diré lo que probablemente opina sobre el tema.

El problema no se resuelve simplemente considerando la cuestión del estilo de vida como tema de estudio bíblico. ¿Tiene la pobreza de Jesús, por ejemplo, alguna relevancia para el discipulado hoy, o debe ser vista como algo totalmente incidental en relación con su ministerio? ¿Debe interpretarse la frase "dichosos los pobres en espíritu" (Mt 5.3) a la luz de "Dichosos ustedes los pobres" (Lc 6.20) o viceversa? ¿Qué quiso decir Jesús al presentarse como aquel que venía a predicar buenas noticias a los pobres? ¿Tiene el "comunismo de amor" de la iglesia primitiva algún significado para quienes viven en "la era de la abundancia" en su relación con quienes viven en "la era del hambre," o deben echarlo por la borda como un interesante experimento inspirado por el idealismo de quienes vivían en "la era del Espíritu"?

Todas éstas y otras muchas preguntas relativas al estilo de vida encontrarán respuestas diferentes de distintos intérpretes.

¿Son, entonces, todas las respuestas igualmente válidas? ¿No hay manera de dejar que las Escrituras hablen por su cuenta sin imponerles nuestra propia ideología?

Para el cristiano, plantear preguntas sobre el estilo de vida es plantear preguntas sobre el Reino de Dios; no preguntas especulativas, sino preguntas respecto a qué clase de vida es apropiada en la nueva era que ha llegado en Jesucristo. Y aquí también los espiritualmente pobres son los que verán el Reino de los cielos.

Me acerco a mi tema como quien reconoce la facilidad con que se espiritualiza el evangelio a fin de evadir sus demandas en lo que ataña al estilo de vida. No comparto el optimismo de los que piensan que basta que los cristianos entendamos lo que la Biblia dice sobre el tema para que con toda disposición nos sometamos a sus demandas. A la vez, reconozco la posibilidad de leer la Biblia para hallar apoyo a un estilo de vida que se ajusta a una ideología. Mi deseo honesto es escuchar y ayudar a otros a escuchar lo que el Espíritu de Dios dice a la iglesia hoy sobre el tema del estilo de vida, con miras a la obediencia.

En primer lugar, examino brevemente el significado de la pobreza de Jesús en relación con el discipulado cristiano; en segundo lugar, me detengo a examinar la manera en que la enseñanza y ejemplo de Jesús se reprodujeron en la iglesia primitiva, y, finalmente, exploro la enseñanza de los apóstoles sobre la cuestión de las riquezas.

I. Jesús y la pobreza

1. La pobreza de Jesús

El perfil de Jesús que surge de los Evangelios es de una persona que conoció la pobreza económica a lo largo de toda su vida. Su nacimiento aconteció en un establo, sin las comodidades "normales" (Lc 2.7). La ofrenda que José y María trajeron al templo en ocasión de su presentación, en conformidad con el rito judío, fue la que el Antiguo Testamento estipulaba para los pobres: un par de tórtolas o dos pichones de paloma (Lc 2.23-24). En su infancia fue un refugiado (Mt 2.14). Creció en la provincia de Galilea, una zona subdesarrollada de la Palestina (Mt 2.22-23), en el hogar de un carpintero, lo cual le colocó en una posición desventajosa frente a muchos de sus contemporáneos (ver Jn 1.46; Mt 13.55; Mr 6.3). Durante su ministerio no tuvo un hogar que pudiera llamar propio (Lc 9.58), y dependía, junto con sus discípulos, de la generosidad de un grupo de mujeres para la satisfacción de sus necesidades materiales (Lc 8.2).

La pobreza de Jesús es un hecho establecido del cual dan testimonio los cuatro evangelios. Para entender su significado, debe verse a la luz de la piedad judía de su tiempo, la cual generalmente juzgaba la pobreza como una maldición y la riqueza como evidencia del favor de Dios.[1] Debe verse a la vez en su relación con lo que Martín Hengel llama "la actitud liberal de Jesús hacia la propiedad",[2] evidenciada por el contacto que Jesús mantenía con mujeres acomodadas (Lc 8.2-3; cf. Lc 10.38-39) y su disposición a asistir a banquetes organizados por los ricos (Lc 7.36ss., 11.37, 14.1, 12; Mr 14.3ss.) y a granjearse el título de "glotón" y "borracho" (Lc 7.34). Obviamente Jesús no defendía un ascetismo riguroso. Con esta salvedad, todavía tenemos que preguntarnos si su desafío a la piedad judía al identificarse con los pobres y a la vez mantener una actitud libre frente a las riquezas arroja alguna luz sobre el estilo de vida que corresponde al Reino de Dios o si, por el contrario, el ejemplo de Jesús no tiene nada que ver con el discipulado cristiano.

La respuesta a esta pregunta debe también tomar en cuenta la preocupación especial de Jesús por los pobres, a la cual nos referiremos más adelante. Basta por ahora señalar que si Jesús era pobre y a la vez se consideraba sin pecado, mal podría pen-

---

[1] Ver Martin Hengel, *Property and Riches in the Early Church: Aspects of a Social History of the Early Church*, SCM, Londres, 1974, pp. 12-22.

[2] *Ibíd.*, p. 26.

sarse que para él la pobreza fuera un resultado directo del pecado. Quedaría la posibilidad de que para él la pobreza fuera algo deseable para sus discípulos a lo largo del tiempo, quizás como virtud o como un medio de mejorar su relación con Dios. Tal idealización de la pobreza, sin embargo, no cuadra con "la actitud liberal de Jesús hacia la propiedad", a la cual hemos hecho referencia. Fuese cual fuese la motivación de su propia pobreza, es obvio que su intención no pudo haber sido presentarla como un valor positivo en sí. Como Julio de Santa Ana[3] insiste, a lo largo de la Biblia la pobreza no es una virtud, sino un mal que debe ser eliminado y respecto al cual Dios muestra una preocupación especial. Toda la evidencia sugiere que Jesús compartía esa actitud.

2. La preocupación de Jesús por los pobres

Como hemos visto, los Evangelios muestran claramente que Jesús era pobre materialmente. También muestran que tenía una preocupación especial por los pobres, los necesitados, los oprimidos. De entrada, no es nada probable que en una época en que la gente estaba sujeta a pesadas cargas tributarias relacionadas tanto con el Templo como con el Imperio romano, Jesús pudiera ir de ciudad en ciudad y de aldea en aldea sin notar la pobreza que afligía a las masas. Las enfermedades de las cuales sanaba a muchos eran sin duda un aspecto de la condición de destitución de esas multitudes que le inspiraban compasión porque "estaban agobiadas y desamparadas, como ovejas sin pastor" (Mt 9.36).

La actitud de Jesús hacia los pobres halla expresión vívida en la versión lucana de una de las bienaventuranzas: "Dichosos ustedes los pobres, porque el reino de Dios les pertenece" (Lc 6.20). Por cierto, la referencia a la pobreza material puede ser y

[3] Santa Ana, *El desafío de los pobres a la iglesia*, Editorial Universitaria Centroamericana, Costa Rica, 1977. Sobre la preocupación de Dios por los pobres, ver Ronald J. Sider, *Rich Christians in an Age of Hunger: A Biblical Study*, InterVarsity Press, Downers Grove, 1984, pp. 53-78.

ha sido en efecto negada apelando a la versión de Mateo, según la cual los pobres a quienes Jesús califica de bienaventurados o dichosos son los pobres "en espíritu" (Mt 5.3). El desacuerdo exige las siguientes observaciones:

En primer lugar, es verdad que en la Biblia la pobreza no puede reducirse a la ausencia de recursos materiales y que se puede dar por sentado, sin temor a equivocarse, que detrás del uso del término "pobre" en el Nuevo Testamento yace frecuentemente una temprana tradición judía según la cual "pobre" era casi un sinónimo de "piadoso" o "justo".[4] En Lucas 6.20, sin embargo, se contrasta a los pobres con los ricos respecto a los cuales Jesús pronuncia un ¡ay! porque ya han tenido su alegría, es decir, las comodidades que ofrecen las riquezas (6.24). A nadie se le ocurre que las riquezas de los ricos a las cuales se refiere Jesús son riquezas espirituales. ¿Por qué ha de creerse que la pobreza es "espiritual" o "en espíritu"?

En segundo lugar, si se espiritualiza la bienaventuranza en Lucas 6.20 prematuramente, se remueve la base misma para interpretar la versión de las palabras de Jesús según Mateo 5.3. Porque, ¿qué significa ser "pobre en espíritu" sino precisamente compartir la actitud del literalmente pobre? Si cada vez que el término "pobre" aparece en los Evangelios se lo toma en el sentido de "pobre en espíritu," entonces la bienaventuranza en la versión de Mateo no tiene conexión con la realidad concreta. Ser pobre en espíritu es ser como aquellos que, porque son pobres materialmente, reconocen su necesidad y están dispuestos a recibir ayuda.

En tercer lugar, la bienaventuranza es pronunciada desde la perspectiva de los pobres y dirigida a los pobres. Su espiritualización, por el contrario, refleja generalmente una manera de pensar característica de gente cuyas necesidades materiales ya

---

[4] Cf. *Dictionary of New Testament Theology*, ed. Colin Brown, Paternoster Press, Exeter, 1971, II, pp. 824-25.

han sido satisfechas y que, por lo tanto, no podrían hacer suya la bienaventuranza de los materialmente pobres. A menos que uno esté dispuesto a ser pobre literalmente, la interpretación literal de las palabras de Jesús es demasiado amenazante como para que se la prefiera a la lectura espiritualizada de la misma.

Sin embargo, si se acepta la interpretación literal, ¿cómo se entiende que Jesús describa como bienaventurados o dichosos a quienes son tan pobres que tienen necesidad de pedir limosna (ya que ése es el sentido de la expresión "pobres" en el original)? ¿Qué conexión ve Jesús entre el Reino de Dios y los pobres?

El teólogo argentino Enrique Dussel mantiene que, ya que el Reino de Dios está en contraste con el sistema existente y que los pobres no son parte constitutiva de éste, los pobres son el pueblo de Dios y, consecuentemente, "sujetos activos y portadores del Reino de Dios". Dussel cita la bienaventuranza en Lucas y luego comenta:

> Porque ya que los pobres no son sujetos del sistema, dueños del capital y detentores del poder, son un factor negativo (la negatividad pura de los oprimidos) y al mismo tiempo positivamente (la positividad de la exterioridad), son los sujetos-portadores del Reino y colaboran para edificarlo. Por ser oprimidos (y como tales no-pecadores, por lo tanto justos) y liberadores activos (como miembros del Pueblo), los pobres son sujetos del Reino.[5]

Pero si ser *pobre* equivale a ser *justo*, ¿qué sentido tiene luchar contra la pobreza? Más bien, ¡que abunde la pobreza para que también abunde la justicia!

Los pobres son bienaventurados, no porque son pobres y como tales justos, sino porque el Reino de Dios *ya es (estin)*, aquí y ahora, de ellos. No son los sujetos del Reino, puesto que el Rey es Dios, pero Dios les ha dado parte en su Reino por medio

---

[5] Dussell, "The Kingdom of God and the Poor", *International Review of Mission* 68 (abril de 1979): 124, mi traducción.

de Jesucristo. *El Reino de Dios pertenece a los pobres porque Cristo está en medio de ellos derramando sobre ellos las bendiciones de su Reino*. La nueva era anunciada por los profetas ha llegado y está manifestándose entre los pobres. La razón de su alegría no es su condición material ni sus propios méritos, sino la preocupación que Jesús tiene por ellos.

Abunda la evidencia de esa preocupación especial de Jesús por los pobres. Al comienzo mismo de su ministerio, en su manifiesto sobre su misión anunciado en la sinagoga de Nazaret, lee la profecía de Isaías 61.1-2 y afirma que el día del cumplimiento profético ha llegado. De su interpretación de ese pasaje bíblico se deduce que Jesús entiende su misión en términos de la inauguración de una nueva era —"el año del favor del Señor"— caracterizada por el anuncio de la buena noticia a los pobres, la libertad a los presos, la restauración de la vista a los ciegos, la liberación a los oprimidos. Con el Antiguo Testamento como telón de fondo, Jesús concibe su actividad mesiánica en términos de la instauración del "año del favor del Señor," es decir, el año del jubileo y, consecuentemente, de la reestructuración de la sociedad según los dictados del amor y la justicia.[6] Es el portador de las bendiciones del Reino, las mismas que son derramadas sobre gente que vive en condiciones de privación y opresión, pobreza y explotación.

Esta interpretación de la misión de Jesús no significa que a él le preocupara exclusivamente, o al menos primordialmente, la prosperidad material y la opresión física o económica. Significa, más bien, que Jesús entendía su misión en términos del cumplimiento de las promesas del Antiguo Testamento, con su contenido histórico concreto relacionado con el restablecimiento de la justicia en la era mesiánica. Consecuentemente, la pobreza y

---

[6] Cf. John H. Yoder, *The Politics of Jesus*, William B. Eerdmans, Grand Rapids, 1972, y Robert Sloan, *The Favourable Year of the Lord: A Study of Jubilee Theology in the Gospel of Luke*, Scholars Press, Austin, 1977. Hay traducción castellana publicada por Ediciones Certeza, Buenos Aires.

la opresión a que alude su definición de su misión no pueden limitarse a una condición espiritual que él vino a enfrentar. Las bendiciones del Reino introducido por Jesús tocan la realidad de la vida humana. Porque esto es así, cuando Juan el Bautista, habiendo recibido noticias de lo que Jesús estaba haciendo, le envió mensajeros que le preguntaran si él era realmente el Mesías, Jesús le contestó: "Vayan y cuéntenle a Juan lo que están viendo y oyendo: Los ciegos ven, los cojos andan, los que tienen lepra son sanados, los sordos oyen, los muertos resucitan y a los pobres se les anuncian las buenas nuevas" (Mt 11.4-5). La mención de los "pobres" entre los ciegos, los cojos, los leprosos, los sordos y los muertos muestra que la pobreza aludida es tan literal como la condición de todos los demás. Y así como para los demás el ministerio de Jesús significa el fin del sufrimiento, así también para los pobres: su proclamación es una buena noticia porque significa el fin de la pobreza mediante el establecimiento de un nuevo orden caracterizado por el amor y la justicia.

¿Significa esto que cualquiera que sea literalmente pobre por el solo hecho de serlo participa de las bendiciones del Reino? ¿Son los pobres "los sujetos-portadores del Reino" porque son pobres? La respuesta es que la buena noticia del Reino no debe interpretada como la descripción de la situación objetiva de los pobres sino mantenida en estrecha relación con el llamado de Jesús al discipulado. Ni los pobres ni los ricos tienen parte en el Reino a menos que (aparte de su privación o su posesión de bienes materiales) sean pobres en espíritu y como tales dependan totalmente de la gracia de Dios.

Según la respuesta de Jesús a Juan el Bautista, su preocupación por los pobres, expresada en palabras y en acción, pone en evidencia que él es el Mesías. Para encarar las dudas de Juan sobre su mesiazgo, actúa a favor de los pobres, los enfermos, los oprimidos. Muestra así claramente que su misión guarda una relación particular con ellos. No es él un Mesías conquistador que establece un gobierno mediante el ejercicio de la violencia. Es, más bien, el Mesías-Siervo que viene como un hombre pobre entre gente pobre y necesitada, y les anuncia el fin de sus sufrimientos. Según las expectativas expresadas en el *Magnificat*, viene para derrocar a los reyes de sus tronos y exaltar a los humildes; para colmar de bienes a los hambrientos y despedir a los ricos con las manos vacías (Lc 1.52-53). Y hace esto en su calidad de Siervo de Yahweh que se coloca al lado de los pobres a fin de inaugurar el Reino.

¿Significa esto, entonces, que la salvación se limita a los literalmente pobres? ¿Hay esperanza para los ricos? Es claro que nadie se salva o condena a causa de las posesiones materiales que tenga o no tenga. La preocupación especial de Jesús por los pobres no significa que no se interese por los ricos. Jesús vino a anunciar la buena noticia a los pobres, pero los ricos no quedan excluidos. La identificación de Jesús con los pobres y su preocupación especial por ellos no limitan la salvación a una sola clase social. Pero de todos modos, la buena noticia es anunciada a los pobres, es decir, a los literalmente pobres y a aquellos que comparten la actitud de los pobres.[7] Consecuentemente, sólo puede ser palabra de salvación para los ricos cuando éstos dejan de lado su riqueza como medio para encontrar su identidad, y hacen suya la actitud de los pobres, lo cual supone el ver la absoluta prioridad del *ser* sobre el *tener* involucrada en el evangelio. Los ricos no están fuera del alcance de la buena noticia del Reino. Sin embargo, ya que éstas se dirigen a los pobres, sólo pueden entrar en él haciéndose pobres. La cuestión —dice Paul Gauthier—"estriba en no dejar de evangelizar a los ricos, sino todo lo contrario, en anunciarles a tiempo y destiempo el evangelio en su totalidad".[8]

---

[7] Marshall, *Commentary on Luke*, New International Greek Testament Commentary, William B. Eerdmans, Grand Rapids, 1978, p. 249, mi traducción.

[8] Paul Gauthier, *Los pobres, Jesús y la iglesia*, Estela, Barcelona, 1965, p. 20.

Una discusión más extensa de nuestro tema tendría que detenerse a analizar el significado de la solidaridad de Jesús con los pobres (los hambrientos, los sedientos, los forasteros, los enfermos y los prisioneros) según Mateo 25.31-40. Probablemente este pasaje deba interpretarse a la luz del concepto bíblico de la *personalidad corporativa*, entendiéndose que "estos hermanos míos más humildes" significa los discípulos de Jesús.[9] De todos modos, claramente muestra la preocupación de Jesús por los pobres y los necesitados con quienes se identifica, de tal modo que afirma que lo que se les hace a ellos se le hace en efecto a él. También muestra la muy estrecha conexión entre la salvación y la preocupación por los pobres y necesitados, de tal modo que los salvos (los "justos", los verdaderamente "pobres en espíritu") son identificados con aquellos que dan de comer al hambriento y de beber al sediento, alojan al forastero, visten al desnudo y visitan al enfermo y al prisionero.

Los intérpretes pueden diferir en cuanto a su comprensión de la solidaridad de Jesús con los pobres y los oprimidos. Sin embargo, nadie puede, sin desechar la evidencia, negar que Jesús concibió su ministerio como la iniciación de una nueva era en que se haría justicia a los pobres.

3. Pobreza y discipulado

Jesús fue pobre y mostró un cuidado especial por los pobres. ¿Significa esto, entonces, que los ricos son automáticamente ex-

---

[9] Según este concepto, todo un grupo de individuos es visto como una unidad, una sola *persona* representada por cualquiera de sus miembros, mientras que cada individuo a su vez es visto como la proyección del grupo. Sobre la importancia de este concepto para la interpretación de la Biblia, ver Russell P. Shedd, *Man in Community*, Epworth Press, Londres, 1958. La comprensión de "estos hermanos míos más humildes" es básica para la interpretación de todo el pasaje. Que la expresión apunta a la solidaridad de Jesús y sus discípulos se ratifica en Mateo 10.40-42 (cf. Mr 9.41), donde la mención del vaso de agua fresca y de la recompensa vincula este pasaje con Mateo 25.31-46.

cluidos del Reino de Dios? ¿Es la pobreza una condición ineludible para el discipulado cristiano?

En Lucas 14.33 llama a quienes quieren ser sus seguidores a renunciar a sus posesiones materiales: "De la misma manera, cualquiera de ustedes que no renuncie a todos sus bienes, no puede ser mi discípulo". Éste es el precio que uno tiene que calcular como parte del costo del discipulado, junto con tomar su propia cruz y dar a su propia familia un lugar secundario (Lc 14.26-32). Evidentemente, los Doce aceptaron esa demanda en su sentido literal, como Pedro señalara cuando Jesús habló sobre lo difícil que es para el rico entrar en el Reino: "¿Qué de nosotros, que lo hemos dejado todo y te hemos seguido?" (Mr 10.28; cf. Mr 1.16ss y par.; Lc 5.11, 28). Cuando Jesús envió a sus discípulos, los envió en completa pobreza (Lc 9.3, 10.4; cf. Mr 6.7ss). En otra ocasión les mandó que vendieran lo que tenían y dieran a los necesitados, procurándose así "bolsas que no se desgasten... un tesoro inagotable en el cielo, donde no hay ladrón que aceche ni polilla que destruya" (Lc 12.33). En la misma dirección apunta la demanda al joven rico: "Una sola cosa te falta: anda, vende todo lo que tienes y dáselo a los pobres, y tendrás tesoro en el cielo. Luego ven y sígueme" (Mr 10.21 y par.).

A la luz de todos estos pasajes, parecería que Jesús consideraba la pobreza como algo esencial en el discipulado cristiano. La radicalidad de su posición se resume en su observación: "¡Qué difícil es para los ricos entrar en el reino de Dios!" (Mr 10.23), a la que sigue el conocido símil del ojo de una aguja: "Le resulta más fácil a un camello pasar por el ojo de una aguja, que a un rico entrar en el reino de Dios" (v. 25). Muy temprano en la historia del texto las palabras de Jesús fueron atenuadas en algunos manuscritos mediante la adición de una salvedad que deja en pie la posibilidad de que los ricos entren en el Reino sin necesariamente renunciar a sus riquezas: "Hijos, ¡cuán difícil es entrar en el reino de Dios, *a los que confían en las riquezas!*" (v. 24). Esta modificación, que se refleja en la traducción de Reina-

Valera, atenúa considerablemente la fuerza de las palabras de Jesús y hace posible interpretarlas vinculándolas a la *confianza* en las riquezas, no a la *posesión* de las mismas. Este cambio del texto deja sin explicación por qué "los discípulos se asombraron aún más" de sus palabras (v. 26). Es obvio que cuando Jesús afirmó cuán difícil era para los ricos entrar en el Reino ellos no tomaron sus palabras como una obviedad, es decir, como si lo único que él quería decir es que la *confianza* en las riquezas es incompatible con la vida del Reino. Su asombro fue más bien su reacción frente a una afirmación que estaba en total oposición a una creencia común: que es relativamente fácil combinar las riquezas con la piedad; que mientras uno esté dispuesto a dar limosna a los pobres, no es necesario preocuparse sobre cuánto uno reserva para sí. En contraste con tal suposición, Jesús veía en las riquezas mismas un obstáculo real para la germinación de la Palabra de Dios en el corazón humano (Mt 13.22); consecuentemente descartaba el intento de servir a la vez a Dios y al dinero (Mt 6.24), y advertía contra la necia acumulación de bienes con miras a asegurar el futuro (Lc 12.13-20). En vista del peligro que Mamón representa para la vida espiritual, no es de sorprenderse que Jesús concibiera la salvación como prácticamente imposible para los ricos.

La demanda que Jesús hiciera al joven rico, de vender todo y dar a los pobres, particulariza la demanda general dirigida a las multitudes, de dejarlo todo a fin de seguirlo por causa del evangelio. Es, por lo tanto, un llamado al servicio y sólo puede entenderse en el contexto del discipulado cristiano. Siendo así, no podemos dar por sentado que las palabras de Jesús al joven rico, "una sola cosa te falta: anda, vende todo lo que tienes y dáselo a los pobres", no tienen nada que ver con nosotros, ni debemos suponer que su mandato a renunciar a todas las cosas no fue literal sino simplemente un llamado a una actitud de desprendimiento interior en relación con los bienes materiales. Si es claro que Jesús a veces exigía una pobreza literal como condición para el discipulado, ¿por qué hemos de dar por sentado que *en nuestro caso* su demanda en relación con nuestras posesiones debe interpretarse en sentido figurado? El verdadero desprendimiento interior respecto a las riquezas sólo es posible en la experiencia de quienes están dispuestos a dejarlo todo *literalmente*, por causa del evangelio. Es genuino en la medida en que *puede expresarse concretamente* como se expresó en el caso de Jesús y sus discípulos. Esa clase de desprendimiento es una condición ineludible del discipulado cristiano y deriva su significado de la entrega personal de Aquel que por amor a nosotros se hizo pobre, siendo rico, para que nosotros con su pobreza fuésemos enriquecidos (2Co 8.9).

II. La iglesia primitiva y los pobres

1. Los miembros de la iglesia primitiva

Varios pasajes del Nuevo Testamento sugieren que las comunidades cristianas formadas a partir de Pentecostés estaban constituidas predominantemente por gente pobre. Las palabras de Pablo dirigidas a la iglesia de Corinto, por ejemplo, sugieren que apenas unos pocos miembros pertenecían a las clases privilegiadas: "Hermanos, consideren su propio llamamiento: No muchos de ustedes son sabios, según criterios meramente humanos; ni son muchos los poderosos ni muchos los de noble cuna" (1Co 1.26). En Hechos y las cartas paulinas se mencionan algunas excepciones obvias: el "excelentísimo Teófilo" (Lc 1.3; Hch 1.1), para quien Lucas escribe sus dos libros; el centurión Cornelio (Hch 10.1ss.); Manaén, miembro de la corte de Herodes el tetrarca (Hch 13.1); Sergio Paulo, gobernador de Chipre (Hch 13.7); Dionisio el areopagita y una mujer llamada Dámaris (Hch 17.34); Filemón de Colosas (Flm 2); Erasto, tesorero de la ciudad (Ro 16.23); y Crispo, jefe de la sinagoga en Corinto (Hch 18.8). Sin embargo, es obvio que la gran mayoría de cristianos era gente pobre, de origen humilde. Pablo interpretó esta situación como un medio que Dios estaba usando para avergonzar al mundo, "a fin de que en su presencia nadie pueda jactarse"

(1Co 1.27ss.). Jesucristo es un Mesías crucificado; su iglesia es la iglesia de los débiles y los pobres.

2. La preocupación por los pobres en la iglesia primitiva

La preocupación de Jesús por los pobres fue emulada por la iglesia primitiva, especialmente en el contexto de la comunidad cristiana. Obviamente, los creyentes se concebían como una comunidad modelada por la actitud y el estilo de vida del Mesías-Siervo.

Lucas muestra el resultado del mensaje y el estilo de vida de Jesús en la iglesia de Jerusalén: el "comunismo de amor" descrito en Hechos 2.40-47 y 4.32-37, que han atraído la atención de amigos y enemigos a lo largo de los siglos. Según informa Lucas, "todos los creyentes estaban juntos y tenían todo en común" (2.44-45); "nadie consideraba suya ninguna de sus posesiones, sino que las compartían" (4.32). ¿Cómo hemos de entender este "comunismo de amor"?

La propiedad común de bienes fue uno de los resultados del derramamiento del Espíritu Santo el día de Pentecostés. No fue un logro del ingenio humano, sino un resultado de la vida espiritual que unió a los creyentes en "un solo sentir y pensar" (4.32).

El compartir de bienes fue también practicado por los esenios, pero en su caso era una obligación legal.[10] En contraste, en la comunidad cristiana primitiva era algo enteramente voluntario. El pecado de Ananías y Safira no fue guardar para sí mismos parte de lo que recibieron por la venta de su terreno, sino dar una parte como si fuese todo. El compartir no era obligatorio. En palabras de Pedro, no tenían que vender su terreno, y habiéndolo vendido, estaban en libertad de usar el dinero como quisieran (5.4). No se eliminó totalmente la propiedad privada (María la madre de Juan Marcos, por ejemplo, conservó su casa como lu-

---

[10] Cf. Hengel, *op. cit.*, p. 32.

gar de reuniones, según 12.12), pero ésta estaba al servicio de las necesidades de toda la comunidad.

El criterio básico para la distribución de los bienes era que cada persona recibiera según sus necesidades (2.45; 4.35), y el resultado inmediato fue la eliminación de la pobreza, de modo que "no había ningún necesitado en la comunidad" (4.34). Se cumplió así el ideal largamente acariciado de que no hubiera pobres en el pueblo de Dios (Dt 15.4). En la iniciación de "la era del Espíritu" las barreras de las posesiones habían desaparecido; se había inaugurado la Nueva Sociedad. Consecuentemente, "el Señor añadía al grupo los que iban siendo salvos" (2.47).

Ni Hechos ni las epístolas neotestamentarias se refieren jamás al "comunismo de amor" de la iglesia de Jerusalén como normativo para la iglesia a lo largo de los siglos. Sin embargo, es claro que la preocupación por los pobres era para los primeros cristianos un aspecto esencial de la vida y misión de la iglesia. Cuando la iglesia en Jerusalén tuvo que encarar dificultades económicas causadas por el hambre que hubo bajo el gobierno del emperador Claudio en los años cuarenta, la iglesia en Antioquía envió ayuda por medio de Bernabé y Saulo (ver Hch 11.29-30). Más tarde Pablo organizó una gran colecta en las iglesias gentiles "para los hermanos pobres de Jerusalén" (Ro 15.26; cf. Gá 2.10). Las cuidadosas instrucciones del apóstol sobre la colecta, especialmente en 2 Corintios 8 y 9, muestran la gran importancia que él da al compartimiento económico como una expresión de unidad cristiana por encima de las barreras raciales y nacionales. Interpreta las contribuciones materiales como una "comunión" (*koinonia*) concreta (Ro 15.26) y como una manera de responder a la gracia de Dios manifestada en Jesucristo (2Co 8.8-9). Las posesiones materiales pierden su carácter demoníaco y se transforman en un instrumento de servicio que suple las necesidades de los pobres y redunda en la gloria de Dios (ver 2Co 9.11ss.).

La preocupación por los pobres era en la iglesia primitiva un aspecto normal del discipulado cristiano. Traducida en acción, daba visibilidad a la vida del Reino inaugurado por Jesucristo. Su raíz no era ni la idealización de la pobreza, ni el deseo de ganar méritos delante de Dios, sino "la gracia de nuestro Señor Jesucristo, que aunque era rico, por causa de ustedes se hizo pobre, para que mediante su pobreza ustedes llegaran a ser ricos" (2Co 8.9).

III. La enseñanza apostólica sobre las riquezas

La misma nota profética presente en las enseñanzas de Jesús sobre las riquezas puede hallarse también en la enseñanza apostólica contenida en las epístolas. Pablo, por ejemplo, incluye a los avaros entre aquellos que no heredarán el Reino de Dios (1Co 6.10; cf. 5.10-11; Ro 1.29; Ef 5.5) y describe la avaricia como idolatría (Col 3.5) y el amor al dinero como "la raíz de toda clase de males" (1Ti 6.10). Santiago va más lejos y da por sentado que la riqueza de los ricos está vinculada a la opresión de los pobres (Stg 2.1-7), la explotación de los obreros y el derroche (5.1-6). En la misma línea, Apocalipsis anuncia la destrucción de una civilización dedicada al consumo ostentoso e indiferente al evangelio (cap. 18).

Todas estas advertencias hacen eco a la de Jesús respecto a lo difícil que es para quienes tienen riquezas la entrada al Reino de Dios. No dejan lugar a duda sobre el riesgo que corre el rico que trata de ganar todo el mundo y no cuida de su propia vida.

Hay, sin embargo, otra línea de enseñanza en las epístolas según la cual es posible combinar las riquezas con el discipulado cristiano en un estilo de vida caracterizado por la libertad interior de una esclavitud a las posesiones materiales y por la generosidad hacia los pobres. El pasaje más claro sobre el tema de la libertad interior se encuentra en Filipenses 4.10-13, en el contexto de una serie de observaciones que Pablo hace acerca de la ofrenda que ha recibido de la iglesia en Filipos. "He aprendido —dice— a estar satisfecho en cualquier situación en que me encuentre. Sé lo que es vivir en la pobreza, y lo que es vivir en la abundancia.

He aprendido a vivir en todas y cada una de las circunstancias, tanto a quedar saciado como a pasar hambre, a tener de sobre como a sufrir escasez. Todo lo puedo en Cristo que me fortalece" (4.11-13). La actitud básica descrita aquí es de contentamiento, de libertad interior o desprendimiento (*autarkeia*). Esto requiere una consideración adicional.

En primer lugar, debemos notar que este desprendimiento era un ideal de alta estima para la filosofía griega del tiempo de Pablo.[11] Según Xenofón, fue enseñado por Sócrates, a quien él cita diciendo: "Creo que el no tener ningún deseo es divino; el tener tan pocos deseos como es posible, es casi divino". En un contexto cristiano, sin embargo, el contentamiento no es un mero ideal, sino, como Jesús enseñó, la respuesta de la fe al Padre celestial que conoce las necesidades de sus hijos (ver Mt 6.25-34). El verdadero contentamiento es posible sólo cuando se puede ver tanto la abundancia como la escasez a la luz del propósito amoroso de Dios. Al fin y al cabo, la ansiedad respecto a las cosas materiales es incredulidad, es señal de que uno ha perdido la perspectiva de los valores del Reino.

En segundo lugar, debemos notar que el contentamiento es el polo opuesto a la avaricia. La avaricia no puede reconocer límites ni fronteras; el contentamiento sólo es posible cuando se reconocen plenamente los límites y fronteras de la condición humana. "Es cierto que con la verdadera religión se obtienen grandes ganancias, pero sólo si uno está satisfecho con lo que tiene. Porque nada trajimos a este mundo, y nada podemos llevarnos" (1Ti 6.6-7). El rico necio de la parábola de Jesús carecía de esta clase de contentamiento. Cuando se permite que la avaricia tome el lugar del contentamiento, la vida misma está en peligro de destrucción (1Ti 6.9). Por lo tanto, se nos exhorta a mantener nuestra vida sin avaricia, contentos con lo que tenemos ahora (Heb 13.5).

---

[11] Cf. Hengel, *ibíd.*, pp. 54-56.

En tercer lugar, debemos notar que el contentamiento está ligado íntimamente a la sobriedad, dominio propio o templanza, una de las marcas del estilo de vida por las cuales la gracia de Dios se ha manifestado en Jesucristo (Tit 2.11ss.) y fruto del Espíritu (Gá 5.22-23). Como afirma Pablo, sólo es posible por medio del poder de la resurrección de Cristo (Fil 4.13).

En cuarto lugar, debemos notar que el contentamiento es un requisito esencial para los líderes de la iglesia (1Ti 3.2-3; Tit 1.7; 1P 5.2).

La generosidad hacia los pobres va de la mano con el contentamiento o la libertad interior. Uno sólo puede dar en la medida en que reconoce que todas las cosas le pertenecen a Dios y pueden poseerse sólo cuando guardan relación con el Reino de Dios y su justicia. Consecuentemente, en sus instrucciones para cristianos ricos Pablo exhorta a Timoteo a enseñarles que no sean orgullosos y no fijen su esperanza en la incertidumbre de las riquezas, sino muestren preocupación por los pobres: "que hagan el bien, que sean ricos en buenas obras, y generosos, dispuestos a compartir lo que tienen. De este modo atesorarán para sí un seguro caudal para el futuro y obtendrán la vida verdadera" (1Ti 6.18-19). Una deducción clara de estas instrucciones es que los cristianos ricos deben concebirse como meros mayordomos de los bienes de Dios, convocados a vivir a la luz de la generosidad de Dios hacia todos los seres humanos y de su preocupación especial por los pobres. La misma manera de pensar se refleja en la afirmación de Juan de que el rico que no comparte con el necesitado no conoce el amor de Dios manifestado en Jesucristo (1Jn 3.16-17). *La solidaridad con los pobres por parte de los ricos no es una mera opción sino una marca esencial de participación en la vida del Reino.*

Jesús fue pobre y vino a proclamar buenas nuevas a los pobres. Sus seguidores son aquellos que, en respuesta a su amor, entregan sus posesiones y aun sus vidas por causa del Reino de Dios. ¡Bienaventurados los pobres y aquellos que comparten la actitud de los pobres, porque de ellos es el Reino de Dios!

10

La misión de la iglesia a la luz del Reino de Dios

Cada intento de definir la relación entre el Reino de Dios y la iglesia, por un lado, y entre el Reino de Dios y el mundo, por otro lado, será necesariamente incompleto. Hablar del Reino de Dios es hablar del propósito redentor de Dios para toda la creación y de la vocación histórica que tiene la iglesia respecto a ese propósito aquí y ahora, "entre los tiempos". Es también hablar de una realidad escatológica que constituye el punto de partida a la vez que la meta de la iglesia. La misión de la iglesia, consecuentemente, sólo puede entenderse a la luz del Reino de Dios.

I. La presencia del Reino

El énfasis central del Nuevo Testamento es que Jesús ha venido a cumplir las profecías del Antiguo Testamento y que en su persona y obra el Reino de Dios se ha hecho una realidad presente.

Uno de los conceptos básicos de la escatología judía en el tiempo de Jesús y sus apóstoles era el de las dos edades (eras o siglos), que se expresa claramente en una fórmula común en la literatura rabínica: "este tiempo" y "la edad venidera".[1] Este dualismo de la escatología judía refleja el profundo pesimismo

---

[1] No hay seguridad en cuanto al uso de la fórmula entre los rabíes antes del año 70 d. C. Junto con P. Volz, W. D. Davies cree que podemos dar por sentado que la idea es "más antigua que los términos que la definen" (*The Setting of the Sermon on the Mount,* Cambridge University Press, Cambridge, 1964, p. 183, mi traducción). No debemos descartar la posibilidad de que

en que el pueblo judío había caído bajo el gobierno de emperadores paganos en el período posexílico. La voz de Dios se había callado; el Reino mesiánico prometido por los profetas no había aparecido. En contraste, los fieles de Israel eran víctimas del odio y la persecución por parte de los gentiles. A partir de esta situación surgió en Israel un concepto de la historia con un interés exagerado en el futuro y un persistente desprecio hacia el presente. La historia estaba divorciada de la escatología. Aunque los judíos todavía esperaban que Dios estableciera una nueva creación, pensaban que esto sucedería en un futuro distante. El presente estaba abandonado bajo el dominio del mal y el sufrimiento.

Tal escatología está en oposición a la de los profetas del Antiguo Testamento, para quienes el cumplimiento de los propósitos de Dios en la historia era de suma importancia. Como George Eldon Ladd ha señalado, "el mensaje profético se dirige al pueblo de Israel en una situación histórica específica y el presente y el futuro se mantienen en una tensión escatológica".[2]

A lo largo del Nuevo Testamento se presupone la doctrina de las dos edades, pero se la interpreta a la luz de la muerte y resurrección de Jesucristo. La premisa fundamental es que, en la vida y obra de Cristo, Dios ha actuado definitivamente para cumplir su propósito redentor. El actor principal ha aparecido y se ha dado comienzo al drama escatológico de la esperanza judía. La escatología ha invadido la historia. El impacto de aquélla sobre ésta ha producido lo que Oscar Cullmann ha denominado correctamente "la nueva división del tiempo".[3] En contraste con

---

Jesús fuera el primero en usar la terminología de las dos edades. Ver Mr 10.30; Lc 18.30; Mt 12.32, etc.

[2] George Eldon Ladd, *The Presence of the Future: The Eschatology of Biblical Realism*, William B. Eerdmans, Grand Rapids, 1974, p. 93, mi traducción.

[3] Oscar Cullmann, *Christ and Time*, SCM Press, Londres, 1962, pp. 81ss., mi traducción. Hay traducción castellana: *Cristo y el tiempo*, Estela, 1968.

el judaísmo, el cristianismo en el Nuevo Testamento mantiene que el punto medio de la línea de tiempo no está en el futuro sino en el pasado: ha llegado en Jesucristo. La nueva era ("la edad venidera") de la esperanza judía se ha iniciado anticipadamente; aquí y ahora es posible disfrutar de las bendiciones del Reino de Dios.

Aunque el punto medio de la línea de tiempo ha aparecido, la consumación de la nueva era se realizará en el futuro. El mismo Dios que ha intervenido en la historia para iniciar el drama está actuando todavía y continuará actuando a fin de llevar el drama a su conclusión. El Reino de Dios es, por lo tanto, una realidad presente y a la vez una promesa que se cumplirá plenamente en el futuro: ha venido (y está presente entre nosotros) y vendrá (de modo que esperamos su advenimiento). La afirmación simultánea del presente y el futuro da como resultado la tensión escatológica que permea todo el Nuevo Testamento y representa indudablemente un redescubrimiento de la escatología "profético-apocalíptica" que el judaísmo había perdido.[4]

Las investigaciones más recientes en el campo de la escatología del Nuevo Testamento muestran que la tradición más antigua de la enseñanza de Jesús combina la afirmación de la venida del Reino como una realidad presente y la expectativa del cumplimiento futuro del propósito redentor de Dios. Sin embargo, la premisa básica de la misión de Jesús y el tema central de su predicación no es la esperanza de la venida del Reino en una fecha predecible, sino el hecho de que en su propia persona y obra el Reino ya se ha hecho presente con gran poder. Jesús afirma que nadie sabe el día ni la hora en que el drama escatológico llegará a su conclusión, "ni siquiera los ángeles en el cielo, ni el Hijo, sino sólo el Padre" (Mr 13.32). Pero afirma que el último acto del drama ("los últimos días") ha comenzado ya en él. El Reino tiene que ver con el poder dinámico de Dios por medio

4 Ver George Eldon Ladd, *The Presence of the Future*, pp. 318ss.

del cual "los ciegos ven, los cojos andan, los que tienen lepra son sanados, los sordos oyen, los muertos resucitan y a los pobres se les anuncian las buenas nuevas" (Mt 11.5). Tiene que ver con el Espíritu de Dios —el dedo de Dios— que expulsa demonios (Mt 12.28; Lc 11.20). Es visto en la liberación de poderes demoníacos (Lc 8.36), ceguera (Mr 10.46-52), hemorragias (Mr 5.34) y la muerte misma (Mr 5.23). El reino de las tinieblas que corresponde a "este tiempo" ha sido invadido; el "hombre fuerte" ha sido desarmado, conquistado y saqueado (Mt 12.29; Lc 11.22). Ha llegado la hora anunciada por los profetas: el Ungido ha venido para dar buenas nuevas a los pobres, sanar a los quebrantados de corazón, proclamar libertad a los cautivos y vista a los ciegos, poner en libertad a los oprimidos y pregonar el año del favor del Señor (Lc 4.18-19). En otras palabras, la misión histórica de Jesús sólo puede entenderse en conexión con el Reino de Dios. Su misión aquí y ahora es la manifestación del Reino como una realidad presente en su propia persona y acción, en su predicación del evangelio y en sus obras de justicia y misericordia.

En línea con esto, *el Reino es el poder dinámico de Dios que se hace visible por medio de señales concretas que muestran que Jesús es el Mesías.* Es una nueva realidad que ha entrado en el cauce de la historia y que afecta la vida humana no sólo moral y espiritualmente, sino también física y psicológicamente, material y socialmente. En anticipación de la consumación escatológica al final del tiempo, ha sido inaugurado en la persona y obra de Cristo. Está activo en medio del pueblo, aunque sólo puede ser percibido desde la perspectiva de la fe (Lc 17.20-21). La consumación del propósito de Dios se realizará en el futuro, pero *ya*, aquí y ahora, es posible vislumbrar la realidad presente del Reino.

A la luz de las manifestaciones visibles del Reino de Dios se puede entender la proclamación del Reino por parte de Jesús. Su anuncio: "Se ha cumplido el tiempo. El reino de Dios está cerca ¡Arrepiéntanse y crean las buenas nuevas!" (Mr 1.15) no es un mensaje meramente verbal dado en aislamiento de las señales que lo corroboran; es, más bien, buenas nuevas acerca de algo que puede verse y oírse. Según las palabras de Jesús, 1) es una noticia acerca de un hecho histórico, un evento que se está realizando y que afecta la vida humana de muchas maneras; 2) es una noticia de interés público, relacionada con toda la historia humana; 3) es una noticia relativa al cumplimiento de las profecías del Antiguo Testamento: el *malkuth Yahveh* anunciado por los profetas y celebrado por Israel se ha hecho una realidad presente; 4) es una noticia que suscita arrepentimiento y fe; y 5) es una noticia que resulta en la formación de una nueva comunidad, una comunidad constituida por gente que ha sido llamada personalmente.

El sentido exacto en que el Reino de Dios ha venido puede verse en la historia de la obra de Jesús que se desarrolla en los Evangelios a continuación del anuncio del Reino. En él y por medio de él el Reino de Dios se ha hecho una realidad presente.

II. El Reino y la iglesia

El Nuevo Testamento presenta a la iglesia como la comunidad del Reino, la comunidad que reconoce a Jesús como el Señor y Rey del universo y por medio de la cual, en anticipación del fin, el Reino se manifiesta concretamente en la historia.

Los términos *Mesías* y *comunidad mesiánica* son correlativos: si Jesús era el Mesías, como afirmó ser, entonces no es extraño que entre otras cosas se rodeara de una comunidad que reconociera la validez de su afirmación. Basta un análisis superficial de la evidencia para concluir que así fue en efecto. En su ministerio llamó a hombres y mujeres a dejarlo todo para seguirle (Lc 9.57-62, 14.25-33; Mt 10.34-38). Aquellos que responden a su llamado constituyen el "rebaño pequeño" al cual el Padre desea dar el Reino (Lc 12.32; Mt 26.31). Serán reconocidos por Jesús en presencia de su Padre que está en los cielos (Mt 10.32ss.).

Son su familia, más cercanos a él que sus propios hermanos y madre (Mt 12.50).

La referencia de Jesús a esta comunidad mesiánica como "mi iglesia" (Mt 16.18) armoniza perfectamente con uno de los propósitos centrales de su misión: su intención de rodearse de una comunidad propia suya en la cual tengan cumplimiento las promesas del pacto de Dios con Israel. El contexto de la revelación de Jesús de que él establecerá una iglesia que sea característicamente *suya* sugiere la relación entre la iglesia y su mesiazgo: sólo después de que sus discípulos lo han reconocido como el Mesías, él les anuncia su intención (Mt 16.20-21). Él es el Mesías en quien el Reino de Dios se ha hecho una realidad presente. La iglesia es la comunidad que surge como resultado de su poder real. Siendo así, es obvio que la iglesia no debe ser equiparada con el Reino. Como Ladd lo expresa:

> Si es correcto el concepto dinámico del Reino, nunca deberá identificarse con la Iglesia... En el lenguaje bíblico, el Reino no se identifica con sus sujetos. Estos son el pueblo del gobierno de Dios, cuyos miembros entran en él, viven bajo él y son gobernados por él. La iglesia es la comunidad del Reino, pero nunca el Reino mismo... El Reino es el gobierno de Dios; la Iglesia es una sociedad de personas.[5]

Según el propósito de Dios, después de Pentecostés el Reino de Dios continuaría como una realidad presente por medio del don del Espíritu Santo. Esto es claro por el hecho de que cuando los discípulos de Jesús le preguntaron: "Señor, ¿es ahora cuando vas a restablecer el reino a Israel?", él respondió: "No les toca a ustedes conocer la hora ni el momento determinados por la autoridad misma del Padre. Pero cuando venga el Espíritu Santo sobre ustedes, recibirán poder" (Hch1.6-8). El Espíritu Santo es, pues, el agente de la escatología en proceso de realización.

---

[5] George Eldon Ladd, *Teología del Nuevo Testamento*, Editorial Clie, Barcelona, 2002, p. 152.

El Reino de Dios que ha irrumpido en la historia en Jesucristo continúa actuando por medio del Espíritu Santo.

La iglesia es el resultado de la acción de Dios por medio del Espíritu. Es el cuerpo de Cristo y, como tal, la esfera en la cual opera la vida de la nueva era iniciada por Jesucristo; el Espíritu Santo es el agente por medio del cual se imparte esa vida a los creyentes (2Co 3.6; Gá 5.25; Ro 8.2, 6). Asimismo, el Espíritu da a la iglesia los dones (*carismata*) que hacen posible su existencia como una comunidad misionera (1Co 2.4ss.). Esto significa que la iglesia no es primordialmente una organización o institución jerárquica sino un organismo cuyos miembros están unidos por la acción del Espíritu. "Un solo cuerpo" corresponde a "un solo Espíritu" (Ef 4.3-4).

No se puede exagerar la importancia que tiene esta relación entre el Espíritu Santo y la iglesia para la comprensión correcta de la relación entre el Reino de Dios y la iglesia. La iglesia depende del Espíritu para su propia existencia. Sus palabras y acciones son meramente el medio para la manifestación presente del Reino de Dios, y no pueden explicarse plenamente como palabras y acciones humanas. El Reino de Dios no pertenece exclusivamente al futuro. Es también una realidad histórica presente, manifestada en la comunidad cristiana, que es "morada de Dios por su Espíritu" (Ef 2.22). La iglesia no es el Reino de Dios sino el resultado concreto del Reino. Lleva las marcas de su existencia histórica, del "todavía no" que caracteriza al tiempo presente. Pero aquí y ahora participa en el "ya" del Reino que Jesús ha iniciado.

Como la comunidad del Reino habitada por el Espíritu Santo, la iglesia es llamada claramente a ser una nueva sociedad, una tercera fuerza junto con judíos y gentiles (1Co 10.32). No debe ser equiparada con el Reino, pero tampoco separada del mismo. Tiene el propósito de reflejar los valores del Reino, aquí y ahora, por el poder del Espíritu Santo. No es todavía "la iglesia gloriosa", pero sí "el Israel de Dios" (Gá 6.16), el pueblo de Dios llamado a confesar a Jesucristo como Señor y vivir a la luz de esa confesión. Como Lesslie Newbigin lo expresa:

> Sólo la comunidad que ha comenzado a gustar (aunque sólo sea inicialmente) la realidad del Reino puede proveer la hermenéutica del mensaje.... Sin la hermenéutica de esa comunidad viviente, el mensaje del Reino sólo puede convertirse en una ideología y un programa: no será el evangelio.[6]

El resultado de Pentecostés fue no meramente el poder para predicar el evangelio, sino "los muchos prodigios y señales" hechas por los apóstoles, y una comunidad de personas que perseveraban "en la enseñanza de los apóstoles, en la comunión, en el partimiento del pan y en la oración", y que "estaban juntos y tenían todo en común" (Hch 2.42-44; cf. 4.32-37). Pentecostés, por lo tanto, significó poder para un nuevo estilo de vida comunitario que incluía una nueva economía. Los poderes de la nueva era, liberados por Jesucristo, estaban presentes por medio de su Espíritu en el pueblo de Dios, dándole poder para constituirse en una señal del Reino.

III. Misión y buenas obras

Ya que el Reino ha sido inaugurado por Jesucristo, no es posible entender correctamente la misión de la iglesia aparte de la presencia del Reino. La misión de la iglesia es una extensión de la misión de Jesús. Es la manifestación, aunque no completa, del Reino de Dios tanto por medio de la proclamación como por medio de la acción y el servicio social; en otras palabras, por medio de la misión integral. El testimonio apostólico continúa siendo el testimonio del Espíritu acerca de Jesucristo, por medio de la iglesia. "Dios sometió todas las cosas al dominio de Cristo, y lo dio como cabeza de todo a la iglesia. Esta, que es su cuerpo, es la plenitud de aquel que lo llena todo por completo"

---

[6] Newbigin, *Sign of the Kingdom*, William B. Eerdamans, Grand Rapids, 1980, p. 19.

(Ef 1.22-23). Como comunidad del Reino, la iglesia confiesa y proclama al Señor Jesucristo. También realiza buenas obras para las cuales ha sido creada en Cristo Jesús y que Dios ha preparado de antemano para que las ponga en práctica (Ef 2.10). Es verdad que "por medio de los escritos apostólicos, Jesús y los apóstoles continúan hablando"[7]; es igualmente verdad que por medio de la iglesia y sus buenas obras el Reino de Dios se hace visible históricamente como una realidad presente. Las buenas obras, por lo tanto, no son un mero apéndice a la misión, sino una parte integral de la manifestación presente del Reino: apuntan al Reino que ya ha venido y al Reino que ha de venir.

Esto no significa, por supuesto, que las buenas obras —las señales del Reino— necesariamente persuadirán a los no creyentes acerca de la verdad del evangelio. Aun las obras realizadas por Jesús fueron rechazadas a veces. Sus palabras fueron rechazadas igualmente. Consecuentemente, no debemos interpretar la misión cristiana de tal modo que demos la impresión de que la proclamación verbal es "por sí sola persuasiva a los no creyentes" mientras que las señales —las buenas obras— no lo son.[8] Ni el ver ni el oír necesariamente producen fe. Tanto la palabras como la acción apuntan al Reino de Dios, pero "nadie puede decir: 'Jesús es el Señor' sino por el Espíritu Santo" (1 Co 12.3).

IV. El Reino de Dios y el mundo

Según el Nuevo Testamento, la totalidad de la creación ha sido colocada bajo el señorío de Cristo. La esperanza cristiana se relaciona con la consumación del propósito de Dios de unir todas las cosas en el cielo y en la tierra bajo el mando de Cristo

---

7 Arthur P. Johnston, "El Reino en relación a la iglesia y el mundo", ponencia presentada en la Consulta sobre la relación entre evangelización y responsabilidad social realizada en Grand Rapids del 19 al 26 de junio de 1982, p. 28.

8 Johnston, *ibíd.*, p. 29; cf. p. 44.

como Señor, y de liberar a la humanidad del pecado y la muerte en su Reino.

El Cristo que la iglesia reconoce como Señor es el Señor de todo el universo. En esta afirmación de su señorío universal, la iglesia encuentra la base para su misión. Cristo ha sido exaltado y coronado como Rey, y su soberanía se extiende sobre la totalidad de la creación. Como tal, él comisiona a sus discípulos a hacer discípulos de todas las naciones (Mt 28.18-20).

La iglesia es la expresión del señorío universal de Jesucristo, la manifestación concreta del Reino de Dios. Que Jesús es "Señor de todos" significa no sólo que es soberano sobre toda la humanidad, sino que en el tiempo presente concede las bendiciones del Reino de Dios a todos los que invocan su nombre (Ro 10.12). Que él es "cabeza de todo" es importante porque como tal ha recibido dominio sobre la iglesia de modo que ésta es "la plenitud de aquel que lo llena todo por completo" (Ef 1.22). Como Señor exaltado cuya autoridad se extiende a todo el universo, él ha dado a su pueblo dones para capacitarlo para crecer como una unidad orgánica, de modo que pueda conformarse al modelo de humanidad realizado perfectamente en su persona (Ef 4.10ss.). Es el primogénito de toda creación por razón de su papel como sabiduría de Dios, y a la vez es el primogénito de la nueva creación por razón de su resurrección (Col 1.15, 18). Él es "la cabeza de todo poder y autoridad" (Col 2.10) y a la vez "la cabeza del cuerpo, que es la iglesia" (Col 1.18; cf. Ef 5.23), la cabeza de la cual la iglesia recibe su vida (Col 2.19). Por la muerte de Cristo, Dios quiso reconciliar consigo "todas las cosas" (Col 1.20), y "en el cuerpo mortal de Cristo mediante su muerte" reconcilió a los creyentes a fin de presentarlos "santos, intachables e irreprochables delante de él" (Col 1.22). El hecho de que él está "a la derecha de la Majestad en las alturas" no sólo se relaciona con su preeminencia como el Rey mediador de toda la creación, sino que apunta a su ministerio de intercesión a favor de su pueblo (Heb 1.3, 10, 12; Ro 8.34).

Este énfasis central del Nuevo Testamento nos lleva a la conclusión de que la iglesia, si ha de ser comprendida correctamente, debe ser vista en el contexto del propósito universal de Dios en Cristo Jesús. La intención de Dios es "reunir en él todas las cosas, tanto las del cielo como las de la tierra" (Ef 1.10). El "misterio" o "secreto revelado" ya está en proceso de realización en la iglesia, cuya confesión de Jesucristo anticipa el cumplimiento del propósito de Dios de que "ante el nombre de Jesús se doble toda rodilla en el cielo y en la tierra y debajo de la tierra, y toda lengua confiese que Jesucristo es el Señor, para gloria de Dios Padre" (Fil 2.10-11). Hablar del Reino de Dios es hablar de un evangelio universal y público —un mensaje centrado en el Hijo que fue enviado por el Padre para ser "el Salvador del mundo" (1Jn 4.14).

El hecho de que el propósito de Dios incluya a todo el mundo no significa que todos los hombres y mujeres automáticamente pertenecen al Reino. El Reino de Dios es un orden escatológico al cual uno debe entrar, y nadie puede entrar en él sin reunir ciertas condiciones (Mt 5.20, 7.21, 18.3, 19.23; Mr 10.23ss). Consecuentemente, la proclamación del Reino de Dios no es meramente la proclamación de un hecho objetivo respecto al cual todos deben ser informados; más bien, es simultáneamente la proclamación de un hecho objetivo y una invitación a la fe.

Sin embargo, a la luz del propósito universal de Dios no es posible entender la relación del mundo con el Reino exclusivamente en términos de la providencia de Dios. Con la venida de Jesucristo, todo el mundo ha sido colocado bajo la señal de la Cruz. La Cruz significa no sólo juicio, sino también gracia. Porque Cristo murió y resucitó, el mundo ya no puede ser visto meramente como la humanidad bajo el juicio de Dios. Su "acto de justicia" tiene dimensiones universales. Porque "como una sola transgresión causó la condenación de todos, también un solo acto de justicia produjo la justificación que da vida a todos"

(Ro 5.18). El evangelio continúa siendo la proclamación de un evento que afecta la totalidad de la vida humana.

Consecuentemente, no basta decir que Dios "providencialmente reina supremo y conducirá toda la historia al cumplimiento de sus propósitos en su creación",[9] como si la obra de Cristo fuese totalmente irrelevante en relación a la manera en que Dios cumplirá su propósito para la historia. Cristo ha sido exaltado como Señor. Debe ejercer su reinado —debe reinar— hasta que todos sus enemigos, incluyendo la muerte, hayan sido colocados debajo de sus pies. "Y cuando todo le sea sometido, entonces el Hijo mismo se someterá a aquel que le sometió todo, para que Dios sea todo en todos" (1Co 15.28).

El Dios de la redención es también el creador y juez de toda la humanidad que desea la justicia y la reconciliación para todos. Su propósito para la iglesia, por lo tanto, no puede separarse de su propósito para el mundo. A la iglesia se la entiende correctamente sólo cuando se la ve como la señal del Reino universal de Dios, los primeros frutos de la humanidad redimida. Aquí y ahora, en anticipación del fin, *en* la iglesia y *por medio* de la iglesia, todo el mundo es colocado bajo el señorío de Cristo y, por lo tanto, bajo la promesa de Dios de un nuevo cielo y una nueva tierra en el Reino de Dios. Uno no puede leer el Nuevo Testamento y tratar de entender a la iglesia aparte del propósito de Dios para la humanidad y la historia, del cual ella deriva su significado. Sin embargo, la universalidad del evangelio no significa que todos participarán en el Reino de Dios, sino que la iglesia proclamará el Reino a todos (cf. Hch 1.8, 19.8, 28.23). La redención de la creación es inseparable de "la revelación de los hijos de Dios"; su liberación es inseparable de "la gloriosa libertad de los hijos de Dios" (Ro 8.19, 21). En otras palabras, desde la perspectiva del Nuevo Testamento el significado de la historia general está vinculado íntimamente al significado cósmico de

---

[9] Johnston, *ibíd.*, p. 17.

la iglesia. Ésta no es una secta compuesta por unas pocas almas rescatadas del tumultuoso mar de la historia, sino la manifestación cósmica de la multiforme sabiduría de Dios, que creó todas las cosas (Ef 3.9-10), la "nueva humanidad" en quien se reproduce la imagen del segundo Adán (Ef 2.15, 4.13), los "primeros y mejores frutos de su creación" (Stg 1.18).

Hablar del Reino de Dios en relación con el mundo no es sólo afirmar la providencia de Dios, sino hablar del Rey-Mediador Jesucristo, cuyo Reino se hace visible (aunque todavía no en su plenitud) en la comunidad que confiesa su nombre. Es también confirmar que Dios tiene un propósito para la historia, el mismo que provee sentido y dirección a la misión de la iglesia aquí y ahora. Dios está activo para realizar su propósito para la creación. La iglesia en el poder del Espíritu proclama la salvación en Cristo y planta señales del Reino, dándose siempre enteramente a la obra del Señor, sabiendo "que su trabajo en el Señor no es en vano" (1Co 15.58).

Conclusiones

De lo que antecede surgen las siguientes conclusiones:

1. Tanto la evangelización como la responsabilidad social pueden entenderse únicamente a la luz del hecho de que en Cristo Jesús el Reino de Dios ha invadido la historia y ahora es una realidad presente a la vez que una esperanza futura, un "ya" a la vez que un "todavía no". En línea con esto, el Reino de Dios no es "el mejoramiento social progresivo de la humanidad, según el cual la tarea de la iglesia es transformar la tierra en cielo, y esto ahora", ni "el reinado interior presente de Dios en las disposiciones morales y espirituales del alma, con su base en el corazón".[10] Más

[10] De estos dos conceptos del Reino de Dios, Johnston rechaza el primero y acepta el segundo. La misma interpretación aparece en la nota sobre Lucas 17.21 en la Biblia de Estudio de la *New International Version* (en inglés). Como Joachim Jeremias ha observado correctamente, "ni en el judaísmo

bien, es el poder redentor de Dios, liberado en la historia, que trae buenas nuevas a los pobres, libertad a los cautivos, vista a los ciegos y liberación a los oprimidos.

2. La evangelización y la responsabilidad social son inseparables. El evangelio es buenas nuevas acerca del Reino de Dios. Las buenas obras, por otra parte, son las señales del Reino para las cuales fuimos creados en Cristo Jesús. La palabra y la acción están indisolublemente unidas en la misión de Jesús y sus apóstoles, y debemos mantenerlas unidas en la misión de la iglesia, en la cual se prolonga la misión de Jesús hasta el fin del tiempo. El Reino de Dios no es meramente el gobierno de Dios sobre el mundo por medio de la creación y la providencia; si ése fuese el caso, no podríamos afirmar que fue inaugurado por Jesucristo. El Reino de Dios es, más bien, una expresión del gobierno final de Dios sobre toda la creación, el mismo que, en anticipación del fin, se ha hecho presente en la persona y obra de Jesucristo. Tanto la proclamación del Reino como las señales visibles de su presencia por medio de la iglesia se realizan por el poder del Espíritu —el agente de la escatología en proceso de realización— y apuntan a su realidad presente y futura.

La necesidad más amplia y más profunda de todo ser humano es un encuentro personal con Jesucristo, el Mediador del Reino. "El mismo Señor es Señor de todos y bendice abundantemente a cuantos lo invocan, porque 'todo el que invoque el nombre del Señor será salvo'" (Ro 10.12b-13). Desde esta perspectiva, y desde ella exclusivamente, es posible afirmar que "en la misión de la iglesia, que es misión de servicio sacrificado, la

---

ni en ninguna parte en el Nuevo Testamento encontramos que el Reino de Dios sea algo en el interior de los hombres, que se encuentre, por ejemplo, en el corazón; tal interpretación espiritualista queda descartada tanto para Jesús como para la temprana tradición cristiana" (*New Testament Theology: The Proclamation of Jesus*, SCM Press, Londres, 1971, p. 101, mi traducción. Hay traducción castellana: *Teología del Nuevo Testamento*, Ediciones Sígueme, Salamanca, 1974).

evangelización ocupa el primer lugar" (*Pacto de Lausana*, párrafo 6), y el evangelio debe ser proclamado diligentemente. Sin embargo, el evangelio es buenas nuevas acerca del Reino, y *el Reino es el dominio de Dios sobre la totalidad de la vida.*

Por lo tanto, cada necesidad humana puede ser usada por el Espíritu de Dios como el punto de inserción del evangelio en el ser humano y el punto de partida para la manifestación visible de su poder real en el contexto histórico. Por eso, en la práctica es irrelevante la pregunta si la evangelización o la acción social debe venir primero. En cada situación concreta, las propias necesidades proveen la definición de las prioridades.

Si tanto *la palabra* de proclamación de la buena noticia del amor de Dios como *la acción* que hace visible ese amor son consideradas esenciales en la misión, no necesitamos un manual que nos diga cuál viene primero y cuál después. Por otra parte, si no son consideradas esenciales, el esfuerzo por entender la relación entre ellas es un ejercicio académico inútil; tan inútil como el tratar de entender la relación entre el ala izquierda y el ala derecha de un avión, cuando uno cree que el avión puede volar con una sola ala. Y, ¿quién puede negar que la mejor manera de entender la relación entre las dos alas de un avión es volar en éste, más bien que especular al respecto?

3. De acuerdo con la voluntad de Dios, la iglesia es llamada a manifestar el Reino de Dios aquí y ahora tanto por lo que es y lo que hace como por lo que proclama. Porque el Reino de Dios ya ha venido y está por venir, la iglesia "entre los tiempos" es una realidad escatológica e histórica. Si no manifiesta plenamente el Reino, esto no se debe a que el Reino dinámico de Dios ha invadido la era presente "sin la autoridad o el poder para transformarla en la era venidera",[11] sino porque la consumación no ha llegado todavía. El poder que está activo en la iglesia, sin embargo, es como la operación del poder de Dios, el cual "ejerció en Cristo

[11] Johnston, p. 23.

cuando lo resucitó de entre los muertos y lo sentó a su derecha en las regiones celestiales, muy por encima de todo gobierno y autoridad, poder y dominio, y de cualquier otro nombre que se invoque, no sólo en este mundo sino también en el venidero" (Ef 1.20-21). La misión de la iglesia es la manifestación histórica de ese poder por medio de la vida, la palabra y la acción, en el poder del Espíritu Santo.

4. Por su muerte y resurrección, Jesucristo ha sido exaltado como Señor del universo. Consecuentemente, todo el mundo ha sido colocado bajo su señorío. La iglesia anticipa el destino de toda la humanidad. Entre los tiempos, por lo tanto, la iglesia —la comunidad que confiesa a Jesucristo como Señor y por él reconoce a Dios como creador y juez de todos los hombres— está llamada a "compartir su preocupación por la justicia y la reconciliación en toda la sociedad humana y por la liberación de los hombres de toda clase de opresión" (*Pacto de Lausana*, párrafo 5). La entrega a Jesucristo es entrega a él como el Señor del universo, el Rey ante el cual se doblará toda rodilla, el destino final de la historia humana. Pero la consumación del Reino de Dios es la obra de Dios. En palabras de Wolfhart Pannenberg, "el Reino de Dios no será establecido por el hombre. Muy enfáticamente, es el Reino de *Dios*... El hombre no es exaltado sino degradado cuando se hace víctima de ilusiones acerca de su poder".[12]

[12] Pannenberg, *Theology of the Kingdom of God*, ed. Richard John Neuhaus, Westminster Press, Filadelfia, 1974, p. 91, mi traducción.

www.ingramcontent.com/pod-product-compliance
Lightning Source LLC
LaVergne TN
LVHW021811240826
846425LV00002B/5

* 9 7 8 9 8 7 1 3 5 5 9 0 7 *